Medicus · Petersen | Grundwissen zum Bürgerlichen Recht

Grundwissen zum Bürgerlichen Recht

Ein Basisbuch zu den Anspruchsgrundlagen

Begründet von

Dr. Dres. h. c. Dieter Medicus

weiland Professor an der Ludwig-Maximilians-Universität München

seit der 9. Auflage gemeinsam und

ab der 10. Auflage allein fortgeführt von

Dr. Jens Petersen

Professor an der Universität Potsdam

13., neu bearbeitete Auflage 2024

Verlag Franz Vahlen

Zitiervorschlag: Medicus/Petersen Grundwissen BürgerlR Rn.

vahlen.de

ISBN Print 978 3 8006 7269 1
ISBN E-Book (ePDF) 978 3 8006 7270 7

Wilhelmstraße 9, 80801 München
Druck und Bindung: Beltz Grafische Betriebe GmbH
Am Fliegerhorst 8, 99947 Bad Langensalza

Satz: Jung Crossmedia Publishing GmbH, Lahnau
Gewerbestraße 17, 35633 Lahnau
Umschlag: Martina Busch Grafikdesign, Homburg Saar

vahlen.de/nachhaltig

Gedruckt auf säurefreiem, alterungsbeständigem Papier
(hergestellt aus chlorfrei gebleichtem Zellstoff)

Vorwort zur 13. Auflage

Vor genau 30 Jahren hielt *Dieter Medicus* im letzten Jahr vor seiner Pensionierung eine Vorlesung über die ersten drei Bücher des BGB zur Vorbereitung auf die Vorgerücktenübung. Als er nach der letzten Vorlesungsstunde zurück an seinen Lehrstuhl kam, sagte er eher beiläufig, er habe übrigens parallel ein Buch darüber geschrieben, das nächste Woche zum Verlag gehe. Das war ebenso bezeichnend für seine äußerst effiziente Arbeitsweise wie für seine Bescheidenheit.

Auch die vorliegende Auflage bleibt dem von ihm entwickelten Konzept treu: Zur Vermeidung von Grundlagenfehlern werden die unumstrittenen Basiswertungen des Bürgerlichen Rechts dargestellt. Die Streitigkeiten, deren Kenntnis und Darstellung in der Fallbearbeitung bessere Notenstufen eröffnen, werden nach wie vor ausschließlich im „Bürgerlichen Recht" abgehandelt.

Neben einer Reihe neuer Entscheidungen des BGH machen verschiedene Gesetzesänderungen eine Neuauflage des vorliegenden Buches erforderlich. Die Nachweise beschränken sich bewusst auf die höchstrichterliche Rechtsprechung und das „Bürgerliche Recht". Für die Neuauflage danke ich *Hannes Arndt, Dr. Roy F. Bär, Eva Gampe* und *Cenk Nickel.*

Potsdam, März 2024 *Jens Petersen*

Vorwort zur 1. Auflage

I. Dieses Buch soll gewissermaßen ein Grundgerüst für mein seit 1993 in 16. Auflage vorliegendes „Bürgerliches Recht“ darstellen. Zu dem Angebot eines solchen Grundgerüsts haben mich vor allem zwei Gründe veranlasst.

Erstens habe ich mein „Bürgerliches Recht“ von Anfang an auf die Darstellung von Schwierigkeiten bei der Rechtsanwendung beschränkt. So habe ich dort zwar in § 22 den „Erwerb vom Nichtberechtigten“ behandelt, dagegen nicht den Erwerb vom Berechtigten; insoweit habe ich Kenntnis vorausgesetzt. Ähnlich habe ich zu § 823 I BGB zwar die Verletzung sonstiger Rechte ausführlich erörtert (§ 24 II), nur am Rande aber die viel häufigere Verletzung des Eigentums. Unzweifelhaft unterlaufen jedoch selbst im Examen zahlreiche (und gerade die schlimmsten) Fehler bei der an sich einfachen Rechtsanwendung. Deren Erörterung konnte aber in das „Bürgerliche Recht“ nicht noch zusätzlich eingefügt werden, ohne dessen Umfang vollends zu sprengen.

Der zweite Grund hängt mit dem eben erwähnten Umfang zusammen: Dieser hat sich seit der 1. Auflage um etwa zwei Drittel vermehrt. Der Hauptgrund war meine Erfahrung, dass weitere Probleme wesentlicher Bestandteil von Examensklausuren wurden, und diese Probleme habe ich dann mit aufgenommen. Dadurch sind freilich Übersichtlichkeit und Lesbarkeit des „Bürgerlichen Rechts“ vermindert worden. Ich hoffe, solche Mängel mit dem vorliegenden Buch zu vermeiden.

II. In der Sache tritt hier insbesondere der Anspruchsaufbau noch deutlicher hervor, den ich nach wie vor regelmäßig für zweckmäßig halte. Dieser Deutlichkeit soll auch die gegenüber dem „Bürgerlichen Recht“ leicht geänderte Gliederung dienen. Damit soll sich das vorliegende Buch nicht erst für die Examensvorbereitung eignen, sondern etwa schon für die Vorbereitung auf die Vorgerücktenübung im Zivilrecht. Vielleicht mag es auch einer knappen wiederholenden Erinnerung an das Wesentlichste ganz kurz vor dem Examen dienen.

Ersetzen kann und soll dieses Buch das „Bürgerliche Recht“ freilich nicht. Denn die dort dominierende Diskussion schwierig zu lösender Fälle fehlt hier fast vollständig. Auch bringe ich hier nur wenige Angaben über die Rechtsprechung, und die Literaturhinweise beschränken sich fast ganz auf mein „Bürgerliches Recht“. Wer Vertiefung wünscht, muss also diesen Hinweisen nachgehen und wird dort auch weitere Belege finden.

Nochmals sei hier aber wieder mit besonderem Nachdruck betont: Wichtiger als Rechtsprechung und Literatur es sein können, ist fast überall das Gesetz. Allein dieses steht ja auch neben dem Verstand des Prüflings im Examen zur Verfügung. Vor allem anderen muss also der Umgang mit dem Gesetz gelernt werden, zumal wenn es ein so gutes ist wie das BGB. Um dieses Lernen zu erleichtern, habe ich die gesetzlichen Vorschriften immer wieder und vielleicht auch da zitiert, wo man das für überflüssig halten könnte. Aber diese Zitate bedeuten nur eine erste Hilfe: Nachschlagen muss der Leser das Gesetz selbst; andernfalls bleibt ihm der Zugang weithin verschlossen.

Tutzing, Anfang März 1994 *Dieter Medicus*

Inhaltsverzeichnis

Abkürzungen

Abs. . . . . Absatz
aF . . . . alter Fassung
AGB . . . . Allgemeine Geschäftsbedingungen
AGG . . . . Allgemeines Gleichbehandlungsgesetz
AktG . . . . Aktiengesetz
Alt. . . . . Alternative
AO . . . . Abgabenordnung

BGB . . . . Bürgerliches Gesetzbuch
BGH . . . . Bundesgerichtshof
BGHZ . . . . Entscheidungen des Bundesgerichtshofs in Zivilsachen (Amtliche Sammlung)
BVerfG . . . . Bundesverfassungsgericht

cic . . . . culpa in contrahendo (Verschulden bei Vertragsverhandlungen)

dh . . . . das heißt
DSL . . . . Drittschadensliquidation

EBV . . . . Eigentümer-Besitzer-Verhältnis
EFZG . . . . Gesetz über die Zahlung des Arbeitsentgelts an Feiertagen und im Krankheitsfall (Entgeltfortzahlungsgesetz)
EGBGB . . . . Einführungsgesetz zum Bürgerlichen Gesetzbuche
EuGH . . . . Europäischer Gerichtshof
EUR . . . . Euro
EV . . . . Eigentumsvorbehalt

f./ff. . . . . folgende

GBO . . . . Grundbuchordnung
gem. . . . . gemäß
GG . . . . Grundgesetz
GmbH . . . . Gesellschaft mit beschränkter Haftung
GmbHG . . . . Gesetz betreffend die Gesellschaften mit beschränkter Haftung
GoA . . . . Geschäftsführung ohne Auftrag

HGB . . . . Handelsgesetzbuch
hM . . . . herrschende Meinung
HPflG . . . . Haftpflichtgesetz
Hs. . . . . Halbsatz

iSd . . . . im Sinne der(s)
iSv . . . . im Sinne von
InsO . . . . Insolvenzordnung
iVm . . . . in Verbindung mit

Kfz . . . . Kraftfahrzeug
KG . . . . Kommanditgesellschaft
krit. . . . . kritisch
KSchG . . . . Kündigungsschutzgesetz
KunstUrhG . . . . . Gesetz betreffend das Urheberrecht an Werken der bildenden Künste und der Photographie (Kunsturhebergesetz)

lat. . . . . lateinisch
LPartG . . . . Gesetz über die Eingetragene Lebenspartnerschaft (Lebenspartnerschaftsgesetz)

MDR . . . . Monatsschrift für Deutsches Recht (Zeitschrift)
Medicus/Petersen
BürgerlR . . . . *Medicus, D./Petersen, J.*, Bürgerliches Recht, 29. Aufl. 2023

NJW . . . . Neue Juristische Wochenschrift (Zeitschrift)
NJW-RR . . . . . . Neue Juristische Wochenschrift Rechtsprechungs-Report Zivilrecht (Zeitschrift)
Nr. . . . . Nummer

OHG . . . . Offene Handelsgesellschaft

ProdHaftG . . . . . Gesetz über die Haftung für fehlerhafte Produkte (Produkthaftungsgesetz)

RG . . . . Reichsgericht
RGZ . . . . Entscheidungen des Reichsgerichts in Zivilsachen (Amtliche Sammlung)
Rn. . . . . Randnummer

S. . . . . Satz
SchwarzArbG . . . Gesetz zur Bekämpfung der Schwarzarbeit und illegalen Beschäftigung (Schwarzarbeitsbekämpfungsgesetz)
sog. . . . . sogenannte(n, r, s)
StGB . . . . Strafgesetzbuch
str. . . . . streitig
StVG . . . . Straßenverkehrsgesetz
StVO . . . . Straßenverkehrs-Ordnung

UmweltHG . . . . . Umwelthaftungsgesetz
usw . . . . und so weiter
uU . . . . unter Umständen

VersR . . . . Versicherungsrecht (Zeitschrift)
vgl. . . . . vergleiche

WHG . . . . Gesetz zur Ordnung des Wasserhaushalts (Wasserhaushaltsgesetz)

zB . . . . zum Beispiel
ZIP . . . . Zeitschrift für Wirtschaftsrecht (früher: Zeitschrift für die gesamte Insolvenzpraxis; daher die Abkürzung)
ZPO . . . . Zivilprozessordnung
ZVG . . . . Gesetz über die Zwangsversteigerung und die Zwangsverwaltung (Zwangsversteigerungsgesetz)

Paragrafen ohne Gesetzesangabe sind solche des BGB.

Einleitung. Aufbaufragen

§ 1 Die zivilrechtlichen Aufgaben

Die Juristenausbildung soll auf die Ausübung von juristischen Berufen vorbereiten. Daher sind die in der Ausbildung zu bewältigenden Aufgaben überwiegend an den Berufsbildern orientiert. 1

I. Die juristischen Tätigkeiten

Die juristischen Tätigkeiten sind – gerade darin liegt ein besonderer Reiz unseres Fachs – überaus mannigfaltig. Mit dem Blick auf das Zivilrecht lassen sich aber doch die folgenden **vier Schwerpunkte** nennen.

1. Streitentscheidung

a) Der Zivilrichter hat überwiegend (teils anders liegt es in der sog. Freiwilligen Gerichtsbarkeit, zB bei Registereintragungen) einen **Streit zwischen zwei Parteien über einen vom Kläger in der Klage erhobenen „Anspruch"** (§ 253 II Nr. 2 ZPO) zu entscheiden. Ein den Anspruch beschreibender Klageantrag lautet zB darauf, den Beklagten aus einem bestimmten Lebensvorgang zur Zahlung von 100 EUR (oder etwa zur Herausgabe eines bestimmten Kraftwagens) zu verurteilen. Der Richter kann dann nur über diesen Antrag entscheiden, freilich bei Teilbarkeit auch in unterschiedlicher Weise: Wenn er zB herausfindet, dass der geforderte Kaufpreis von 100 EUR wegen eines Sachmangels um 20 % gemindert ist, wird er den Beklagten nur zur Zahlung von 80 EUR verurteilen und in Höhe von 20 EUR die Klage abweisen. Dagegen kann der Richter nichts zu- oder absprechen, was nicht beantragt war (§ 308 I ZPO). So kann er beispielsweise nicht statt des herausverlangten Kraftwagens Schadens- oder Wertersatz zusprechen, wenn der Kläger das nicht wenigstens hilfsweise mitbeantragt hatte.

Nach § 139 ZPO darf und soll der Richter zwar darauf hinwirken, dass **„sachdienliche Anträge"** gestellt werden. Dabei bedeutet aber „Sachdienlichkeit" nicht ohne Weiteres „Begründetheit", sondern bloß die Eignung für die Entscheidung des Streits zwischen den Parteien: Der Richter muss sich hüten, dass eine darüber hinausgehende Hilfe für eine Partei als Voreingenommenheit gegen die andere erscheint und zu einer Ablehnung wegen Befangenheit führt (§§ 42 ff. ZPO).

b) Dieser richterlichen Tätigkeit entsprechen in der Juristenausbildung Aufgaben mit einer derart beschränkten Frage, dass diese einen Klageantrag bilden könnte: Es wird etwa nach der Schilderung des Streits über das Zustandekommen eines Kaufvertrags gefragt, ob A von B 100 EUR als Kaufpreis verlangen kann. Oder es wird geschildert, dass A und B über die Zahlungspflicht streiten, und dann gefragt: „Wer hat recht?" Man kann hier von einer **Richteraufgabe** (oder spezieller: einer **Richterklausur**) sprechen. Das tut man unabhängig davon, ob schon Klage erhoben worden ist oder nicht. 2

Doch soll der Bearbeiter solche Aufgaben nicht im Urteilsstil lösen, wie ihn der „wirkliche" Richter in seinen Entscheidungen anwendet, sondern im **Gutachtenstil.** Es soll also nicht das **Ergebnis am Anfang** stehen und im Folgenden bloß begründet werden (etwa: „A hat an B 100 EUR zu zahlen, denn beide haben einen wirksamen Kaufvertrag geschlossen …"). Vielmehr ist die Frage der Aufgabe Schritt für Schritt zu beantworten; das Ergebnis steht dann **am Ende** (etwa: „Ein Anspruch des B gegen A könnte sich aus einem wirksamen Kaufvertrag ergeben. Zunächst ist also das Zustandekommen eines solchen Vertrags zu prüfen. Ein Antrag liegt in der Erklärung des B …"). Erst am Ende steht dann: „Also kann B von A 100 EUR verlangen."

2. Streitvorbereitung

3 a) Bevor eine selbst nicht rechtskundige Partei vor Gericht einen bestimmten Antrag verfolgt, wird sie häufig **Rechtsrat einholen** müssen. Denn sonst läuft sie Gefahr, etwas zu verlangen, das ihr nach materiellem Recht nicht zusteht. Wenn sie derart unbegründet klagt, wird sie den Prozess mit der Kostenfolge aus § 91 ZPO verlieren. Aber auch wenn sie es nicht bis zu einer Klage kommen lässt, droht ihr der Verlust eines Prozesses: Der Gegner des behaupteten Anspruchs kann dann auf Feststellung klagen, dem Beklagten stehe der von diesem behauptete Anspruch nicht zu (sog. negative Feststellungsklage, vgl. § 256 I ZPO).

Bei der also nötigen Rechtsberatung geht es regelmäßig noch nicht um einen bestimmten Antrag. Vielmehr lautet die Frage weniger konkret, ob und welche Ansprüche aus einem bestimmten Sachverhalt abgeleitet werden können. Dieser Sachverhalt ist also in jeder möglichen Richtung zu erörtern. Dabei kann sich auch ergeben, dass Ansprüche erst durch die Ausübung eines Gestaltungsrechts begründet werden müssen (etwa ein Anspruch auf Kaufpreisrückzahlung durch die Anfechtung des Kaufvertrags). Umgekehrt kann ein solches Gestaltungsrecht auch der Abwehr von Ansprüchen dienen, etwa die Anfechtung der Abwehr eines eingeklagten Kaufpreisanspruchs.

4 b) Alle diese Erörterungen liegen **vor der richterlichen Tätigkeit.** Da Rechtsberatung regelmäßig den Anwälten obliegt, spricht man bei solchen einen Prozess erst vorbereitenden (oder ihn vermeidenden) Aufgaben von **Anwaltsaufgaben(klausuren).** Sie sind gekennzeichnet durch Fragen wie „Was kann A von B verlangen?" oder „Was ist A zu raten?" Letztlich geht es zwar auch hier um die Begründetheit bestimmter Anträge. Doch sind diese – anders als bei den Richteraufgaben – nicht vorgegeben, sondern sie müssen erst gefunden werden. Dabei können auch mehrere Personen als Anspruchsgegner in Betracht kommen.

> **Beispiel:** Der zehnjährige K setzt durch das Spiel mit Streichhölzern die Scheune des E in Brand. Dann sind Schadensersatzansprüche denkbar gegen K (§ 823 I, aber § 828 III), gegen seine Eltern (§ 832 I), gegen eine andere Aufsichtsperson (§ 832 II) und womöglich auch gegen den Verkäufer der Streichhölzer (§ 823 I).

3. Streitvermeidung und andere Rechtsgestaltung

5 a) Ein Rechtsstreit hinterlässt oft Wunden; auch dauert er nicht selten lang und verursacht allemal Kosten. Daher ist es am besten, ihn ganz zu vermeiden. Dazu können Juristen helfen, wenn man sie rechtzeitig heranzieht. Wichtig ist insbesondere, Rechtsgeschäfte so abzufassen, dass diese nicht nur den Wünschen der Beteiligten und dem zwingenden Recht Rechnung tragen. Vielmehr sollen sie auch eindeutig formuliert sein und die möglichen Komplikationen so klar berücksichtigen, dass später kein Streit

entstehen kann. In der Rechtswirklichkeit ist dies vor allem Aufgabe der **Notare,** aber auch der **rechtsberatenden Anwälte** und der in der Wirtschaft angestellten Juristen (der **Syndici**). Als derart zu gestaltende Rechtsgeschäfte kommen insbesondere Verträge und Testamente in Betracht, aber etwa auch Allgemeine Geschäftsbedingungen als Vorstufe zu späteren Verträgen.

b) In Übungen und in den Examina begegnen solche **Gestaltungsaufgaben** bisher 6
nur selten; doch wird mit ihnen künftig häufiger zu rechnen sein. So hat einmal eine Klausur aus dem Ersten Staatsexamen Angaben über die Familienverhältnisse und das Vermögen eines Unternehmers gemacht; verlangt wurde dann der Entwurf für ein Testament dieses Unternehmers. Hier kann man mit Ansprüchen allenfalls in zweiter Linie arbeiten (etwa indem man Pflichtteilsansprüche der von der Erbschaft auszuschließenden nächsten Angehörigen berücksichtigt, §§ 2303 ff.). Dagegen liegt ein Schwerpunkt bei **wirtschaftlichen Überlegungen:** Wie kann verhindert werden, dass das Unternehmen unwirtschaftlich zersplittert oder mit hohen Abfindungsansprüchen belastet wird? Wie kann der Erblasser die weitere Leitung des Unternehmens zuverlässig regeln?

Ein ganz wesentlicher Gesichtspunkt sind meist die **steuerlichen Folgen** eines solchen Geschäfts. Schon wegen der bisherigen Vernachlässigung des Steuerrechts im Universitätsstudium kann man daher Gestaltungsaufgaben nur selten sinnvoll stellen. Geben die Beteiligten aber beispielsweise beim Grundstückskauf den Kaufpreis zu niedrig an, um Notarkosten und Grunderwerbssteuer zu sparen, so kann sich die Frage stellen, ob die damit begangene Steuerhinterziehung nach § 370 AO zugleich einen Gesetzesverstoß iSd § 134 darstellt (dazu *Medicus/Petersen* BürgerlR Rn. 126 sowie → § 7 Rn. 18).

4. Problembeschreibung

Nicht einem bestimmten Juristenberuf (allenfalls demjenigen des Universitätsdozen- 7
ten) zuordnen lässt sich dagegen ein letzter Aufgabentyp: die sog. **Themen- oder Aufsatzklausuren** (als Hausarbeiten kommen solche Aufgaben wohl nicht vor; am nächsten stehen ihnen die in Seminaren zu haltenden Referate). Diese Klausuren betreffen jetzt nicht mehr (wie bisweilen früher) nichtjuristische Themen (wie etwa die „Geschichte der olympischen Spiele"); das waren die sog. „Märchenklausuren". Vielmehr geht es in neuerer Zeit um juristische Grundfragen, etwa um die Vertragsfreiheit, die Geschäftsformen, die Verkehrssicherungspflichten oder die Produzentenhaftung. Dabei wird die Richtung der erwarteten Ausführungen meist noch durch speziellere Fragen angedeutet.

Bei der Bearbeitung ist von diesen Fragen auszugehen. Regelmäßig sollten sie in der Reihenfolge behandelt werden, in der sie gestellt sind. In diesem Rahmen kommt es dann weithin auf präsentes Wissen an. Doch sollte man auch hier so weit wie möglich das Gesetz zu Hilfe nehmen, etwa bei der Frage nach den Geschäftsformen die §§ 125 ff. und die wichtigsten gesetzlichen Formgebote (wie die §§ 311b I, 518, 766, 2232, 2247, auch §§ 492 ff.). Daher kann vor allem bei solchen Aufgaben ein Blick in das Sachregister der Gesetzessammlung nützlich sein.

II. Rechtsanwendung und Sachverhalt

1. Praxis und Ausbildung

8 a) In der Praxis, vor allem in der richterlichen, geht es meist um einen **streitigen Sachverhalt:** Etwa die an einem Verkehrsunfall Beteiligten stellen über dessen Ablauf weit voneinander abweichende Behauptungen auf (bei Einigkeit über den Hergang wird die Sache regelmäßig ohne Anrufung eines Gerichts von den beteiligten Versicherern erledigt). Hier muss vor einer Entscheidung zunächst geklärt werden, wie sich die Dinge wirklich abgespielt haben. Soweit diese Klärung nicht gelingt, kommt es auf die Regeln über den Anscheinsbeweis und die Beweislast an. Diese „Arbeit am Sachverhalt" bereitet in der Praxis oft erhebliche Mühe; nicht selten ist ein Rechtsstreit praktisch entschieden, wenn der maßgebliche Sachverhalt feststeht.

Beispiel: Gegen die Klage auf Rückzahlung eines Darlehens verteidigt sich der Beklagte damit, er habe dieses nie erhalten oder schon wieder zurückgezahlt. Wenn hier der Sachverhalt geklärt ist, bleiben keine Rechtsfragen mehr übrig.

Häufig lassen sich aber Sachverhaltsermittlung und Rechtsanwendung gar **nicht streng trennen.** Denn zu ermitteln sind nur diejenigen Tatsachen, auf die es für die Rechtsanwendung ankommt. Daher muss schon bei der Sachverhaltsermittlung stets an die anzuwendenden Rechtsnormen gedacht werden. Man hat dies plastisch mit einem „Hin- und Herwandern des Blicks" (zwischen Sachverhalt und Rechtsnormen) beschrieben.

So kann der Blutalkohol der Beteiligten für die Entscheidung über einen Verkehrsunfall wesentlich sein, dagegen nicht in einem Abstammungsprozess. Umgekehrt kann es dort auf genetische Merkmale ankommen, die für den Verkehrsunfall unwesentlich sind.

b) Im Studium einschließlich des Ersten Staatsexamens werden **Sachverhaltsermittlungen nicht verlangt:** Meist ist der Sachverhalt, den die Aufgabe angibt, überhaupt unstreitig; dann muss er ohne jede Änderung zugrunde gelegt werden. Seltener wird ausdrücklich gesagt, ein bestimmter Umstand lasse sich nicht klären (zB der Grund für das Unmöglichwerden einer Leistung); dann muss nach den Beweislastregeln entschieden werden (§ 280 I 2: Die Formulierung des Nichtvertretenmüssens als Ausnahme bezeichnet die Behauptungs- und Beweislast des Schuldners = Beklagten → § 11 Rn. 20). Prüfungsrelevant kann jedoch die von § 363 abweichende Beweislastumkehr beim Verbrauchsgüterkauf nach § 477 sein (dazu → § 8 Rn. 21 sowie *Medicus/Petersen* BürgerlR Rn. 313).

2. Die Erfassung des Sachverhalts

9 Sehr wohl nötig ist aber allemal, dass der Bearbeiter den Sachverhalt der Aufgabe richtig und vollständig erfasst.

a) Dabei lassen sich **zwei extreme Typen von Aufgaben** unterscheiden.

aa) Bei dem ersten Typ ist die Aufgabe **ganz kurz:** Geschildert werden nur die juristisch wesentlichen Umstände.

RGZ 83, 223: Der Pfarrer E hatte kurz vor seinem Tod dem Pfarrkuraten P Wertpapiere übergeben, die dieser dem Weihbischof F für den Bonifatiusverein B bringen sollte. E wollte B die Papiere schenken. P übergibt sie dem F aber erst vier Tage nach dem Tod des E. Dessen Erbin K verlangt die Papiere von B heraus. Zur Lösung und den schwierigen Fragen, die sich insbesondere im Hinblick auf die §§ 130 II, 151, 153, 518, 2247 und vor allem § 2301 stellen, vgl. *Medicus/Petersen* BürgerlR Rn. 392f.

Solche ersichtlich mit dem Ziel der Knappheit formulierten Aufgaben wirken zwar bisweilen etwas blutleer. Andererseits kann man bei ihnen aber ziemlich sicher vermuten, dass es auf jedes Wort ankommt; insofern gibt der Wortlaut hier Hinweise auf die anzuwendenden Rechtsnormen.

bb) Bei dem zweiten, zahlenmäßig überwiegenden Aufgabentyp wird ein Lebensvorgang verhältnismäßig **ausführlich erzählt** (bei Examensklausuren etwa über ein bis zwei Seiten). Dabei werden häufig auch Umstände mitgeteilt, auf die es für die Lösung nicht ankommt: Es wird etwa die Bebauung des verkauften Grundstücks angegeben. Das ist unerheblich, wenn es um die Form des § 311b I geht. Dagegen kann die Bebauung wichtig werden, wenn fraglich ist, was mitverkauft (§§ 311c, 97f.) und mitübereignet ist (§§ 926, 932ff.). 10

Bei Aufgaben dieses Typs muss das Erhebliche vom Unerheblichen getrennt werden. Hierzu bedarf es des vorhin (→ § 1 Rn. 8) erwähnten „Hin- und Herwanderns des Blicks“: Einerseits ergibt die anzuwendende Rechtsnorm, welche Umstände erheblich sind; andererseits bestimmen aber auch die Umstände über die anwendbaren Normen. So folgt in dem eben gebrachten Beispiel aus § 311c, dass der Sachverhalt daraufhin geprüft werden muss, ob eine Sache Grundstückszubehör darstellt; umgekehrt legen die Angaben über die Bebauung es nahe zu prüfen, ob die §§ 311c, 97f. anzuwenden sein könnten.

b) Jedenfalls aber muss man sich bei beiden Arten von Aufgabentypen **genau mit dem Sachverhalt auseinandersetzen;** dass einzelne Umstände übersehen oder nicht ausreichend berücksichtigt werden, ist ein überaus häufiger Fehler. So hieß es im Sachverhalt einer Examensklausur, S sei „mit überhöhter Geschwindigkeit“ gefahren. Nicht wenige Bearbeiter haben bei § 823 I den gebotenen Schluss unterlassen, S habe (zumindest) fahrlässig gehandelt. Es empfiehlt sich, den Sachverhalt mehrmals durchzugehen: Zunächst kann man ihn zügig lesen, um zu sehen, was überhaupt der Fall ist. Beim zweiten Lesen sollte man jedes Wort darauf hin prüfen, auf welche Vorschriften, Tatbestandsmerkmale und etwaigen Probleme der Aufgabensteller anspielt. Besonderes Augenmerk ist auf umgangssprachliche Wendungen zu richten, die in Anführungsstrichen stehen. Erklärt jemand beispielsweise „wegen Betrugs“ nichts mehr von dem anderen wissen zu wollen, so deutet dies weniger auf § 823 II BGB, § 263 StGB hin als vielmehr auf die dem anderen Teil gegenüber erklärte (§ 143 I, II) Anfechtung wegen arglistiger Täuschung iSd § 123 I Alt. 1. 11

Für diese Erfassung des Sachverhalts gibt es **zwei Hilfsmittel:**

aa) Bei den (häufigen) Fällen mit mehr als zwei Beteiligten sollte man die zwischen diesen bestehenden **Rechtsbeziehungen skizzieren** und dabei die denkbaren Ansprüche anmerken. Dies erleichtert nicht nur die Übersicht, sondern bereitet auch die Gliederung vor und hilft, nichts Wesentliches zu vergessen.

Es möge sich etwa eine bei dem Verkäufer V gekaufte Sache als mangelhaft erweisen, der eine Nachbesserung versprechende Garantiekarte des Herstellers H beigelegen hat; gefragt sei nach Ansprüchen des Käufers K.

Bei näherem Nachdenken wird man bei der Garantie H–K zu bedenken haben, dass schuldrechtliche Leistungsansprüche regelmäßig (Ausnahme etwa: die Auslobung, § 657) nicht durch ein einseitiges Versprechen begründet werden können, sondern nur durch ein zweiseitiges Geschäft, nämlich einen Vertrag (§ 311 I). Der in der Garantiekarte enthaltene Antrag des H muss also regelmäßig noch von K angenommen werden (nach § 151? Oder erst konkludent durch Geltendmachung des Nachbesserungsanspruchs?). Hierfür wie auch für die Gewährleistungsansprüche K–V kann der genaue Inhalt der Garantiekarte von Bedeutung sein: Hat H etwa seine Garantie davon abhängig machen wollen, dass der Verkäufer V nicht nach den §§ 437 ff. in Anspruch genommen wird? Das würde nicht an § 309 Nr. 8b scheitern, weil diese Vorschrift nur Gewährleistungsvorschriften in den AGB *des Verkäufers* betrifft. Bei einem Verbrauchsgüterkauf (§ 474) stünde auch § 476 nicht entgegen.

Wenn die Aufgabe Zeitangaben enthält (zB „K entdeckt den Sachmangel nach zwei Jahren“), ist an die Verjährung zu denken. Diese richtet sich zwischen V und K nach § 438. Für das Verhältnis K–H (Herstellergarantie) dagegen fehlt eine von den §§ 195, 199 abweichende Vorschrift. Wohl aber kann sich durch Auslegung der Garantieerklärung (aber § 305c II!) eine zeitliche Begrenzung ergeben.

12 **bb)** Überhaupt erfordern Aufgaben mit Zeitangaben oft noch ein weiteres Hilfsmittel, nämlich eine **chronologische Zusammenstellung** aller Ereignisse, die irgendwie als rechtserheblich in Betracht kommen. Diese Zeitangaben können sowohl in der Nennung konkreter Daten bestehen wie auch bloß in der Angabe der Zeitfolge bestimmter Ereignisse. Das ist besonders häufig im **Immobiliarsachenrecht:** Hier kann die Zeitfolge für den Rang Bedeutung haben (§ 879), aber etwa auch für die Wirkungen von Vormerkung (§ 883) und Widerspruch (§ 899). Wichtig kann die Zeitfolge beispielsweise auch im **Zessionsrecht** sein: Wenn ein Gläubiger seine Forderung hintereinander erst an A und dann an B abtritt, tut er das gegenüber A als Berechtigter und gegenüber B als Nichtberechtigter. Allerdings kann hier die (an sich unwirksame) zweite Abtretung für den redlichen Schuldner nach den §§ 408 I, 407 I wirken: Dieser kann also zB wirksam an B leisten, wenn ihm nur die Abtretung an diesen mitgeteilt worden ist.

III. Mehrheit von Fragen

13 Häufig enthält eine Aufgabe mehrere Fragen. Diese können sich entweder auf **verschiedene Rechtsverhältnisse** eines identischen Sachverhalts beziehen: Bei einem Verkehrsunfall wird etwa zunächst gefragt, ob der Verletzte von dem Halter des verletzenden Kraftfahrzeugs Schadensersatz fordern kann (§ 7 StVG); anschließend werden Rückgriffsansprüche des Halters gegen den an dem Unfall schuldigen Fahrer erfragt (Vertrag? Zudem die beiden Absätze des § 426?). Eine Zusatzfrage kann aber auch mit einer **Änderung des ursprünglichen Sachverhalts** verbunden sein („Abwandlung“): Bei dem Verkehrsunfall möge zusätzlich danach gefragt werden, welche Rechtsfolgen eintreten, wenn der zunächst Verletzte an seinen Verletzungen stirbt. Für beide Arten der Fragenmehrheit gelten folgende **zwei Regeln:**

1. Der Bearbeiter muss sich möglichst rasch darüber Gedanken machen, **wie sich die Schwierigkeiten auf die mehreren Fragen verteilen.** Zwar dürften wohl überwiegend die späteren Fragen bloße Zusätze zu der Ausgangsfrage darstellen, die sich mit einem verhältnismäßig geringen Zeitaufwand erledigen lassen. Aber nicht selten ist es umgekehrt: Die früheren Fragen können behutsam zu den eigentlichen Schwierigkeiten hinführen wollen, die sich dann erst bei einer späteren Frage voll zeigen. Bei solchen Aufgaben findet man immer wieder massenhaft Bearbeiter, die auf die früheren, leichten Fragen breit eingehen und dann später bei den schwierigen Fragen in Zeitnot geraten. Daher sollte man die insgesamt zur Verfügung stehende **Zeit** recht schnell entsprechend den zu erwartenden Schwierigkeiten **einteilen.**

2. Der Bearbeiter sollte die **gegebene Reihenfolge der Fragen** auch dann **einhalten,** 14
wenn die Aufgabe dies nicht ausdrücklich verlangt. Denn regelmäßig hat sich der Verfasser der Aufgabe bei der Wahl der Reihenfolge etwas gedacht; insbesondere werden die früheren Fragen oft Probleme betreffen, die für die folgenden Fragen vorgreiflich sind. So kann etwa in dem Fall von → § 1 Rn. 13 der Rückgriff des Halters gegen den Fahrer erst dann sachgerecht behandelt werden, wenn feststeht, ob und aus welchen Gründen der Halter dem Verletzten haftet. Wer hier mit der zweiten Frage beginnt, weil er sie für leichter hält, riskiert zumindest ein schreckliches Durcheinander, wahrscheinlich aber sogar sachliche Fehler.

§ 2 Der Anspruchsaufbau

Nahezu alles, wonach in zivilrechtlichen Aufgaben gefragt zu werden pflegt, lässt sich 1
als Ziel von Ansprüchen darstellen: etwa die Zahlung eines Entgelts oder von Wertersatz, die Herausgabe einer Sache oder die Abtretung einer Forderung, die Leistung von Schadensersatz oder von Unterhalt, sogar die Unterlassung von Wettbewerb (vgl. § 241 I 2). Für die Bearbeitung solcher Fragen, wie sie in den meisten Richter- und Anwaltsaufgaben gestellt werden (→ § 1 Rn. 1 ff.), hat sich der Aufbau nach Anspruchsgrundlagen (Anspruchsaufbau) durchgesetzt.

I. Ziele des Anspruchsaufbaus

Die Bearbeitung eines Zivilrechtsfalls muss **drei Anforderungen** erfüllen:

Erstens muss sie **vollständig** sein: Sie hat alle Punkte umfassend zu erörtern, die für die Lösung der gestellten Fragen von Bedeutung sein können. Im Idealfall findet sich jede als relevant erkannte Sachverhaltsangabe in der Lösung sinnvoll wieder. Bleiben demgegenüber weite Teile des Sachverhalts ungewürdigt oder aus Sicht des Bearbeiters unbedeutend, so ist dies ein untrügliches Anzeichen dafür, dass die gefundene Lösung nicht stimmt oder den geistigen Rahmen der Aufgabe nicht ausschöpft und vor der endgültigen Ausarbeitung von neuem überdacht werden muss.

Zweitens muss sie **ökonomisch** sein: Sie darf nichts erörtern, was für die Lösung dieser Fragen keine Bedeutung haben kann (sondern allenfalls für die Lösung anderer, nicht gestellter Fragen). Denn sonst verliert der Bearbeiter Zeit, die er für das Wesentliche braucht; auch läuft er Gefahr, bei dem Unwesentlichen unnötige Fehler zu machen; endlich setzt er sich dem Vorwurf aus, ihm fehle „der Blick für das Wesentliche“. Zur

Ökonomie der Lösung gehört auch, dass der Sachverhalt nicht unmotiviert wiederholt, sondern nur dort in Bezug genommen wird, wo der gesetzliche Tatbestand bereits derart dargestellt wurde, dass der Sachverhalt bruchlos darunter passt. Dann ist auch die oft zu lesende Wendung „laut Sachverhalt" überflüssig.

Und drittens muss die Bearbeitung eine möglichst **klare und einfache Gedankenführung** erkennen lassen: Insbesondere soll vermieden werden, dass verschiedene Gedankenstränge sich überlagern und miteinander verschlingen. Diese Einfachheit bewahrt den Bearbeiter vor Mängeln in der Gedankenführung und erleichtert auch dem Prüfer die Übersicht. Hilfreich hierfür sind Gliederungsziffern. Die einzelnen Tatbestandsmerkmale einer Anspruchsgrundlage sollten durch gleichgeordnete Ziffern kenntlich gemacht werden; Hilfsnormen (zu ihnen sogleich) können durch untergeordnete Zahlen oder Buchstaben angedeutet werden.

Diesen drei Anforderungen will der Anspruchsaufbau genügen. Wie er das tut, sei im Folgenden kurz dargestellt (näher *Medicus/Petersen* BürgerlR Rn. 1ff.).

II. Anspruchsnormen, Hilfsnormen, Gegennormen

2 Die beiden ersten eben genannten Anforderungen sollen erfüllt werden, indem der Anspruchsaufbau die zu erörternden Punkte erkennen lässt und von den nicht zu erörternden abgrenzt.

1. Die Anspruchsbegründung

Auszugehen ist von denjenigen Normen, deren Rechtsfolge das gewünschte Anspruchsziel ist: Wenn etwa „Herausgabe einer Sache" verlangt wird, kommt als solche **Anspruchsnorm** § 985 in Betracht. Für diese Vindikation müssen der Anspruchsteller Eigentum und sein Gegner Besitz haben. Beides ist also zu prüfen. Bezogen auf § 985 sind daher die Normen über den Erwerb und Verlust von Eigentum (etwa die §§ 873, 925, 929ff.) und Besitz (§§ 854ff.) **Hilfsnormen:** Sie füllen die Tatbestandsmerkmale „Eigentum" und „Besitz" der Anspruchsnorm aus und „helfen" damit bei deren Anwendung. Denn sie bestimmen, was für die Prüfung des § 985 zu erörtern ist: Hat der Anspruchsteller einmal Eigentum erworben? Hat er es wieder verloren? Und hat der Anspruchsgegner einmal Besitz erworben und möglicherweise später wieder verloren? → § 17 Rn. 7.

Im Rahmen solcher primärer Hilfsnormen können weitere **(sekundäre, tertiäre) Hilfsnormen** in Betracht kommen. So bedeutet das „Einigsein" in § 929 S. 1 eine rechtsgeschäftliche Einigung. Daher kommt es auch auf die Vorschriften über Rechtsgeschäfte (§§ 104ff.) und insbesondere Verträge (§§ 145ff.) an. In Betracht zu ziehen sind zudem aber etwa die Vorschriften über Bedingungen (§§ 158ff., so beim Eigentumsvorbehalt, § 449) und die Stellvertretung (§§ 164ff.). Die Hauptnorm über den Anspruch (§ 985) beschreibt also zusammen mit ihren Hilfsnormen das Prüfungsprogramm.

Allerdings werden meist viele der denkbaren Hilfsnormen vom Sachverhalt her **von vornherein ausscheiden:** Wo etwa kein Anhalt für die Minderjährigkeit eines Beteiligten oder einen Irrtum besteht, ist für die §§ 104ff., 119ff. kein Raum. Diese brauchen dann nicht einmal erwähnt zu werden (und sollen das auch nicht; solche Erwähnungen bedeuten wieder den Mangel des „Blicks für das Wesentliche"!): Die Rechtsanwendung wird eben durch den „hin- und herwandernden Blick" (→ § 1 Rn. 8) und damit vom Sachverhalt bestimmt.

Der „richtige" Aufbau handelt also alle im Sachverhalt aufgeworfenen Rechtsfragen mit innerer Folgerichtigkeit systematisch nacheinander ab. Am besten erkennt man dies daran, dass man beständig nach oben verweisen, dh auf das bereits Geprüfte Bezug nehmen kann. Wird dagegen eine Verweisung nach unten nötig, ist auch der Aufbau unsystematisch, weil eine vorgreifliche Rechtsfrage übergangen wurde.

2. Gegennormen

Selbst wenn alle Voraussetzungen der Anspruchsnorm erfüllt sind, steht das Ergebnis 3
noch nicht fest. Vielmehr kommen noch Gegennormen (Einwendungsnormen) in Betracht: Diese hindern dann die Wirksamkeit der Anspruchsnorm. Hierfür ist bei § 985 vor allem an § 986 zu denken: Ein dem Eigentümer gegenüber wirkendes Recht des Besitzers zum Besitz schließt die Vindikation aus. Auch eine solche Gegennorm führt meist weiter zu Hilfsnormen: Das sind bei § 986 etwa die §§ 1204ff., 562, 647 über den (rechtsgeschäftlichen oder gesetzlichen) Erwerb eines gegen jedermann wirkenden Mobiliarpfandrechts. In Betracht kommen weiter die Normen über den Abschluss eines zum Besitz berechtigenden Schuldvertrags (Miete, Pacht usw), wenn dieser gerade gegen den Eigentümer wirkt.

Auch solche Gegennormen sind aber nur zu erwähnen, wenn der Sachverhalt einen Anhalt für ihre Anwendbarkeit bietet. Daran fehlt es etwa regelmäßig, wenn der Eigentümer eine gestohlene Sache vom Dieb herausverlangt (näher *Medicus/Petersen* BürgerlR Rn. 16, 731ff.).

III. Die Reihenfolge der Prüfung mehrerer Anspruchsnormen

1. Allgemeines

Zu berücksichtigen bleibt noch die dritte Forderung von → § 2 Rn. 1: Die Gedanken- 4
führung soll trotz der Vollständigkeit möglichst klar und einfach sein. Daher sind mehrere in Betracht kommende Anspruchsnormen in einer bestimmten Reihenfolge zu erörtern. Diese beruht (wie in *Medicus/Petersen* BürgerlR Rn. 8ff. ausführlich begründet) im Wesentlichen auf den **materiell-rechtlichen Regeln über die Anspruchskonkurrenz:** Eine Anspruchsnorm soll umso früher geprüft werden, je **spezieller** sie ist. Solche Spezialität ergibt sich daraus, dass die Norm selbst oder die ihr zugrunde liegenden Rechtsinstitute andere Anspruchsnormen beeinflussen können. Denn durch die frühe Prüfung der vorrangigen Normen wird vermieden, dass diese Prüfung im Rahmen einer nachrangigen Norm vorweggenommen werden muss und dort den Aufbau verschachtelt.

So ist ein **Vertrag,** durch den die Parteien ihre Rechtsbeziehungen nach ihrem Willen regeln, spezieller als das gesetzliche, das Fehlen eines Vertrags voraussetzende (§ 677) Rechtsverhältnis der Geschäftsführung ohne Auftrag (GoA). Daher ist es sinnvoll, zunächst das Vorliegen eines Vertrags zu prüfen und erst bei Verneinung dieser Frage zur GoA zu kommen. Ebenso kann ein Vertrag ein Recht zum Besitz begründen und daher über § 986 den § 985 ausschalten (→ § 2 Rn. 3). Ähnlich spezieller ist der Vertrag gegenüber Ansprüchen aus Delikt (§§ 823ff.) und aus ungerechtfertigter Bereicherung (§§ 812ff.). Eine entsprechende Rangfolge vom Speziellen zum Allgemeinen gibt es auch für andere Anspruchsnormen (vgl. *Medicus/Petersen* BürgerlR Rn. 8ff.). Ein bestehendes Eigentümer-Besitzer-Verhältnis (§§ 987ff.) verdrängt beispielsweise wegen § 993 I Hs. 2 grundsätzlich (Ausnahme: § 992) die Prüfung des § 823. In sachenrechtlichen Fällen wird man nicht selten durch eine allzu reibungslose Prüfung des § 823 I gewarnt; die gefundene Lösung enthält dann verdächtig wenige Probleme, wenn und weil das vorrangige EBV übersehen wurde. Statt die Voraussetzungen des § 823 I besonders aufwendig zu prüfen, sollten dann die oft übersehenen §§ 987ff. in Betracht gezogen werden.

2. Einzelheiten

5 Im Einzelnen gilt danach die folgende Ordnung:

(1) Ansprüche aus Vertrag (→ § 4 Rn. 1ff.);
(2) Ansprüche aus der Verletzung von Schutzpflichten, etwa aus Verschulden bei Vertragsverhandlungen (→ § 15 Rn. 2ff.);
(3) Ansprüche aus GoA (→ § 16 Rn. 1ff.);
(4) dingliche Ansprüche nebst ihren nichtdinglichen Folgeansprüchen (→ § 17 Rn. 1ff.);
(5) Ansprüche aus Delikt und Gefährdungshaftung (→ § 23 Rn. 1ff.);
(6) Ansprüche aus ungerechtfertigter Bereicherung (→ § 25 Rn. 11ff.).

Wenn Ansprüche aus hier nicht erwähnten gesetzlichen Sonderverbindungen des Familienrechts (zB aus Ehe oder Verwandtschaft, etwa auf Unterhalt) oder des Erbrechts (zB aus Pflichtteil) in Betracht kommen, gehören diese hinter das Verschulden bei Vertragsverhandlungen (also an die Stelle 2a). Ansprüche aus einseitigen Rechtsgeschäften (Auslobung, Vermächtnis) sind hinter Vertragsansprüchen zu prüfen. Doch werden in solchen Fällen die meisten anderen Anspruchsgrundlagen ohnehin ausscheiden.

Auch hier gilt wieder: Aus dem genannten Schema sind jeweils nur diejenigen Teile auszuwählen, für deren Erörterung der zu entscheidende Sachverhalt überhaupt Anlass bietet. Ist etwa ein Fußgänger von einem Autofahrer angefahren und verletzt worden, kommen regelmäßig nur Ansprüche nach oben (5) in Betracht, also aus unerlaubter Handlung einschließlich der Gefährdungshaftung. Abwegig ist zB (wie wirklich vorgekommen) die Erörterung von § 862, weil der durch ein Auto Verletzte im Besitz seiner Kleidung gestört sei: Diese Störung dauert nur, solange das Auto auf der Kleidung steht; das trifft nach aller Lebenserfahrung mit Sicherheit nicht mehr zu, sobald die Ersatzansprüche erhoben werden.

Nicht auf Deliktsansprüche beschränken darf man sich aber etwa, wenn bei einem Autobusunfall ein Fahrgast verletzt wird oder wenn der schuldige Fahrer am Unfallort ein „Schuldbekenntnis" unterschrieben hat: Dann sind – und zwar vorrangig – auch Ansprüche aus dem Beförderungsvertrag oder dem „Schuldbekenntnis" (§ 780? regelmäßig: nein, vgl. *Medicus/Petersen* BürgerlR Rn. 43) zu prüfen; dazu → § 11 Rn. 29.

IV. Mehrheit von Anspruchszielen

Die bei → § 2 Rn. 5 genannte Ordnung passt ohne Einschränkung nur für Ansprüche mit demselben Ziel, etwa auf Schadensersatz oder Herausgabe. Um ein solches einheitliches Ziel geht es meist bei den Richteraufgaben, weil hier das Ziel durch den Antrag bestimmt wird (→ § 1 Rn. 2). Dagegen können bei den Anwaltsaufgaben („Was kann A von B verlangen?" → § 1 Rn. 4) mehrere Anspruchsziele in Betracht kommen. Diese mehreren Ziele können bisweilen **nebeneinander (kumuliert)** verfolgt werden, so etwa der Anspruch auf die primär geschuldete Darlehensrückzahlung neben dem Anspruch auf Verzugszinsen. In anderen Fällen besteht ein Verhältnis der **Alternativität:** Es kann nur entweder der eine Anspruch (zB auf Herausgabe einer Sache) oder der andere gegeben sein (zB auf Ersatz des Sachwertes). 6

Bei einer solchen (kumulativen oder alternativen) Mehrheit von Anspruchszielen ist **zunächst nach diesen Zielen zu unterscheiden,** ehe die Unterscheidung nach Anspruchsgrundlagen von → § 2 Rn. 2 angewendet werden kann. Man muss also beispielsweise zunächst alle denkbaren Grundlagen für einen Anspruch auf Sachherausgabe prüfen. Erst in einem weiteren Abschnitt können dann Schadensersatzansprüche erörtert werden. Bei Alternativität der Anspruchsziele entfällt diese weitere Prüfung freilich oder sie wird eingeschränkt, wenn der Anspruchsteller das andere Ziel nur hilfsweise verfolgt und er schon das erste erreichen kann. So ist der Anspruch auf den bloß hilfsweise begehrten Ersatz des Sachwertes nicht mehr zu prüfen, wenn sich schon der Anspruch auf Sachherausgabe als begründet erweist. Bisweilen mag gleichwohl ein **Hilfsgutachten** ratsam sein, wenn sonst die rechtliche Erörterung zu dürftig bliebe. Unter mehreren vertretbaren Lösungswegen ist zweckmäßig jedoch derjenige, der nicht die Bearbeitung großer Teile des Sachverhalts mit anschließenden Folgeproblemen in das Hilfsgutachten verweist. Auch in einer Anwaltsklausur sollten Streitfragen nicht allemal in der für den Mandanten günstigen Weise entschieden werden. Doch mag ein Hinweis in Betracht kommen, der Anwalt könne den für seinen Mandanten günstigen Standpunkt aus den folgenden (anzugebenden) Gründen vertreten.

V. Mehrheit von Anspruchsgegnern

Bei Anwaltsaufgaben kann auch eine Mehrheit von Anspruchsgegnern in Betracht kommen (ebenso bei Richteraufgaben, wenn mehrere verklagt werden): Dann ist zu ermitteln, was von welcher Person verlangt werden kann (→ § 1 Rn. 13: Ansprüche des aus einem Verkehrsunfall Verletzten gegen Halter und Fahrer). Dabei ist noch vor der Unterscheidung nach Anspruchszielen (→ § 2 Rn. 6) nach Anspruchsgegnern zu unterscheiden: Es sind also etwa zunächst die Ansprüche gegen den Halter und erst dann diejenigen gegen den Fahrer zu prüfen. Die regelmäßig zweckmäßige Reihenfolge der Gliederung lautet also („wer will von wem was und woraus"): 7

(1) Unterscheidung nach Anspruchsgegnern,
(2) Unterscheidung nach Anspruchszielen,
(3) Unterscheidung nach Anspruchsgrundlagen(-normen).

VI. Mehrheit von Anspruchstellern

8 Bisweilen tritt in juristischen Aufgaben auch eine Mehrheit von Anspruchstellern auf: Es wird etwa gefragt, welche Ansprüche aus einem fremdverschuldeten Verkehrsunfall der Halter (wegen des Sachschadens an seinem Kraftwagen) und der Fahrer (wegen seines Körperschadens) haben. Nicht selten verbirgt sich eine Mehrheit von möglichen Anspruchstellern auch hinter der Frage „Wie ist die **Rechtslage?**"

Doch ist diese sehr allgemeine Frage stets aus der ihr vorangehenden Fallerzählung zu konkretisieren: Wenn es nach dieser nur um ein bestimmtes Verlangen einer einzigen Person gegen eine andere geht, liegt eine Richteraufgabe vor (→ § 1 Rn. 2). Aber auch eine Anwaltsaufgabe (→ § 1 Rn. 4) mag hinter dieser Frage stecken, nämlich wenn nach der Fallerzählung nur einer einzigen Person an Ansprüchen gelegen sein kann. Und zu einer Mehrheit von Anspruchstellern gelangt man, wenn für mehrere Personen Ansprüche in Betracht kommen.

In dieser letzten Gruppe bildet regelmäßig die Person des jeweiligen Anspruchstellers den **obersten Gliederungsgesichtspunkt:** Es mögen A und B die möglichen Anspruchsteller und S und T die möglichen Anspruchsgegner sein. Dann ist meist die folgende Gliederung zweckmäßig:

(1) Ansprüche A–S,
(2) Ansprüche A–T,
(3) Ansprüche B–S,
(4) Ansprüche B–T.

Ausnahmsweise kann aber auch einmal eine Gliederung nach Anspruchsgegnern angebracht sein: Es werden etwa zunächst alle Ansprüche geprüft, die von A und B gegen S erhoben werden können. Dabei handelt es sich nicht um eine Frage der juristischen Richtigkeit, sondern bloß der Zweckmäßigkeit.

§ 3 Überblick über wichtige Privatrechtsinstitute

1 Die soeben in § 2 erörterten Ansprüche stammen regelmäßig aus bestimmten Rechtsinstituten. So ergeben sich Erfüllungsansprüche aus Schuldverträgen und Herausgabeansprüche aus Besitz oder Eigentum. Deshalb sollen zunächst einige grundlegende Privatrechtsinstitute vorgestellt werden. Dabei geht es um Rechtssubjekte und -objekte (I.), um die Verbindungen (Rechtsverhältnisse) zwischen ihnen (II.) und schließlich um die Veränderungen dieser Rechtsverhältnisse (III.).

I. Rechtssubjekte und Rechtsobjekte

1. Der natürliche Grundzustand

a) Jede Rechtsordnung findet zweierlei vor, nämlich

(1) **Menschen,** für die und von denen sie geschaffen ist. Eine Rechtsordnung ohne Menschen wäre sinnlos, weil letztlich nur diese als Normadressaten taugen: Etwa einem Grundstück kann man nicht sagen, wie es sich verhalten soll;

(2) **Sachen,** weil ohne diese (Boden, Nahrungsmittel, Wohnung, Kleidung) die Menschen nicht existieren können. Tiere sind keine Sachen (§ 90a S. 1), doch gelten die §§ 90ff. grundsätzlich für sie entsprechend (§ 90a S. 3).

b) Man nennt die Menschen **Rechtssubjekte:** Sie haben die Rechtsfähigkeit und können Träger von Rechten und Pflichten sein, § 1. 2

Dagegen heißen die Sachen **Rechtsobjekte:** Sie sind Gegenstände von Rechten, ohne selbst Träger solcher Rechte sein zu können. Allerdings spricht man bei Grunddienstbarkeiten (§§ 1018ff.) üblicherweise von einem „herrschenden" und einem „dienenden" Grundstück. Aber schon § 1018 zeigt: Berechtigt ist nicht das „herrschende" Grundstück als solches, sondern sein jeweiliger Eigentümer. Und belastet ist nicht das „dienende" Grundstück, sondern die an ihm berechtigte Person, insbesondere der Eigentümer. Denn er muss bestimmte fremde Handlungen dulden, die er ohne die Dienstbarkeit verbieten könnte (etwa bei einem Wegerecht), oder er muss eigene Handlungen unterlassen, zu denen er sonst berechtigt wäre (etwa bei einem Bauverbot).

2. Juristische Erweiterungen

a) Es hat sich als zweckmäßig erwiesen, die Rechtsfähigkeit nicht bloß Menschen zuzusprechen, sondern auch bestimmten, in ihrer Zusammensetzung sehr verschiedenen **Vereinigungen.** Dazu gehören im BGB der eingetragene Verein (§ 21), die Stiftung (§ 80) und die rechtsfähige Gesellschaft (§ 705 II Alt. 1). Noch wichtiger sind außerhalb des BGB die Aktiengesellschaft (§ 1 I AktG) und die GmbH (§ 13 I GmbHG). 3

Diese Gebilde verdanken ihre Rechtsfähigkeit erst einer Anordnung oder Auslegung des positiven Rechts. Man nennt sie daher, wenn sie voll rechtsfähig sind, **juristische Personen.** Sie bilden den Gegensatz zu den Menschen als den **natürlichen Personen.** Trotzdem stehen aber regelmäßig auch hinter den juristischen Personen Menschen. Das gilt nicht nur für die „Personengesellschaften" Gesellschaft bürgerlichen Rechts, OHG und KG sowie die Partnerschaftsgesellschaft, sondern etwa auch für die „Kapitalgesellschaften" Aktiengesellschaft sowie die viel häufigere GmbH. Denn regelmäßig sind unter den Gesellschaftern wenigstens auch Menschen. Und selbst wenn (zB in einem Konzern) eine Aktiengesellschaft als „Tochtergesellschaft" zur Gänze einer anderen juristischen Person gehört, können an dieser Konzernmutter Menschen beteiligt sein. Nicht alle Vorschriften gelten für natürliche und juristische Personen in gleicher Weise: Eine juristische Person etwa kann nicht sterben (daher Nichtgeltung des Erbrechts).

Entsprechend dem häufigen Vorkommen im Alltagsleben begegnen auch in Übungsfällen juristische Personen, vor allem GmbH, aber auch Aktiengesellschaften (Beispiel: Kauf bei Karstadt). Nach der oben (→ § 2 Rn. 7) gestellten Frage „Wer will von wem was und woraus?" können diese juristischen Personen dann Anspruchsteller („wer") oder Anspruchsgegner („vom wem") sein. Nur wenn die juristische Person nicht wirksam gegründet wurde (vgl. § 11 GmbHG), sind Erörterungen dazu veranlasst, welcher Verband stattdessen in Betracht kommt (Vor-GmbH, Vorgründungsgesellschaft, OHG, Gesellschaft bürgerlichen Rechts?).

b) Eine ähnliche Begriffserweiterung findet sich auch bei den **Rechtsobjekten:** Dies sind nach dem BGB nicht nur (körperliche) Sachen. Vielmehr geht § 90 von dem 4

Oberbegriff des Gegenstandes aus. Daher muss es neben den körperlichen auch unkörperliche Gegenstände geben. Das sind die **Rechte,** wie etwa die Gegenüberstellung in den §§ 99–101, 103 erkennen lässt. Die Forderung ist also im Rechtssinne ein Gegenstand. Das wirkt sich auch auf den juristischen Sprachgebrauch aus: Man ist Eigentümer einer Sache, aber Inhaber (Gläubiger) einer Forderung. Daher ist man auch nicht „Eigentümer einer Hypothek", wie mitunter in Klausuren zu lesen ist, sondern Gläubiger der hypothekarisch gesicherten Forderung.

II. Die Rechtsverhältnisse

5 Aus den beiden Elementen Personen (P) und Gegenstände (G) lassen sich rein kombinatorisch drei Arten von Verbindungen bilden, nämlich P–P, G–G und P–G.

1. Die **Verbindung P–P** ist die Verbindung zwischen zwei Personen. Diese begegnet in zwei verschiedenen Formen.

a) Einmal kommt sie als **personenrechtliche** im Familienrecht vor. Sie kann entweder als Ehe durch Rechtsgeschäft (§§ 1310ff.) oder als Verwandtschaft regelmäßig (Ausnahme die Adoption) durch Abstammung (§ 1589) begründet werden. Eine Kombination von Ehe und Verwandtschaft erzeugt die Schwägerschaft, § 1590 („Ehegatten von Verwandten und Verwandte von Ehegatten"). Solche personenrechtlichen Verbindungen bestimmen in erster Linie den Status einer Person, nämlich etwa als Ehegatte oder als Abkömmling (zB §§ 1606 I, II; 1924ff.). Doch können sich aus einem solchen Status auch vermögensrechtliche Ansprüche ergeben, etwa die mit der Ehe zusammenhängenden Unterhaltsansprüche: §§ 1360–1360b während des ehelichen Zusammenlebens, § 1361 während des Getrenntlebens, §§ 1569ff. nach der Ehescheidung, weiter §§ 1601ff. für die Verwandtschaft.

Dagegen ist die **nichteheliche Lebensgemeinschaft** im BGB als besondere Form eines personenrechtlichen Zweipersonenverhältnisses nicht vorgesehen. Daraus folgt das (praktisch oft nicht beachtete) Bedürfnis, diese Art des Zusammenlebens (und vor allem die vermögensrechtlichen Folgen des Auseinandergehens) rechtsgeschäftlich zu regeln (dazu *Medicus/Petersen* BürgerlR Rn. 690b, c).

6 b) Zum andern kann eine Verbindung P–P aber auch als rein oder doch wenigstens primär **vermögensrechtliche** vorkommen. Den Hauptfall bildet das in § 241 I durch die Begriffe „Gläubiger" und „Schuldner" definierte **Schuldverhältnis.** Dazu gehört insbesondere auch der Anspruch (§ 194 I), der im Schuldrecht „Forderung" heißt.

So sprechen etwa die §§ 398ff. zunächst nur von der Abtretung einer Forderung. Die Übertragung „anderer Rechte" soll zwar nach § 413 in gleicher Weise stattfinden, aber nur, „soweit nicht das Gesetz ein anderes vorschreibt". Das geschieht etwa in den §§ 929ff. für das Mobiliareigentum und in den §§ 873, 925 für Grundstücke. Auch können etwa die dinglichen Ansprüche (zB aus den §§ 985, 1004) nicht ohne Weiteres nach den §§ 398ff. übertragen werden. Vielmehr hält die hM eine Trennung von dem Mutterrecht „Eigentum" überhaupt für ausgeschlossen (trotz des missverständlichen Wortlauts von § 931 → § 18 Rn. 15).

Außer durch Anspruch und Forderung entsteht aber ein vermögensrechtliches Näheverhältnis etwa auch durch den bloßen Eintritt in Vertragsverhandlungen oder die Anbahnung eines Vertrags, § 311 II (→ § 15 Rn. 2ff.). Der auch solche Fälle umfassende Oberbegriff hieß bisher **Sonderverbindung.** Seit dem Schuldrechtsmodernisierungsgesetz spricht aber § 311 II und III (jeweils am Anfang) auch hier von einem „Schuldverhältnis mit Pflichten nach § 241 II". Die Besonderheit dieser Schuldverhältnisse besteht also darin, dass sie sich auf die in § 241 II definierten **Schutzpflichten** beschränken. Dagegen umfassen sie keine **Leistungspflichten** nach § 241 I. Dabei zielen die Schutzpflichten nur auf den Schutz der schon vorhandenen Güter und Interessen des anderen Teils, also des **Integritätsinteresses:** Es geht zB darum, dass der andere Teil nicht körperlich verletzt wird oder dass seine Sachen nicht beschädigt werden. Im Unterschied dazu zielen die Leistungspflichten auf eine Veränderung der Güterlage, also zB auf den Erwerb einer Sache. Hier geht es dann um das **Leistungsinteresse** (→ § 11 Rn. 7).

2. Die **Verbindung G–G** (also zwischen zwei Rechtsobjekten) kommt als selbstständiges Rechtsverhältnis nicht vor. Ein solches wäre ohne die Beteiligung einer Person auch sinnlos, weil die Rechtsordnung sich eben nur an Personen richtet. Auch die Vorschriften über Bestandteile (§§ 93ff.) und Zubehör (§§ 97f.) begründen kein Rechtsverhältnis zwischen Sachen und anderen Gegenständen (etwa zwischen einem Hotelgrundstück als Hauptsache und den Hotelbetten als Zubehör). Vielmehr geht es hier nur um die genauere Beschreibung dessen, was Objekt einer Verpflichtung oder Verfügung ist oder sein kann (vgl. §§ 311 c, 926). 7

3. Es bleibt die **Verbindung P–G.** Hier geht es um die **Zuordnung** eines Gegenstandes an eine Person. 8

a) Diese Zuordnung kann dem **Sachenrecht** unterstehen, also im 3. Buch des BGB geregelt sein. Im Vordergrund steht dabei als die umfassendste Zuordnung das **Eigentum** an einer Sache, § 903. Es umfasst grundsätzlich jede Art von Nutzung und den Ausschluss anderer Personen. Daneben gibt es aber auch beschränkte Zuordnungen zu einem enger umschriebenen Zweck **(beschränkte dingliche Rechte).** Hierhin gehören etwa die Dienstbarkeiten zur Nutzung von Sachen oder die Hypothek zur Sicherung einer Forderung durch das Recht zur Verwertung des belasteten Grundstücks, § 1113.

Ausnahmsweise kann statt einer Sache auch ein Recht selbst Gegenstand einer solchen beschränkten Zuordnung sein, nämlich beim Nießbrauch (§§ 1068ff.) und beim Pfandrecht (§§ 1273ff.). Der praktisch wichtigste Fall ist das Pfandrecht an einer Forderung, §§ 1279ff.

b) Eine Zuordnung eines Rechts an eine Person kann aber auch **außerhalb des Sachenrechts** stattfinden, etwa bei den Urheberrechten. Vor allem aber geht das 2. Buch des BGB davon aus, die Forderung sei dem Gläubiger zugeordnet. Konsequenterweise regelt das Schuldrecht in den §§ 398ff. auch die Zuordnungsänderung durch Wechsel des Gläubigers: sei es als rechtsgeschäftliche (durch Abtretung, § 398), sei es als gesetzliche (durch Legalzession, § 412). Hierzu treten noch die §§ 414ff. über einen Wechsel des Schuldners. 9

Allerdings stehen im Schuldrecht diese Zuordnung und ihr Wechsel nicht im Vordergrund. Vielmehr liegt hier das Hauptgewicht bei dem Entstehen, dem Inhalt und dem Erlöschen von Forderungen, also bei dem Verhältnis des Gläubigers zum Schuldner. Daher lässt sich die Forderung treffender bei dem Verhältnis P–P einordnen (→ § 3 Rn. 6).

III. Bewegungsvorgänge

10 Die Einteilung in Rechtssubjekte und Rechtsobjekte betrifft sozusagen den **Ruhezustand:** A und B *sind* verheiratet; S *ist* Schuldner des G; E *ist* Eigentümer einer Sache. **Bewegung** kommt in das Recht erst durch bestimmte Vorgänge, die meist auf menschlichem Verhalten beruhen. Am wichtigsten sind die folgenden vier Arten.

1. Rechtsgeschäfte

a) Einseitige Rechtsgeschäfte

11 Entstehung, Veränderung und Erlöschen von Rechtsverhältnissen beruhen entweder auf Gesetz oder auf Rechtsgeschäften. Diese Letzteren kommen vor als einseitige, wenn nur eine Person handelt. Solche Einseitigkeit genügt erstens, wenn keine fremde Rechtssphäre berührt wird, wie bei der Aneignung herrenloser Sachen (§ 958) und bei der Aufgabe des Eigentums (Dereliktion, § 959). Ausnahmsweise kann es einer Person aber auch erlaubt sein, durch einseitige Willenserklärung in eine fremde Rechtssphäre einzugreifen: Das sind die sog. **Gestaltungsrechte** wie Anfechtung (§§ 119ff., 142ff.), Rücktritt (§§ 323ff., 346ff.), Aufrechnung (§§ 387ff.), Widerruf (§§ 355ff.), Minderung (§§ 441, 638) und Kündigung (ohne allgemeine Regelung hinsichtlich der Rechtsfolgen, doch vgl. für Dauerschuldverhältnisse § 314; zu ihm BGHZ 223, 260).

Zu den Rechtsgeschäften, die keine fremde Rechtssphäre berühren, rechnet das BGB auch das **Testament** (§§ 1937ff., 2229ff.). Zwar ändert es häufig die gesetzliche Erbfolgeordnung (§§ 1924ff.). Aber diese allein hatte vor dem Tod des Erblassers (Erbfall, § 1922 I) noch kein Recht der gesetzlichen Erben begründet, sondern nur eine rechtlich nicht geschützte Aussicht. Insofern greift das Testament in kein fremdes *Rechtsverhältnis* ein.

b) Zweiseitige Rechtsgeschäfte

12 Regelmäßig aber betrifft ein Rechtsgeschäft nicht nur eine einzige Person, und es kommt auch kein Gestaltungsrecht in Betracht. Dann erfordern die Regeln der Privatautonomie die rechtsgeschäftliche Mitwirkung des anderen Betroffenen. Ein solches Zusammenwirken zweier Personen geschieht durch **Vertrag,** § 311 I. Seiner bedarf es also bei den weitaus meisten Rechtsgeschäften. Dabei unterscheidet man zwei Arten von Verträgen.

aa) Im Schuldrecht geregelt ist der **Verpflichtungsvertrag.** Durch ihn wird, wenn er **einseitig verpflichtend** ist, bloß eine einzige Forderung auf Leistung begründet (so beim Schenkungsversprechen, § 518). Bei **zweiseitig verpflichtenden** Verträgen können dagegen mindestens zwei Forderungen entstehen. Dabei sind die Parteien jeweils verschieden: Jeder Beteiligte ist zugleich Gläubiger und Schuldner. So kann beim Auftrag der Auftraggeber die Ausführung (§ 662) und der Beauftragte Aufwendungsersatz (§ 670) oder schon einen Vorschuss (§ 669) verlangen. Allerdings ist diese Zweiseitigkeit hier nur möglich und nicht notwendig: Dem Beauftragten brauchen ja keine Aufwendungen entstanden zu sein (etwa wenn es sich bloß um die kurzzeitige Beaufsichtigung eines fremden Kindes handelt).

Weitaus häufiger aber sind die **notwendig zweiseitigen,** nämlich die **gegenseitigen** (synallagmatischen) Verträge: Jede Partei verpflichtet sich, damit sich auch die andere

Partei verpflichtet; die einander versprochenen Leistungen stehen im Verhältnis von Leistung und Gegenleistung. Hier wird die Verknüpfung der Leistungspflichten miteinander durch die §§ 320ff. berücksichtigt gemäß dem Prinzip: ohne Leistung keine Gegenleistung (§ 326 I 1).

bb) Von der Verpflichtung zu unterscheiden ist die **Verfügung.** Darunter versteht 13
man die Übertragung, Aufhebung, Belastung oder Inhaltsänderung eines (dinglichen oder obligatorischen) Rechts. Hier wird also nicht – wie bei → § 3 Rn. 12 – eine Verpflichtung zu einer Rechtsänderung begründet. Vielmehr wird eine solche Rechtsänderung unmittelbar vollzogen; die Verfügung ist also ein **Vollzugsgeschäft.**

Verfügungen betreffen häufig **dingliche Rechte;** insbesondere geht es um die rechtsgeschäftliche Übertragung von Eigentum (nach den §§ 873, 925 bei Grundstücken und den §§ 929ff. bei beweglichen Sachen). Doch kommen Verfügungen nicht bloß im Sachenrecht vor, sondern sie finden sich auch **im Schuldrecht.** So bedeuten etwa die Aufrechnung (§§ 387ff.), der Erlass (§ 397), die Übertragung einer Forderung (§§ 398ff.) und die befreiende Schuldübernahme (§§ 414ff.) eine Verfügung. Die Forderung ist hier also Gegenstand von Verfügungen. Solche schuldrechtlichen Verfügungen unterliegen ebenso wie die sachenrechtlichen dem **Bestimmtheitsgrundsatz** (Spezialitätsprinzip): Es muss klar sein, auf welchen konkreten Gegenstand sich die Verfügung bezieht (etwa bei Verfügungen über Teile eines Warenlagers oder bei Abtretung eines Teiles von Geschäftsforderungen, aber auch bei der Einigung über den Umfang einer verkauften Grundstücksfläche: BGH NJW 2008, 1658). Denn ebenso wie man wissen muss, wem eine bestimmte Sache gehört, muss man auch wissen, wem eine bestimmte Forderung zusteht. Beide Fragen betreffen nämlich nicht nur die unmittelbar Beteiligten (Veräußerer und Erwerber), sodass eine Unklarheit nur diesen schadete. Vielmehr sind an der Zuordnung auch die beiderseitigen Gläubiger interessiert: Von der Zuordnung hängt ja ab, wessen Gläubiger vollstrecken können.

> **Beispiel:** Es macht keinen Unterschied, ob ein Schuldner „sein halbes Warenlager" übereignet oder „die Hälfte seiner Außenstände" abgetreten hat: In beiden Fällen weiß man nicht, welche konkreten Sachen oder Forderungen übertragen sein sollen; die Verfügung ist also unwirksam. Wirksam könnte dagegen eine *Verpflichtung* mit gleichem Inhalt sein: Sie betrifft ja nur die an ihr Beteiligten und nicht auch Dritte, weil sie eine Änderung der Zuordnung bloß vorbereitet: Erst bei dem Vollzug wird dann konkretisiert, welche bestimmten Sachen oder Forderungen die zu übertragende „Hälfte" bilden sollen.

c) Das Verhältnis zwischen Verpflichtung und Verfügung

aa) Regelmäßig bildet eine Verpflichtung die Grundlage einer Verfügung. Jemand ver- 14
fügt also, weil er sich dazu verpflichtet hat. Dabei widerspricht eine solche Unterscheidung zwischen Verpflichtung und Verfügung (sog. **Trennungsprinzip**) häufig dem Rechtsempfinden des Laien: Dieser sieht beispielsweise nicht ein, warum auf das Verpflichtungsgeschäft „Kauf" noch ein eigenes Verfügungsgeschäft „Übereignung" soll folgen müssen. Dementsprechend wird häufig ungenau gesagt, eine Sache sei „durch Kauf" statt „durch Übereignung" erworben worden. Doch zeigt sich die Nützlichkeit einer Trennung sofort beim **Eigentumsvorbehalt:** Hier ist zwar der obligatorische Kauf unbedingt abgeschlossen worden. Dagegen soll sich die dingliche Übereignung erst vollenden, wenn der Kaufpreis voll gezahlt worden ist, § 449 I: Die Übereignung ist also im Gegensatz zum Kauf bedingt und muss rechtlich anders behandelt werden.

15 **bb)** Rechtspolitisch zweifelhafter als das Trennungsprinzip ist das im deutschen Recht (und fast nur dort) an die Trennung sich anschließende **Abstraktionsprinzip:** Die Wirksamkeit der Verfügung soll nicht von der Wirksamkeit der zugrunde liegenden Verpflichtung abhängen. So kann etwa die Übereignung einer unwirksam verkauften Sache wirksam sein. Folglich hat der Verkäufer sein Eigentum zunächst verloren und kann die Sache nicht etwa nach § 985 vindizieren. Vielmehr muss er nach § 812 I 1 Alt. 1 (Leistungskondiktion) Besitz und Eigentum zurückverlangen. Bis zu dieser Rückübertragung gehört die Sache in das Vermögen des Käufers und unterliegt dort dem Zugriff von dessen Gläubigern.

Allerdings kann diese Wirkung des Abstraktionsprinzips **rechtsgeschäftlich abbedungen** werden. So können ausnahmsweise Verpflichtung und Verfügung als Teile eines Rechtsgeschäfts (§ 139) gestaltet werden. Auch können die Beteiligten etwa die Gültigkeit der Verpflichtung zur Bedingung für die Wirksamkeit der Verfügung machen. Aber das geschieht meist schon deshalb nicht, weil das Abstraktionsprinzip weithin unbekannt ist. Ziemlich häufig liegt dagegen **Fehleridentität** vor: Derselbe Unwirksamkeitsgrund betrifft sowohl die Verpflichtung wie auch die Verfügung, etwa wenn der Verkäufer weder beim Kaufabschluss noch bei der Übereignung voll geschäftsfähig war. Dann geht auch das Eigentum nicht auf den Käufer über; der Verkäufer kann die weiterhin ihm gehörende Sache nach § 985 herausverlangen.

2. Leistungen

16 Wie eben gezeigt, wird eine Verpflichtung häufig durch eine Verfügung erfüllt. Dabei bedeutet die Verfügung (etwa die Übereignung einer Sache) eine bewusste Zuwendung an den Empfänger zur Erreichung eines Zwecks (hier: zur Erfüllung der Verpflichtung). Das nennt man eine Leistung. Leistungen brauchen sich aber keineswegs auf Verfügungen (also auf Rechtsgeschäfte) zu beschränken. Vielmehr kommen etwa auch rein tatsächliche Handlungen in Betracht wie das Umgraben eines Gartens oder die Anfertigung von Bauplänen.

Leistungen spielen vor allem an zwei Stellen eine Rolle. Einmal dienen sie der **Erfüllung** von Verbindlichkeiten: Mit der Bewirkung der Leistung erlischt die Verbindlichkeit (§ 362 I). Doch kann dieser Erfolg auch verfehlt werden, etwa wenn die zu erfüllende Verbindlichkeit nicht bestand oder einen anderen Inhalt als die Leistung hatte. Dann erhält diese eine zweite Funktion. Sie wird nämlich Grundlage der in § 812 (neben den sog. Nichtleistungskondiktionen) geregelten **Leistungskondiktion:** Der Empfänger, der die Leistung eines anderen ohne rechtlichen Grund erhalten hat, muss diese wieder herausgeben. Vgl. im Einzelnen → § 27 Rn. 1 ff.

3. Rechtsverletzungen

a) Arten der Rechtsverletzung

17 Der Ausdruck „Recht" hat zwei verschiedene Bedeutungen:

Erstens bezeichnet er die **Gesamtheit aller Rechtsnormen** wenigstens eines bestimmten Rechtsgebiets (**Recht im objektiven Sinn** wie zB in dem Wort „Zivilrecht"). Hierauf bezogen bedeutet „Rechtsverletzung" den Verstoß gegen irgendeine Norm, etwa durch Überschreiten der höchstzulässigen Geschwindigkeit. Die übertretene Rechtsordnung kann hierauf in der verschiedensten Weise reagieren, etwa durch Verwarnungsgeld, Buße, Geldstrafe oder Entziehung der Fahrerlaubnis.

Zweitens bedeutet „Recht" aber auch die **individuelle Berechtigung** einer Person **(subjektives Recht).** Derartige Rechte sind etwa das Eigentum und die Forderung. „Rechtsverletzung" ist dann der unerlaubte Eingriff in solche Rechte. Das Privatrecht bemüht sich in erster Linie, solche Eingriffe überhaupt zu verhindern. Das geschieht vor allem durch die **Unterlassungsansprüche** (etwa §§ 541, 862, 1004); prozessuales Mittel für eine rasche Durchsetzung ist die **einstweilige Verfügung** nach den §§ 935, 940 ZPO.

Häufig ist eine solche Prävention aber unmöglich, insbesondere weil die Zeit für die gerichtliche Durchsetzung eines Unterlassungsanspruchs fehlt (zB bei Verkehrsunfällen). Dann muss die Rechtsordnung die Folgen von bereits geschehenen Eingriffen rückgängig zu machen suchen. Das geschieht durch **Ansprüche auf Schadensersatz** (etwa §§ 280, 311 a II, 823 ff.) oder **auf Beseitigung** (etwa §§ 862, 1004), aber auch **auf Herausgabe.** So kann etwa der bestohlene Eigentümer die Diebesbeute vom Dieb nach den §§ 985, 861, 1007 I und II herausverlangen und damit zugleich wenigstens einen Teil seines Schadens ausgleichen. In anderen Fällen (wie zB beim unberechtigten Verbrauch einer Sache) kann die sog. **Eingriffskondiktion** helfen. Sie ist in § 812 I 1 Alt. 2 („in sonstiger Weise") als Unterfall der Nichtleistungskondiktionen enthalten. Abwehr und Ausgleich von solchen Verletzungen subjektiver Privatrechte bilden sogar eine der Hauptaufgaben des bürgerlichen Rechts.

b) Absolute und relative subjektive Rechte

Es bleibt die Frage, wie ein subjektives Privatrecht verletzt werden kann. Dabei sind 18
entsprechend dem → § 3 Rn. 27 ff. zu den Rechtsverhältnissen Gesagten zwei Gruppen zu unterscheiden.

aa) Die Zuordnungsverhältnisse zwischen einer Person und einem Gegenstand, also vom **Typ P–G** wirken gegen jedermann. Das zeigt sich besonders deutlich bei den sachenrechtlichen Zuordnungen, etwa beim **Eigentum:** Jedermann muss fremdes Eigentum achten und kann dieses daher auch verletzen. Wenn solche Eigentumsverletzungen verschuldet (vorsätzlich oder fahrlässig) sind, greift § 823 I ein: Der Verletzer schuldet Schadensersatz nach dem für jedermann geltenden Deliktsrecht. Unabhängig von einem Verschulden sind wenigstens nach § 1004 die Quellen einer fortdauernden Beeinträchtigung zu beseitigen.

bb) Den Gegensatz hierzu bilden Rechtsverhältnisse vom **Typ P–P,** also **zwischen** 19
zwei Personen. Wichtigster Anwendungsfall ist das Schuldverhältnis, § 241 I. Hier richtet sich die Forderung des Gläubigers allein gegen den Schuldner. Nur dieser kann also auf Erfüllung in Anspruch genommen werden, und nur dieser schuldet auch Schadensersatz, wenn er aus einem von ihm zu vertretenden Grund nicht oder nicht richtig erfüllt. Das wird im Einzelnen im Recht der Leistungsstörungen geregelt, §§ 280 ff.

Rein tatsächlich kann freilich auch ein außerhalb des Schuldverhältnisses stehender **Dritter** die Erfüllung stören: Ein solcher Dritter vernichtet etwa die verkaufte Sache, sodass diese nicht mehr geliefert werden kann, oder er verletzt bei einem Verkehrsunfall den Schuldner, der dann die versprochenen Dienste nicht zu leisten vermag. Aber ein derartiger Eingriff begründet Ansprüche des Gläubigers gegen den Eingreifer weder aus dem Schuldverhältnis noch aus § 823 I. Insbesondere ist die Forderung, deren Erfüllung der Dritte beeinträchtigt hat, nach hM kein „sonstiges Recht" (*Medicus/Petersen* BürgerlR Rn. 610). Vielmehr kann der Gläubiger sich zunächst regelmäßig (Ausnahme bloß § 826 → § 25 Rn. 9) nur an seinen Schuldner halten. Soweit dieser Ersatzansprüche gegen den Dritten hat (etwa aus § 823 I wegen Eigentums- oder Körperverletzung), muss er sie freilich nach § 285 als sog. stellvertretendes commodum (Ersatzvorteil) an den Gläubiger abtreten. Dann kann dieser aus dem abgetretenen Recht gegen den Dritten vorgehen.

4. Andere rechtserhebliche Umstände

20 Außer den bisher erörterten Bewegungsvorgängen durch Rechtsgeschäfte, Leistungen und Rechtsverletzungen gibt es noch viele weitere Gründe für Veränderungen der Rechtslage. Man kann sie danach unterscheiden, ob sie in menschlichem Verhalten oder in anderen Umständen wurzeln.

a) Menschliches Verhalten

Menschliches Verhalten kann danach eingeteilt werden, ob es Geschäftsfähigkeit voraussetzt oder nicht. Im ersten Fall geht es um **rechtsgeschäftsähnliche Handlungen.** Im Gegensatz zum echten Rechtsgeschäft fehlt hier der Rechtsfolgewille: Die Rechtsfolgen treten nicht ein, weil sie gewollt sind, sondern weil das Gesetz sie anordnet. Ein Beispiel bildet etwa die **GoA:** Nach § 682 muss der Geschäftsführer für den Eintritt der gewöhnlichen Rechtsfolgen der GoA voll geschäftsfähig sein. Andererseits bedarf es aber keiner Willenserklärung des Geschäftsführers, sodass ein Rechtsgeschäft nicht vorliegen kann.

Im zweiten Fall, also wenn es nicht auf Geschäftsfähigkeit ankommt, geht es um die regelmäßig **nicht verbotenen** (sonst schon Rechtsverletzung → § 3 Rn. 17 ff.) **Realakte.** Diese sind außerordentlich mannigfaltig. Hierhin gehört beispielsweise der Verbrauch einer eigenen Sache: Indem diese Sache zu existieren aufhört, verändert sich die Rechtslage dadurch, dass mit der Sache auch das Eigentum untergeht.

b) Unabhängig von menschlichem Verhalten

21 Zu den von menschlichem Verhalten unabhängigen, aber doch mit Rechtswirkung ausgestatteten Vorgängen gehört etwa der **Zeitablauf:** Er kann durch Ersitzung zum Rechtserwerb führen (zB § 937). Umgekehrt können aber auch Rechte durch den Ablauf von Ausschlussfristen erlöschen (zB §§ 121, 124). Bei der Verjährung bewirkt der Zeitablauf wenigstens die Entstehung einer Einrede gegen die Geltendmachung von Ansprüchen (§§ 194, 214 I). Ein weiteres Beispiel für die kaum absehbare Vielfalt solcher Vorgänge bildet der **Tod eines Menschen:** Er kann nicht nur als Erbfall die Rechtsfolgen des Erbrechts auslösen (§§ 1922 ff.), eine Ehe beenden oder Unterhaltsansprüche zum Erlöschen bringen (§§ 1586 I, 1615). Vielmehr kann er auch das Ende einer Vollmacht (vgl. § 168 S. 1) oder eines Dienstvertrags (vgl. § 613) herbeiführen.

5. Bewegungsvorgänge im Anspruchsaufbau

22 Die auf Ansprüche gerichteten Fallfragen beziehen sich regelmäßig auf einen bestimmten Zeitpunkt, meist auf die **Gegenwart.** Nur auf diesen Zeitpunkt kommt es also für

die Rechtslage an, aus der die Ansprüche herzuleiten sind. Trotzdem erlangen die eben erörterten Bewegungsvorgänge vielfach Bedeutung. Denn oft ist die Rechtslage nur für einen früheren Zeitpunkt klar: Man weiß etwa, wer zu diesem Zeitpunkt Eigentümer einer Sache war. Für die letztlich rechtserhebliche gegenwärtige Eigentumslage muss dann die weitere Entwicklung geprüft werden: Ist das ursprüngliche Eigentum verlorengegangen? Ist es erneut zurückerworben worden? Alle hierfür erheblichen Normen (etwa die §§ 929ff., 937ff., 946ff.) bilden dann **Hilfsnormen** für die den Ausgangspunkt bildende Anspruchsnorm § 985 (*Medicus/Petersen* BürgerlR Rn. 18f.).

Nicht geprüft werden dürfen dagegen solche Veränderungen der Rechtslage, die für die Gegenwart keine Bedeutung (mehr) haben. Man darf also nicht etwa chronologisch alles das prüfen, was sich nach der Aufgabe in der Vergangenheit geändert haben könnte. Es möge eine Sache kaufweise von A an B und von diesem an C veräußert worden sein. Dann genügt es für einen Herausgabeanspruch des C gegen einen Dritten D aus § 985 zu prüfen, ob C von B wenigstens gutgläubig Eigentum erworben hat. Wenn man das bejaht, kommt es auf die Wirksamkeit des Erwerbs des B von A nicht mehr an. Ganz falsch wäre es dagegen, etwa die Wirksamkeit der Kaufverträge zu erörtern. Denn diese kann wegen des Abstraktionsprinzips (→ § 3 Rn. 15) für das Eigentum des C regelmäßig keine Bedeutung haben. Ist nach Ansprüchen des A gegen C gefragt, so darf ein Anspruch aus § 985 nicht mehr in Betracht gezogen werden, wenn C an D weiterveräußert hat. Denn dann ist er nicht mehr Besitzer iSd § 985. Stattdessen kommt neben § 816 I 1 bei Bösgläubigkeit des C ein Anspruch aus §§ 989, 990 in Betracht.

1. Abschnitt. Ansprüche aus Schuldverträgen

Der Aufbau der folgenden Darstellung richtet sich nach dem Grund der Ansprüche. 1
Dabei stehen am Anfang die Ansprüche aus Schuldverträgen: Sie sind die speziellsten und gehen daher allen anders begründeten Ansprüchen vor (→ § 2 Rn. 4).

§ 4 Primäre und sekundäre Vertragsansprüche

I. Die Unterscheidung und ihre Bedeutung

1. Primäransprüche

In einem Schuldvertrag (Verpflichtungsvertrag) verspricht wenigstens eine der beiden Parteien der anderen eine Leistung. In dem praktisch überwiegend vorkommenden gegenseitigen Vertrag verspricht sogar jede Partei der jeweils anderen eine Leistung. Die Pflicht zu diesen Leistungen ergibt sich ohne weitere Voraussetzungen aus dem wirksamen Vertrag. Man spricht daher von einer primären – mit dem Vertragsabschluss primär bezweckten – Leistungspflicht.

Dabei bestimmen die Parteien selbst regelmäßig nur die wichtigsten oder die atypischen Teile des Pflichtenprogramms. Andere Teile ergeben sich aus dem ergänzenden Gesetzesrecht oder aus Treu und Glauben mit Rücksicht auf die Verkehrssitte (§§ 157, 242).

Wer etwa „1 kg Zucker" kauft, pflegt nicht eigens zu sagen, der Verkäufer solle die Ware nicht lose übergeben, sondern in einer Tüte verpackt: Das folgt aus der Verkehrssitte. Und beim Grundstückskauf ergeben die §§ 433 I 2, 435 S. 2, dass der Verkäufer bestimmte eingetragene Belastungen löschen lassen muss.

Anspruchsgrundlage ist beim Primäranspruch der Vertrag selbst. Wenn dieser, wie beim Kauf- oder Werkvertrag, typenmäßig geregelt ist, kann man sagen, dass sich der Zahlungsanspruch etwa aus Kaufvertrag gem. § 433 II ergibt. Da § 433 II nur eine Pflicht und keine Rechtsfolge statuiert, ist letztlich die privatautonom begründete Vereinbarung Anspruchsgrund. Wo es eine entsprechende Vorschrift – wie in §§ 433, 631, 535, 765 – gibt, sollte diese jedoch mitzitiert werden. Bei atypischen und Mischverträgen ist für die Begründung des Primäranspruchs die genaue Klassifizierung des Vertragstyps überflüssig, weil auch hier der wirksame Vertrag selbst den Anspruch begründet (→ § 6 Rn. 5 sowie *Medicus/Petersen* BürgerlR Rn. 14).

2. Sekundäransprüche

Durch Störungen bei der Durchführung des primären Leistungsprogramms können 2
sich Sekundäransprüche ergeben, etwa auf Schadensersatz oder (nach Rücktritt) auf die Rückgewähr von Leistungen. Diese Ansprüche erfordern mehr als nur einen wirksamen Vertrag: Hinzutreten müssen regelmäßig eine objektive Pflichtverletzung und häufig wenigstens noch ein weiterer Umstand, etwa Vertretenmüssen des Schuldners und/oder eine Rücktrittserklärung.

Zu den Sekundäransprüchen gehören insbesondere auch die Mängelansprüche beim Kauf aus Rücktritt und Minderung (§§ 323, 326 I 2, V, 440, 441): Sie erfordern zwar kein Verschulden auf der Verkäuferseite (iSd §§ 276, 278). Aber sie setzen doch neben einem wirksamen Kaufvertrag voraus, dass die Sache bei Gefahrübergang mangelhaft und daher die Erfüllung des Pflichtenprogramms gestört ist (→ § 8 Rn. 14).

3. Prüfungsreihenfolge

3 Die Primäransprüche sind stets vor den Sekundäransprüchen zu prüfen, da sie weniger als diese voraussetzen und daher leichter zum Ziel führen.

Beispiel: In einem Klausurfall hatte der Vermieter die Mietsache vor dem Vertragsende wieder an sich genommen; der Mieter verlangt Rückgabe. Hier haben viele Bearbeiter einen sekundären Schadensersatzanspruch des Mieters geprüft und daher Verschulden des Vermieters erörtert (das ja fehlen kann: Vielleicht hatte der Vermieter schuldlos an eine wirksame Kündigung und an die Aufgabe der Sache durch den Mieter glauben dürfen!). Die Verschuldensprüfung war unrichtig: Der Rückgabeanspruch folgt schon als verschuldensunabhängiger Primäranspruch aus § 535 I 1 (Gebrauchsgewährung „während der Mietzeit", dh bis zu deren Ende!).

II. Das Prüfungsprogramm für primäre Vertragsansprüche

4 Für die Bejahung eines primären Vertragsanspruchs müssen insbesondere die folgenden Voraussetzungen vorliegen, die unten (→ § 5 Rn. 1 ff.) ausführlicher behandelt werden sollen:

1. Die Parteien müssen sich – regelmäßig durch Antrag und Annahme – **geeinigt** haben, und zwar iSv § 154 I vollständig **(Vertragsschluss).** Zunächst ist daher das Zustandekommen des Vertrags zu prüfen.

2. Dem Geschäft wie auch den Willenserklärungen, aus denen es sich zusammensetzt, dürfen **keine Nichtigkeitsgründe** entgegenstehen **(Vertragswirksamkeit).**

3. Der Vertrag darf **nicht wieder beendet** worden sein. Eine solche Beendigung kann mit Rückwirkung (§ 142 I) durch **Anfechtung** geschehen; damit entfallen rückwirkend alle Erfüllungsansprüche. Ein **Rücktritt** beseitigt zwar den Vertrag nicht, sondern verwandelt ihn in ein Rückgewährschuldverhältnis (§ 346); alle noch nicht erfüllten Primäransprüche entfallen aber auch hier. Ähnliches gilt für den verbraucherschützenden **Widerruf,** §§ 355 ff.: Dieser führt ebenfalls zu einem Rückgewährschuldverhältnis, § 355 III iVm §§ 357 ff. Dagegen wirkt eine **Kündigung** nur für die Zukunft; sie lässt also die bis zur Vertragsbeendigung schon entstandenen Erfüllungsansprüche bestehen. So muss etwa der Mieter, der gekündigt hat oder dem gekündigt worden ist, die noch ausstehende Miete nachzahlen.

4. Weiter darf, auch wenn der Vertrag fortbesteht, gerade der geltend gemachte **Anspruch nicht erloschen** sein. Ein solches Erlöschen einzelner Ansprüche kann beruhen

a) auf **Erfüllung** oder einem ihrer Surrogate, §§ 362 ff.;
b) auf einer (ursprünglichen oder nachträglichen, objektiven oder subjektiven) **Unmöglichkeit** der Leistung, § 275 I;
c) beim gegenseitigen Vertrag auf dem **Fehlen der Pflicht zur Gegenleistung,** § 326 I 1. Hier greift also die Störung von der Leistungsseite auf die Gegenleis-

tungsseite über. Weil damit vom Vertrag nichts mehr übrigbleibt, kann man diesen Fall auch zu oben 3 rechnen;
d) ausnahmsweise auch auf der Vollendung einer **Ausschlussfrist,** so etwa § 462.

5. Endlich dürfen dem Anspruch **keine Einreden** entgegenstehen. Die wichtigsten unter ihnen sind die Verjährung (§ 214) und das Zurückbehaltungsrecht (§§ 273f. BGB, 369f. HGB), zudem die Einrede der (überwindbaren) Unmöglichkeit (§ 275 II, III). Dazu kommt beim gegenseitigen Vertrag die Einrede des nicht erfüllten Vertrags (§§ 320, 322) und gegenüber einer Vorleistungspflicht die Unsicherheitseinrede des Vorleistungspflichtigen (§ 321).

III. Das Prüfungsprogramm für sekundäre Vertragsansprüche

1. Sekundäre Vertragsansprüche erfordern zunächst einen wenigstens **anfänglich** 5
wirksamen Vertrag (→ § 4 Rn. 4 Nr. 1 und 2). Fehlt es schon daran, so kann Anspruchsgrundlage nur ein gesetzliches Schuldverhältnis sein. Hierhin gehört insbesondere die durch die Aufnahme von Vertragsverhandlungen begründete Sonderverbindung, deren Verletzung Schadensersatzansprüche aus Verschulden bei Vertragsverhandlungen zu begründen vermag, § 311 II und III mit § 280 I.

2. Hierzu treten aber noch **weitere Erfordernisse,** die im Wesentlichen von der Art der Leistungsstörung abhängen. Genannt seien hier nur die wichtigsten:

a) Für einen **Schadensersatzanspruch** (§ 280 I) müssen hinzukommen
(1) eine Pflichtverletzung des Schuldners,
(2) regelmäßig ein Vertretenmüssen des Schuldners (§§ 276ff.),
(3) ein hieraus stammender Schaden des Gläubigers,
(4) die weiteren Voraussetzungen der §§ 280 II, III, 281–283, 286.

b) Für **Rückabwicklungsansprüche aus Rücktritt** (insbesondere auf die Herausgabe von Leistungen, § 346) müssen mindestens hinzukommen
(1) ein Rücktrittsgrund; dieser kann stammen aus einem Rücktrittsvorbehalt oder aus dem Gesetz (insbesondere §§ 323, 324, 326 V) und
(2) eine Rücktrittserklärung, § 349.

c) Beim **verbraucherschützenden Widerruf,** der wie der Rücktritt zu Rückabwicklungsansprüchen führt (§ 355 III iVm §§ 357ff.), sind nötig
(1) ein **Widerrufsgrund,** etwa nach §§ 312g, 485, 495, 510 II und
(2) ein fristgerechter **Widerruf,** § 355 I.

d) Für die **Gewährleistungsrechte** beim Kauf (§§ 437ff.) bedarf es eines Mangels bei Gefahrübergang, § 446f. (→ § 8 Rn. 14). Ausgeschlossen werden die Ansprüche durch Kenntnis und womöglich auch grob fahrlässige Unkenntnis des Käufers, § 442 I. Außerdem muss der Käufer regelmäßig zunächst eine Nacherfüllung durch den Verkäufer abwarten und seine Wahlrechte ausüben. Ähnliches gilt bei Miete, Werkvertrag und Reisevertrag → § 13 Rn. 1, 3f.

§ 5 Der Vertragsschluss

I. Arten des Vertragsschlusses

1 Ein Vertrag kann auf sehr verschiedene Art geschlossen werden. Das wird hier zunächst im Überblick und dann (unten II–IV) im Einzelnen dargestellt (näher *Medicus/Petersen* BürgerlR Rn. 45).

1. Individualvertrag und die Verwendung Allgemeiner Geschäftsbedingungen

a) § 305 I definiert **Allgemeine Geschäftsbedingungen** (AGB) als „für eine Vielzahl von Verträgen vorformulierte Vertragsbedingungen, die eine Vertragspartei (Verwender) der anderen Vertragspartei bei Abschluss eines Vertrags stellt". Dabei meint „Vielzahl" mindestens drei (zwei sind nur eine „Mehrzahl"). Nach S. 2 sollen Umfang und Form keine Rolle spielen; AGB sind also auch ganz kurze Anschläge und Schilder (wie „Umtausch ausgeschlossen"). Nach Abs. 1 S. 3 sollen freilich AGB nicht vorliegen, „soweit die Vertragsbedingungen zwischen den Parteien im Einzelnen ausgehandelt sind".

Im Gegensatz zu AGB liegt danach ein **Individualvertrag** unter folgenden alternativen Voraussetzungen vor: Entweder es ist nichts für eine Vielzahl von Verträgen Vorformuliertes verwendet worden, oder wenigstens nicht von einer Partei gegen die andere, sondern von einem Dritten (etwa von einem Notar) oder auf Wunsch beider Parteien. Oder es muss der Kunde (der Gegner des Verwenders) die ernsthafte Möglichkeit erhalten haben, seine Interessen gegenüber dem Formular der anderen Seite durchzusetzen (das ist der Fall des „Aushandelns" von § 305 I 3).

2 **b)** Gegenüber dem Gesagten bringt § 310 III für **Verbraucherverträge** eine Sonderregelung: Hier soll es für die Inhaltskontrolle genügen, dass vorformulierte Vertragsbedingungen nur **zu einmaliger Verwendung** bestimmt sind, § 310 III Nr. 2. Auch wird vermutet, dass der Unternehmer (also die Gegenpartei des Verbrauchers) die Bedingungen gestellt hat, § 310 III Nr. 1. Endlich sollen für die Bewertung nach § 307 auch die den Vertragsabschluss begleitenden Umstände berücksichtigt werden, § 310 III Nr. 3.

2. Persönlicher Abschluss und Abschluss durch Hilfspersonen

3 Im einfachsten Fall geben beide Parteien ihre vertragserheblichen Erklärungen persönlich ab. Dagegen überwiegt in Wirtschaft und Handel der Abschluss durch **Stellvertreter:** Auf einer Seite oder auf beiden handelt für die (künftige) Vertragspartei eine Vertrauensperson. Dann müssen, damit die Erklärungswirkungen der nicht selbst handelnden Partei zugerechnet werden können, die Voraussetzungen der Stellvertretung (§§ 164ff.) erfüllt sein. Davon zu unterscheiden ist der Einsatz bloßer **Boten:** Diese bilden nicht selbst einen Willen, sondern übermitteln nur die fremde Erklärung (→ § 5 Rn. 10). Abgegrenzt wird zwischen Boten und Stellvertreter nach dem **Empfängerhorizont.** Es kommt also darauf an, wie der Geschäftspartner das Auftreten redlicherweise verstehen durfte.

II. Der persönlich durch Antrag und Annahme abgeschlossene Individualvertrag

Von den danach denkbaren Gestaltungen sei zunächst die einfachste behandelt, von der auch das BGB ausgeht: Die Parteien einigen sich durch Antrag und Annahme (§§ 145 ff.) und setzen hierbei weder Hilfspersonen noch AGB (beim Verbrauchervertrag überhaupt keine vorformulierten Klauseln) ein. 4

1. Der Antrag

a) Der Antrag ist die Erklärung, einen Vertrag bestimmten Inhalts mit dem Antragsadressaten schließen zu wollen. Er ist abzugrenzen von der noch unverbindlichen Aufforderung an einen anderen, dieser solle seinerseits einen Antrag machen (sog. **invitatio ad offerendum**). Eine solche bloße Aufforderung liegt regelmäßig insbesondere in der Werbung (Schaufensterauslagen, Zeitungsanzeigen), nach manchen auch in dem Ausstellen von Ware in einem Selbstbedienungsladen. Denn die Werbung wendet sich an eine unbestimmte Vielzahl von Personen; daher kann die Nachfrage das Leistungsvermögen des Werbenden übersteigen, sodass dieser sich die Möglichkeit erhalten will, einen Vertragsschluss abzulehnen. Und in dem Selbstbedienungsladen soll dem Kunden die Befugnis bleiben, seine Wahl noch zu ändern, also eine schon ergriffene Ware wieder in das Regal zurückzustellen. Zumindest darf also die Annahme des Kunden erst in dem Vorweisen der Ware an der Kasse gesehen werden. Ausnahmsweise bedeutet auch das erst einen Antrag, nämlich wenn sich der Geschäftsinhaber die Entscheidung über den Vertragsschluss vorbehalten hat (zB „Abgabe nur in Haushaltsmengen"). Anders verhält es sich dagegen an einer Selbstbedienungstankstelle: Dort stellt bereits das Einfüllen des Benzins die Annahme dar, weil anders als im Laden ein „praktisch unumkehrbarer Zustand" geschaffen wird (so BGH NJW 2011, 2871 Rn. 16; *Medicus/Petersen* BürgerlR Rn. 245).

Beim **Vertragsschluss im Internet** stellt das „Angebot" auf einer Internetseite grundsätzlich eine invitatio ad offerendum dar. Eine Ausnahme kann aber bei Online-Auktionen gelten (vgl. BGHZ 149, 129; *Medicus/Petersen* BürgerlR Rn. 347 ff.). Der Erklärungsgehalt der Willenserklärungen richtet sich neben §§ 133, 157 grundsätzlich ergänzend nach den AGB der Verkaufsplattform, es sei denn, ein Teilnehmer rückt erkennbar von diesen ab. In diesem Fall geht das individuell Vereinbarte vor (BGH NJW 2017, 1660).

b) Für den Antrag gelten die gewöhnlichen Erfordernisse an das **Wirksamwerden von Willenserklärungen:** Er muss also **abgegeben werden** (Rechtsfolge: § 130 II) und **zugehen,** nämlich derart in die Sphäre des Adressaten gelangen, dass nach dem gewöhnlichen Lauf der Dinge mit der Kenntnisnahme zu rechnen ist, vgl. § 130 I 1. Wird die Erklärung in den Hausbriefkasten eingeworfen, erfolgt der Zugang dann, wenn nach der Verkehrsanschauung davon auszugehen ist, dass der Briefkasten geleert wird (BAG NJW 2019, 3666; zum Zugang einer E-Mail im unternehmerischen Geschäftsverkehr BGHZ 234, 316). Bei nicht verkörperten Erklärungen, also insbesondere bei dem gesprochenen Wort, ist sogar regelmäßig **wirkliche Kenntnisnahme** durch den Adressaten nötig: Weil das gesprochene Wort alsbald „verweht", kann es entweder nur sofort oder überhaupt nicht mehr zur Kenntnis genommen werden. Weiter darf dem Adressaten nicht vor oder gleichzeitig mit dem Antrag ein **Widerruf** zugehen, 5

§ 130 I 2 (dies ist nicht der verbraucherschützende Widerruf, von dem die §§ 355ff. handeln!). Bei Anträgen an nicht voll Geschäftsfähige ist Zugang regelmäßig an den gesetzlichen Vertreter nötig, § 131.

2. Die Annahme

6 Auch die Annahme besteht regelmäßig (Ausnahme § 151 → § 5 Rn. 9) in einer zugangsbedürftigen Willenserklärung. Doch gelten für diese, damit sie den Vertrag zustande bringt, einige Besonderheiten:

a) Die Annahme muss **rechtzeitig** geschehen, §§ 146ff., nämlich unter Anwesenden sofort (§ 147 I) und unter Abwesenden in einer erwartungsgerechten Zeitspanne (§ 147 II). Vorrangig ist jedoch eine vom Antragenden bestimmte Frist, § 148. Über die Rechtzeitigkeit entscheidet regelmäßig nicht die Abgabe, sondern der Zugang der Annahmeerklärung bei dem Antragenden.

Danach kann eine Annahmeerklärung zwar rechtzeitig abgesendet worden sein, aber dennoch den Vertrag nicht zustande bringen, weil sie verspätet zugeht. Hier wird der Annehmende regelmäßig an einen wirksamen Vertrag glauben. Daher bestimmt **§ 149** eine Obliegenheit des Antragenden, den anderen Teil auf die Verspätung des Zugangs (und damit auf das Scheitern des Vertragsschlusses) hinzuweisen. Bei schuldhafter Verletzung dieser Obliegenheit kommt trotz der Verspätung des Zugangs der Vertrag (nachträglich) zustande. Aus einem Verschulden bei Vertragsverhandlungen entstehen hier also ausnahmsweise Erfüllungsansprüche. Außerhalb dieses Sonderfalls gilt eine verspätete Annahme nach § 150 I dagegen nur als neuer Antrag. Der Vertragsabschluss scheitert also, wenn dieser Antrag nicht angenommen wird.

7 **b)** Die Annahmeerklärung muss sich **mit dem Antrag decken:** Nur dann liegt eine vollständige Einigung vor; bei Abweichungen gilt die Annahmeerklärung lediglich als Ablehnung, verbunden mit einem neuen Antrag, § 150 II.

Ob die Deckung (Kongruenz) gegeben ist, muss durch **Auslegung** beider Erklärungen entschieden werden. Diese richtet sich nicht nach dem wirklichen Willen des Erklärenden, wie es nach § 133 den Anschein hat. Entscheidend ist vielmehr, was der Empfänger als Willen des Erklärenden erkennen konnte (sog. normative Auslegung nach dem **Empfängerhorizont**). Auch im elektronischen Geschäftsverkehr entscheidet, wie der menschliche Nutzer die Erklärung verstehen durfte und nicht wie das System sie verarbeitet hat (BGHZ 195, 126). Ergibt die Auslegung einen Bedeutungsunterschied zwischen Antrag und Annahme, so scheitert regelmäßig der Vertragsschluss. Das gilt selbst dann, wenn immerhin eine Teileinigung gelungen ist und die Parteien an eine vollständige Einigung glauben, § 155 (versteckter Dissens). Dagegen scheitert, wenn sich der wirkliche Wille beider Parteien vollständig deckt, der Vertragsschluss nicht daran, dass versehentlich etwas Abweichendes erklärt worden ist: Unschädlichkeit der **falsa demonstratio.** Nach hM genügt das unbewusst unrichtig Erklärte auch einer etwa nötigen Form (dazu → § 7 Rn. 13).

Durch Auslegung ist insbesondere zu ermitteln, was die Einigung umfassen muss: nämlich alle Punkte, die nach der (auch bloß konkludenten) Erklärung einer Partei Vertragsgegenstand werden sollten. Bei einer bloß unvollständigen Einigung ist der Vertrag im Zweifel nicht geschlossen, § 154 I.

Beispiel: Bei Verhandlungen über einen Bauvertrag hat der Unternehmer erkennen lassen, über den Zeitpunkt der Fertigstellung müsse noch gesprochen werden. Unterbleibt dies, so ist die Einigung über die anderen Vertragspunkte (Preis usw) im Zweifel noch unverbindlich.

Unabhängig von der Auslegung des konkreten Parteiwillens muss die Einigung aber jedenfalls die sog. **essentialia negotii** umfassen: Diese sind deshalb von den Parteien zu regeln, weil es für sie kein ergänzendes Gesetzesrecht gibt. Beim Kauf zB sind das Ware und Preis, bei der Miete Mietobjekt und Betrag der Miete, und Entsprechendes gilt für andere Typenverträge. Bei atypischen Verträgen (wie dem Leasing) reicht das individuell Regelungsbedürftige noch viel weiter: Hier passt ja nicht das Recht eines der Typenverträge aus dem Besonderen Teil, sondern nur das Allgemeine Schuldrecht.

c) Angenommen werden kann ein Antrag ausdrücklich oder durch **schlüssiges (konkludentes) Verhalten.** Solches schlüssiges Verhalten liegt etwa darin, dass die bestellte und zugesendete Sache nicht bloß probeweise in Gebrauch genommen oder dass sie bezahlt wird (bei unbestellter Zusendung durch einen Unternehmer an einen Verbraucher gilt aber § 241 a: Da der Unternehmer die Leistung grundsätzlich nicht zurückverlangen kann, bedeutet auch die Ingebrauchnahme nicht die Annahme eines Antrags zum Abschluss eines Kaufs; *Medicus/Petersen* BürgerlR Rn. 330). Diese Fälle eines konkludenten Verhaltens sind streng zu unterscheiden von dem **Schweigen** als schlichtem Nichtstun: Dieses hat regelmäßig überhaupt keine Erklärungsbedeutung. 8

Beides wird vermengt in der leider häufig verwendeten, wenig glücklichen Formulierung **„stillschweigende Willenserklärung“:** Gemeint ist damit ein Verhalten, das auf einen bestimmten rechtserheblichen Willen schließen lässt, also ein konkludentes Verhalten. Das wird aber durch das Wort „stillschweigend“ nicht hinreichend deutlich: Es geht eben um positives Tun (zB das Besteigen eines Autobusses) und regelmäßig nicht bloß um ein Nichtstun.

Nur ausnahmsweise hat das Schweigen die Bedeutung einer bejahenden Erklärung, im Schuldrecht in den Fällen der §§ 416 I 2, 455 S. 2 und 516 II 2. Hierzu kommt als wichtigster Fall im Handelsrecht noch das gesetzlich nicht geregelte Schweigen auf ein **kaufmännisches Bestätigungsschreiben** (vgl. *Medicus/Petersen* BürgerlR Rn. 59ff.).

d) Erleichtert wird die Annahme eines Antrags durch **§ 151 S. 1:** Unter den dort genannten Voraussetzungen soll „die Annahme nicht dem Antragenden gegenüber erklärt zu werden“ brauchen. Nach hM ist aber auch hier eine Erklärung nötig, nur braucht sie nicht an den Antragenden gerichtet zu sein und diesem nicht zuzugehen. Jedenfalls sollte die Vorschrift eng ausgelegt werden: Wenn der Antragende nicht erfährt, ob sein Antrag angenommen worden und ob er folglich vertraglich gebunden ist, befindet er sich in einer wenig glücklichen Lage. 9

So zB der Kaufinteressent, der bei einem Versandhaus Ware bestellt hat und daraufhin wochenlang nichts hört: Wenn man hier zugunsten des Versandhauses § 151 anwendet, kann der Kaufinteressent sich die Ware nicht anderswo besorgen, weil er damit rechnen muss, dass seine erste Bestellung noch ausgeführt wird. Er müsste also erst, um diese Ungewissheit zu beseitigen, den Weg über § 323 gehen (Nachfristsetzung mit folgendem Rücktritt).

III. Die Einschaltung von Hilfspersonen in den Vertragsschluss

10 Hilfspersonen können schon in die bloßen Vertrags*verhandlungen* eingeschaltet werden, etwa zur Erteilung von Auskünften *(Verhandlungsgehilfen).* Dann haftet der Verhandelnde, der die Hilfsperson eingeschaltet hat, für deren Verhalten wegen Verschuldens bei Vertragsverhandlungen (§ 311 II) nach den §§ 280 I, 278. An dem rechtsgeschäftlichen Vertrags*schluss* selbst kommt dagegen eine Mitwirkung nur als Bote oder Stellvertreter in Betracht.

1. Der Bote

Der Bote hat keine eigene Entscheidungsfreiheit, sondern er überbringt eine **fremde Willenserklärung.** Wenn er das schnell und richtig tut, entstehen keine Probleme. Andernfalls sind die folgenden Komplikationen denkbar (*Medicus/Petersen* BürgerlR Rn. 77 ff.).

a) **Der Bote übermittelt unrichtig:** Dann muss man fragen, ob der Erklärende oder der Empfänger den Boten eingesetzt hat. Entscheidend ist also nicht, in wessen Bereich der Bote sich aufhält: Wenn der Erklärende die Ehefrau des Adressaten beauftragt, diesem etwas auszurichten, so trägt er das „Botenrisiko". Nicht etwa liegt es beim Adressaten, der die Frau ja nicht *als Botin* geheiratet hat.

Bei **Einsatz des Boten durch den Erklärenden** wird diesem die durch den Boten veränderte Erklärung wenigstens regelmäßig vorläufig zugerechnet; er muss sie durch Anfechtung nach § 120 beseitigen. Eine schwach begründete hM verneint freilich die Zurechnung, wenn der Bote *absichtlich* unrichtig übermittelt hat (dann habe er nicht mehr „als Bote" gehandelt). Bei **Einsatz durch den Empfänger** kommt eine Anfechtung nach § 120 nicht in Betracht. Möglich ist nur eine Anfechtung nach § 119 I, wenn der Empfänger nach der falschen Übermittlung seinerseits etwas erklärt und dieser Erklärung eine falsche Bedeutung beigemessen hat.

> **Beispiel:** V erklärt dem Boten des K, er wolle an K *verkaufen.* Der Bote richtet dem K jedoch aus, V wolle *kaufen:* Hier bedarf es zunächst schon mangels eines wirksamen Geschäfts keiner Anfechtung. Erst wenn K dem V gegenüber annimmt, kommt ein solches Geschäft zustande, und zwar ein *Verkauf* des V an K: Der Antrag gilt nämlich so, wie V ihn dem Boten des Empfängers K erklärt hat, und die Annahme des K bedeutet die Zustimmung zu dem derart ausgelegten Antrag (nur in diesem Sinn konnte V sie verstehen). Da K über die Bedeutung geirrt hat, passt § 119 I (→ § 8 Rn. 2).

11 b) **Der Bote übermittelt richtig, aber zu spät:** Auch dieses Risiko trägt derjenige, der den Boten eingesetzt hat. Der Vertrag kommt also zustande, obwohl der Bote des Antragenden diesem die Annahme zu spät mitteilt. Umgekehrt ist die Annahme verspätet (§ 150 I, aber gegebenenfalls § 149), wenn der Bote des Annehmenden sie dem Antragenden zu spät ausrichtet.

12 c) **Der Bote unterlässt die Übermittlung ganz,** etwa aus Vergesslichkeit: Dann fehlt es bei einem Erklärungsboten zumindest an dem wirksamen Zugang; die Erklärung bleibt also folgenlos. Dagegen ist bei einem Empfangsboten der Zugang an den Adressaten vollendet; dass dieser nicht selbst Kenntnis erhalten hat, ist also sein Risiko.

2. Der Stellvertreter

Der Stellvertreter hat – anders als der Bote – in den Grenzen seiner Vertretungsmacht (→ § 5 Rn. 15) Entscheidungsfreiheit. Er erklärt daher seinen **eigenen Willen.** Dass diese Erklärung trotzdem dem Vertretenen zugerechnet wird, bedarf also der Begründung aus dem Vorliegen bestimmter Voraussetzungen. 13

a) Stellvertretung gibt es nur bei der Abgabe (§ 164 I) und dem Empfang (§ 164 III) von **Willenserklärungen,** und zwar in gewissem Umfang auch hinsichtlich von Willensmängeln, Kennen oder Kennenmüssen (§ 166). Dagegen passen die §§ 164ff. nicht für die Zurechnung von Verschulden (hier gilt § 278) oder von Tathandlungen wie dem Besitzerwerb nach § 854 I (hier gelten die §§ 855, 868 → § 18 Rn. 10ff.).

b) Der Stellvertreter muss **im Namen des Vertretenen** auftreten, § 164 I 1, also offenlegen, dass er für einen anderen handeln will. Doch kann sich dieser Wille auch aus den Umständen ergeben, § 164 I 2. Anwendungsfälle sind das Geschäft für wen es angeht und vor allem das sog. **unternehmensbezogene Geschäft** (Geschäft mit dem Inhaber eines Gewerbebetriebs): Wer für ein Unternehmen auftritt, berechtigt und verpflichtet dieses, selbst wenn der Geschäftsgegner unrichtige Vorstellungen über den Unternehmensträger hat. 14

Beispiel: Ein angestellter Taxifahrer tut gegenüber einem Fahrgast so, als sei er selbst der Inhaber des Taxiunternehmens (sodass der Fahrgast den Fahrer für seinen Vertragspartner hält). Trotzdem kommt hier der (Werk-)Vertrag über die Beförderung mit dem wirklichen Unternehmensinhaber zustande.

Dem die Stellvertretung kennzeichnenden Handeln in fremdem Namen wird vielfach gleichgestellt das Handeln **unter fremdem Namen** (*Medicus/Petersen* BürgerlR Rn. 82f.): Der Handelnde legt nicht offen, dass er für einen anderen handeln will, sondern gibt vor, selbst der andere zu sein (zB Unterschrift mit dem Namen des anderen oder Verwendung eines fremden eBay-Mitgliedskontos, dazu BGHZ 189, 346): Auch hier treffen, wenn Vertretungsmacht vorliegt, die Rechtsfolgen nur den anderen. Davon zu unterscheiden ist aber die **falsche Namensangabe:** Hier soll das Geschäft mit dem Handelnden abgeschlossen werden (zB die Miete eines Hotelzimmers); der angegebene Name soll für das Geschäft keine Bedeutung haben. Ein solches Eigengeschäft des Handelnden liegt regelmäßig vor, wenn es zum sofortigen Leistungsaustausch kommt, zB beim Barverkauf eines unterschlagenen Gebrauchtwagens unter dem Namen des Eigentümers (BGH NJW 2013, 1946).

c) Der Stellvertreter oder der unter fremdem Namen Handelnde muss **Vertretungsmacht** für den Vertretenen haben. 15

aa) Diese Vertretungsmacht kann aus Gesetz oder Rechtsgeschäft stammen (zum Rechtsschein → § 5 Rn. 17). **Gesetzliche Vertretungsmacht** haben etwa nach § 1629 die Eltern für ihre minderjährigen Kinder, und zwar regelmäßig als Gesamtvertreter, § 1629 I 2. Zumindest in der Nähe der gesetzlichen Vertretungsmacht steht auch die **Vertretungsmacht kraft Organschaft,** so diejenige der Vorstände für den Verein (§ 26 I 2 Hs. 2) und die Stiftung (§ 84 II 1 Hs. 2); weitere, wichtigere Anwendungsfälle finden sich im Gesellschaftsrecht (zB der Vorstand für die AG, der Geschäftsführer für die GmbH). Die Besonderheit der Organschaft besteht darin, dass diese außer der Vertretungsmacht noch weitere Rechtsfolgen begründet, insbesondere die Haftung für die Organperson nach § 31 (→ § 11 Rn. 14).

Die durch Rechtsgeschäft erteilte Vertretungsmacht heißt **Vollmacht,** § 166 II 1. Deren Erteilung kann in drei Formen stattfinden:

(1) zwischen dem Vollmachtgeber und dem Vertreter (**Innenvollmacht,** § 167 I Alt. 1),
(2) zwischen dem Vollmachtgeber und dem Dritten, dem gegenüber der Vertreter handeln soll (**Außenvollmacht,** § 167 I Alt. 2), und
(3) als **Innenvollmacht mit Mitteilung nach außen** (§ 171).

16 **bb)** Von der Vertretungsmacht, die das Außenverhältnis betrifft, ist zu unterscheiden das **Innenverhältnis zwischen dem Vertreter und dem Vertretenen** (zB der Arbeitsvertrag mit der angestellten Verkäuferin). Zwar lässt § 168 S. 1 mit dem Ende des zugrunde liegenden Rechtsverhältnisses auch die Vollmacht erlöschen. Dagegen gibt es hinsichtlich des Inhalts oft Unterschiede zwischen dem Innen- und dem Außenverhältnis. Insbesondere reicht die Vertretungsmacht (also das, was der Vertreter nach außen tun *kann*) oft weiter als das, was der Vertreter im Innenverhältnis tun *soll.*

Das gilt sowohl für die gesetzliche Vertretungsmacht wie auch für die Vollmacht. So sind die Eltern bei ihrem Vertretungshandeln, das ja einen Teil der elterlichen Sorge bildet, dem „Wohl des Kindes" verpflichtet, § 1627 S. 1; ebenso soll der Prokurist (§§ 48ff. HGB) kraft seines Anstellungsvertrags die Interessen seines Dienstherrn wahrnehmen. Aber die Vertretungsmacht umfasst auch ungünstige Geschäfte, weil sonst die Wirkung der Vertretung zu ungewiss wäre und sich daher vernünftigerweise niemand auf Geschäfte mit einem Vertreter einlassen würde. Daher ist der Vertretene regelmäßig auch durch ungünstige Geschäfte nach außen gebunden; nach innen hat er dann womöglich einen Schadensersatzanspruch gegen den Vertreter.

Eine Ausnahme von der Außenwirkung gilt kraft Gewohnheitsrechts nur bei einem **Missbrauch der Vertretungsmacht,** der für den Geschäftsgegner **evident** ist: Hier treten die Vertretungsfolgen nicht ein. So etwa, wenn die Eltern Vermögen des Kindes weit unter Wert veräußern oder der Prokurist eines Kleinunternehmens riesige Termingeschäfte betreibt (*Medicus/Petersen* BürgerlR Rn. 111).

Bestimmte Situationen, in denen ein solcher Missbrauch typischerweise zu befürchten ist, hat das BGB für das **Insichgeschäft** in § 181 geregelt: Danach versagt die Vertretungsmacht, soweit nicht eine besondere Erlaubnis vorliegt oder bloß eine Verbindlichkeit zu erfüllen ist,

(1) beim **Selbstkontrahieren:** Der Vertreter benutzt die Vertretungsmacht für ein Geschäft mit sich selbst, zB der Prokurist erhöht sein eigenes Gehalt, und
(2) bei der **Mehrvertretung:** Der Vertreter schließt ein Geschäft für mehrere Vertretene ab, die nicht auf derselben Seite stehen, zB der Prokurist verkauft Ware an einen Verein, für den er als Alleinvorstand auftritt.

Dabei unterscheidet § 181 nicht danach, ob das Insichgeschäft dem Vertretenen wirklich einen Nachteil bringt. Der BGH wendet die Vorschrift aber nicht auf Geschäfte an, die dem Vertretenen lediglich rechtlich vorteilhaft sind (so zuerst BGHZ 59, 236 → § 7 Rn. 7). Dadurch werden zB Geschenke der Eltern an ihre unmündigen Kinder möglich (die nach dem Wortlaut von § 181 nur zur Erfüllung einer Verbindlichkeit zulässig wären, also in dem engen Rahmen von Geschenken zur Erfüllung der Unterhaltspflicht). Besonderheiten gelten aber etwa bei der Schenkung vermieteter Grundstücke. Hier bringt nicht schon der Schenkungsvertrag, sondern erst die Übereignung dem Minderjährigen rechtliche Nachteile, weil er kraft Gesetzes (§ 566) in den Mietvertrag eintritt. Um dies zu verhindern, bejaht der BGH bei der Übereignung (die eigentlich der Erfüllung der Schenkung dient) ein Vertretungsverbot. Denn § 181 Hs. 2 beruht insoweit auf der unzutreffenden Annahme, dass es bei der Erfüllung einer Verbindlichkeit nicht mehr zu Interessenkollisionen kommen kann (vgl. BGHZ 162, 137; BGH NJW-RR 2022, 1027 und *Medicus/Petersen* BürgerlR Rn. 172f.).

cc) Zu den oben (→ § 5 Rn. 15) genannten Gründen für eine Vertretungsmacht tritt schließlich noch der **Rechtsschein.** Dieser kann sich regelmäßig nicht schon auf bloßes „Gerede" gründen. Vielmehr bedarf er einer besonderen Bestätigung. Als solche **Rechtsscheinträger** kommen insbesondere in Betracht: 17

(1) Vor allem bei der Organschaft **unrichtige Register.** Im BGB betrifft das insbesondere die im Vereinsregister nicht eingetragenen Änderungen des Vereinsvorstandes, § 68 S. 1. Viel wichtiger sind im Handelsrecht unrichtige Eintragungen in das Handelsregister oder unrichtige Bekanntmachungen aus diesem, § 15 HGB (dazu *Medicus/Petersen* BürgerlR Rn. 105ff.).

(2) Bei der Vollmacht ergibt sich ein beschränkter Redlichkeitsschutz aus den **§§ 169–173:** Eine Vollmacht soll unter bestimmten Voraussetzungen fortbestehen, wenn der Geschäftsgegner den Erlöschensgrund weder kennt noch kennen muss. Gewohnheitsrechtlich anerkannt ist zudem die **Duldungsvollmacht:** Der Vertretene weiß, dass ein anderer für ihn als Vertreter tätig wird, und duldet das, obwohl er es hindern könnte. Dieser Fall ähnelt ohnehin stark der Erteilung einer Außenvollmacht durch konkludentes Verhalten (vgl. *Medicus/Petersen* BürgerlR Rn. 100ff.).

(3) Umstritten ist dagegen die sog. **Anscheinsvollmacht.** Der Anschein einer Vollmacht beruht hier auf Fahrlässigkeit des scheinbar Vertretenen: Dieser verwahrt etwa Geschäftsunterlagen und Stempel so nachlässig, dass ein Dritter sie für Erklärungen im Namen des Nachlässigen verwenden kann. Hierzu gibt es im Wesentlichen zwei Ansichten: Die hM bejaht Vertretungswirkungen, behandelt also die bloße Fahrlässigkeit wie eine Willenserklärung oder ein bewusstes Dulden. Eine (besser begründete) Gegenansicht gibt zumindest außerhalb des Handelsrechts dem Verschulden nur diejenige Wirkung, die es auch sonst hat: Es führt zu Schadensersatzansprüchen aus Verschulden bei Vertragsverhandlungen (vgl. im Einzelnen *Medicus/Petersen* BürgerlR Rn. 98ff.).

dd) **Beendet** wird die gesetzliche Vertretungsmacht durch das Ende ihrer Voraussetzungen: etwa das Kind wird volljährig oder die Amtszeit des Vereinsvorstands endet. Die Vollmacht erlischt mit dem Grundverhältnis (§ 168 S. 1) oder durch Widerruf (§ 168 S. 2, 3; auch dies ist etwas anderes als der Widerruf nach den §§ 355ff.!). Soweit die Vollmacht noch nicht ausgeübt worden ist, kann sie bei Vorliegen eines Anfechtungsgrundes nach den §§ 119ff. gegenüber dem Bevollmächtigten angefochten werden. Dagegen ist bei einer ausgeübten Vollmacht die Anfechtung nicht nur gegen das mittels der Vollmacht abgeschlossene Geschäft zu richten; Anfechtungsgegner ist hier also nicht allein der Geschäftspartner, sondern auch der Bevollmächtigte. Einen vom Bevollmächtigten abgeschlossenen Verkauf muss der Vollmachtgeber also gegenüber beiden unverzüglich anfechten (sehr str.; *Medicus/Petersen* BürgerlR Rn. 96f.). 18

Bei der Vertretungsmacht unterscheidet man zwischen Bestand und Umfang. Der Bestand kann sich aus Gesetz, Rechtsgeschäft oder Rechtsschein ergeben. Den Umfang bestimmt der Vertretene, sofern nicht das Gesetz zwingend etwas anderes vorsieht. Die Prokura etwa ist eine rechtsgeschäftlich erteilte Vertretungsmacht mit gesetzlich bestimmtem Umfang (§§ 48ff. HGB). Hat der Vertretene den Umfang seiner Vollmacht dem Vertreter gegenüber wirksam beschränkt und überschreitet der Vertreter diesen Umfang, dann entfaltet die im Innenverhältnis erklärte Vollmachtsbeschränkung Außenwirkung: Mangels Vertretungsmacht ist nicht der Vertretene verpflichtet (§ 164 I 1), sondern der Vertreter aus § 179 I haftbar. Deshalb prüft man immer erst Ansprüche gegen den Vertretenen und dann gegen den Vertreter. Andernfalls müsste man bei § 179 I ausführlich den Vertragsschluss ohne Vertretungsmacht prüfen; das wäre unzweckmäßig. Stattdessen kann man nach abgeschlossener Prüfung der Ansprüche gegen den Vertretenen im Rahmen des § 179 I gegen den Vertreter sinnvoll nach oben verweisen.

IV. Die Einbeziehung von Allgemeinen Geschäftsbedingungen

19 AGB werden für eine „Vielzahl von Verträgen" formuliert (§ 305 I 1); dem entsprechen bei Verbraucherverträgen die vorformulierten Vertragsbedingungen (§ 310 III Nr. 2). Beide bilden selbst noch keinen Vertrag, zumal an ihrer Formulierung noch keine andere Person mitzuwirken braucht. Zum Bestandteil eines konkreten Vertrags können sie daher erst durch Einbeziehung in diesen gemacht werden (dazu *Medicus/Petersen* BürgerlR Rn. 67ff.).

1. Positive Einbeziehungserfordernisse

Die positiven Einbeziehungserfordernisse ergeben sich aus § 305 II: Die Gegenpartei muss nicht nur mit der Geltung der AGB einverstanden sein. Vielmehr muss der Verwender auf die AGB ausdrücklich oder sonst deutlich hinweisen und der Gegenpartei die Möglichkeit zu zumutbarer Kenntnisnahme verschaffen. Hiervon gibt es freilich in den §§ 305a, 310 I umfangreiche Ausnahmen.

Die zumutbare Möglichkeit zur Kenntnisnahme erfordert nicht immer eine unaufgeforderte Übersendung oder Aushändigung der AGB: Bisweilen wird man der Gegenpartei zumuten können, dass sie darum bittet. Andererseits aber genügen Übersendung oder Aushändigung auch nicht allemal: Wenn die Formulierung unverständlich oder der Abdruck wegen Kleinstdrucks kaum lesbar ist, fehlt die Zumutbarkeit der Kenntnisnahme. Auch die Eile des Vertragsschlusses (etwa an der Zufahrt zu einem Parkhaus) kann die Kenntnisnahme umfangreicher AGB unzumutbar machen.

2. Gründe gegen die Einbeziehung

20 Auch wenn die Voraussetzungen von § 305 I erfüllt sind, kann die Einbeziehung einzelner Klauseln noch scheitern. Das gilt nach § 305c I für **überraschende Klauseln** und nach § 305b für diejenigen Teile, die einer **Individualabrede widersprechen.** Überdies richtet sich bei **unklaren Klauseln** die Auslegung nach § 305c II gegen den Verwender, aus dessen Sphäre die Unklarheit stammt.

3. Inhaltskontrolle

Insbesondere die Einbeziehungskontrolle nach § 305 c I orientiert sich bereits an dem unbilligen Inhalt einzelner Klauseln; man kann sie also schon als Inhaltskontrolle auffassen. Doch wird diese ausführlich erst in den §§ 307–309 geregelt (Prüfungsreihenfolge: 309 – 308 – 307 II – 307 I, also vom Besonderen zum Allgemeinen). Diese Vorschriften gehören zu den Begrenzungen der (durch AGB ausgeübten) Privatautonomie; sie werden daher erst im Zusammenhang mit denjenigen Vorschriften erörtert, die durch die AGB berührt werden. 21

V. Die Zustimmung zu einem Entwurf

Im Wirtschaftsleben werden Verträge vielfach nicht durch Antrag und Annahme geschlossen: Vielmehr handeln zunächst Beauftragte beider Parteien einen Entwurf aus, oder dieser wird von dritter Seite bereitgestellt (etwa der Vergleichsvorschlag eines Gerichts, vgl. § 278 VI 1 ZPO). Dann stimmen die Parteien dem Entwurf zu. Solche Zustimmungen können auch gleichzeitig erklärt werden; die Unterscheidung zwischen (vorhergehendem) Antrag und (späterer) Annahme passt dann nicht. Die beiden Zustimmungserklärungen müssen als empfangsbedürftige Willenserklärungen jeweils gegenüber der anderen Partei abgegeben werden und dieser zugehen; § 151 passt also nicht. Versteckter Dissens nach § 155 liegt insbesondere dann vor, wenn der Entwurf eine durch Auslegung nicht zu behebende Unklarheit oder Lücke enthält und beide Parteien ihre Zustimmung mit einem verschiedenen Sinn verbunden haben. 22

§ 6 Der Vertragstyp

Eben in § 5 war nur vom Abschluss (irgend)eines Schuldvertrags die Rede. Die Parteien wollen aber nicht einen Vertrag schlechthin schließen, sondern einen Vertrag bestimmten Inhalts. Die Schwierigkeiten hierbei ergeben sich aus dem Folgenden. 1

I. Die Bedeutung des Vertragstyps

Der Vertragstyp kann in zwei Richtungen Bedeutung erlangen, nämlich für das Zustandekommen des Vertrags und für die Wirkungen aus ihm.

1. Zustandekommen

Im Zusammenhang mit dem Zustandekommen des Vertrags bestimmt der Vertragstyp zunächst den **Umfang** dessen, worüber sich die Parteien **geeinigt** haben müssen. So muss bei einem entgeltlichen Vertrag neben der zu erbringenden Leistung naturgemäß auch die Gegenleistung bestimmt werden, zB der Kaufpreis. Häufig (zB beim Kauf von Semmeln) fehlt hierüber zwar eine ausdrückliche Vereinbarung. Dann kann der Verkäufer den Preis fordern, den er allgemein verlangt. Fehlt ein solcher Preis, dann kommen die §§ 315, 316 in Betracht. Dagegen entfällt bei einem unentgeltlichen Vertrag (zB Schenkung) eine Gegenleistung, es genügt vielmehr die Einigung über die Unentgeltlichkeit (§ 516 I). Bei einem untypischen (also vom Gesetz nicht geregelten) Vertrag kann die Regelung durch die Parteien sogar in die Einzelheiten gehen müssen.

Daher werden solche untypischen Verträge (zB Leasing, Franchising) fast ausnahmslos unter Zuhilfenahme von AGB geschlossen: Eine jeweils neue Verabredung gleichen Inhalts für den Einzelfall wäre viel zu umständlich.

Auch die **Formbedürftigkeit** (→ § 7 Rn. 11 ff.) als Wirksamkeitsvoraussetzung hängt bisweilen von dem Vertragstyp ab. So ist das Schenkungsversprechen formbedürftig (§ 518 I), der Kauf ist es gewöhnlich nicht. Aber selbst zwischen dem Grundstückskauf und der Schenkung, die beide der notariellen Beurkundung bedürfen, besteht noch ein Unterschied: § 518 I verlangt die Form nur für das Versprechen des Schenkers (also nicht auch für die Annahme), § 311 b I dagegen für den ganzen Vertrag.

Weiter hängen manche **Abschlussverbote** vom Vertragstyp ab: So verbieten die §§ 1641, 2205 S. 3 Schenkungen aus dem von den Eltern oder dem Testamentsvollstrecker verwalteten fremden Vermögen; ein Verkauf ist dagegen erlaubt.

2. Wirkungen aus dem Vertrag

2 Bedeutung hat der Vertragstyp aber auch unabhängig vom Zustandekommen des Geschäfts. Dabei unterscheiden sich der Individualvertrag und der durch AGB geregelte Vertrag.

a) In **Individualverträgen** regeln die Parteien meist nur wenige Punkte. So wird bei einem gewöhnlichen Kauf oft nur über Ware und Preis gesprochen, zusätzlich vielleicht noch darüber, ob, wann und wohin die Ware geliefert werden soll. Hinsichtlich aller anderen Einzelheiten und insbesondere hinsichtlich der Rechtsfolgen von Leistungsstörungen verlassen sich die Parteien auf das dispositive Gesetzesrecht. Dieses aber weist je nach dem Vertragstyp erhebliche Unterschiede auf. So unterscheiden sich bei Kauf und Werkvertrag die Verjährungsfristen (§ 438 gegenüber § 634 a; zu beachten ist insbesondere auch der verschiedene Fristbeginn).

3 b) **Allgemeine Geschäftsbedingungen** einschließlich der vorformulierten Bedingungen für Verbraucherverträge (§ 310 III) treffen für viele Vertragspunkte eine ins Einzelne gehende Regelung. Doch behält auch hier das Gesetzesrecht erhebliche Bedeutung. Denn erstens lassen AGB häufig diejenigen Punkte ungeregelt, in denen die gesetzliche Regelung ohnehin den Wünschen des Verwenders entspricht. Und zweitens bildet diese Regelung den Rahmen für die Inhaltskontrolle der AGB: Insbesondere § 309 erklärt viele konkrete Abweichungen der AGB vom Gesetzesrecht für unwirksam. Und nach dem allgemein gefassten § 307 II Nr. 1 sind als unangemessene Benachteiligung im Zweifel unwirksam diejenigen Bestimmungen, die „mit wesentlichen Grundgedanken der gesetzlichen Regelung“ unvereinbar sind.

Dabei passt die Nr. 1 in erster Linie für AGB über Typenverträge. Aber auch für **atypische Verträge** passt sie ohne Weiteres, soweit die AGB von Allgemeinem Schuldrecht abweichen. Im Übrigen greift hier § 307 II Nr. 2 ein: „AGB-fest“ sollen diejenigen wesentlichen Rechte und Pflichten sein, die sich aus der Natur des Vertrags ergeben und für die Erreichung des Vertragszwecks nötig sind („Kardinalpflichten“, zB ein geleastes Schiff muss wasserdicht sein).

II. Die Ermittlung des Vertragstyps

Trotz der eben begründeten Bedeutung des Vertragstyps ist es nicht richtig, bei der Prüfung von Vertragsansprüchen gleichsam automatisch und formelhaft alsbald nach dem Vertragstyp zu fragen (etwa: „Zunächst ist zu prüfen, welche Art von Vertrag die Parteien geschlossen haben"). Vielmehr kann man den hiermit verbundenen Schwierigkeiten nicht selten entgehen. 4

1. Hinweise in der Aufgabe

Manche Aufgaben enthalten selbst eine juristische Einordnung des Vertrags: „K kauft von V"; „B verbürgt sich bei G für eine Schuld des S". Diese Einordnung kann und soll der Bearbeiter regelmäßig ohne Weiteres übernehmen. Anders ist es nur, wenn die Aufgabe Einzelheiten mitteilt, die zu der angegebenen Einordnung nicht ohne Weiteres passen, etwa dass die „gekaufte" Sache erst noch vom „Verkäufer" hergestellt werden soll (dann ist § 650 I zu beachten).

2. Unerheblichkeit der Einordnung

Bei manchen anderen Aufgaben kommt es auf die Feststellung, welchem Typ der Vertrag angehört, nicht an (*Medicus/Petersen* BürgerlR Rn. 14). So war es in einem Klausurfall darum gegangen, dass der Lehrling eines Handwerksmeisters mithilfe gefälschter Quittungen bei dessen Kunden Außenstände eingezogen und das Geld für sich behalten hatte; gefragt war, ob der Meister noch Zahlung verlangen könne. Hier bedarf es keiner Prüfung, ob die Forderungen des Meisters aus Dienst-, Werk- oder einem Vertrag nach § 650 I stammen. Problematisch ist vielmehr nur deren Erlöschen. Dieses folgt hier nicht aus § 370, weil dort eine echte Quittung vorausgesetzt wird. Aber ergab sich womöglich eine Anscheinsvollmacht daraus, dass der Meister seine Unterlagen nicht sorgsam verwahrt hatte? Oder können die Kunden aus einer Pflichtverletzung nach § 280 I iVm § 278 Schadensersatz verlangen und dann aufrechnen? Ähnlich braucht auch bei manchen anderen Ansprüchen auf den Ersatz von „Begleitschäden" die „Rechtsnatur" des zugrunde liegenden Vertrags nicht erörtert zu werden. Wenn zB ein Patient verletzt wird, weil der schadhafte Behandlungsstuhl seines Zahnarztes zusammenbricht, bleibt der Typ des Behandlungsvertrags (Dienst- oder Werkvertrag) gleichgültig. Ähnlich liegt es oft beim Verschulden bei Vertragsverhandlungen: Auf den Typ des abzuschließenden Vertrags braucht es nicht anzukommen. 5

Wo die Ermittlung des Vertragstyps auf Schwierigkeiten stößt, sollte daher zunächst überlegt und begründet werden, warum es auf den Typ ankommt. Hierfür lässt sich freilich nicht allgemein sagen, bei „einwendungsbetonten" Aufgaben (wie in dem Lehrlingsbeispiel) sei der Typ des anspruchsbegründenden Vertrags unerheblich. Entscheidend ist vielmehr das Verteidigungsvorbringen des angeblichen Schuldners. Das zeigt sich bei der Honorarforderung eines Zahnarztes: Der Patient möge einwenden, der plombierte Zahn schmerze nach wie vor. Dann bedeutet das bei Vorliegen eines Werkvertrags eine Verweigerung der Abnahme (§ 640 I): Die Honorarforderung ist noch nicht fällig (§ 641 I). Dagegen wird bei Annahme eines Dienstvertrags die Vergütung schon nach der Leistung der versprochenen Dienste fällig (§ 614 S. 1); es kommt also darauf an, ob zu diesen Diensten auch das Beenden der Schmerzen gehört (wie wenn das Plombieren hierzu nicht ausreicht, weil eine Wurzelbehandlung nötig ist?).

3. Die Einordnung selbst

6 Es bleiben die Fälle, in denen die Einordnung nicht unproblematisch, aber doch rechtserheblich ist. Solche Fälle sind nicht selten; bisweilen liegt hier sogar das Schwergewicht der Aufgabe. Es möge etwa ein Architekt den an der Zahlungsfähigkeit des Bauherrn zweifelnden Handwerkern versichern, er werde schon dafür sorgen, dass sie ihr Geld bekämen: Ist dies ein formlos wirksamer Garantievertrag? Oder eine formnichtige (§§ 766 S. 1, 125 S. 1) Bürgschaft? Oder handelt es sich um ein zum Schadensersatz verpflichtendes Verschulden bei Vertragsverhandlungen (vgl. § 311 III und → § 15 Rn. 5f.) oder eine andere Pflichtverletzung? Diese Aufgabe zeigt zugleich eine weitere Schwierigkeit: Neben den gesetzlich geregelten Vertragstypen sind im Rahmen der schuldrechtlichen Typenfreiheit auch atypische (typenfreie) Verträge in Betracht zu ziehen (wie hier der Garantievertrag).

a) In solchen Fällen wird man von den gesetzlich geregelten Typen ausgehen, also hier von der Bürgschaft. Die Grundzüge dieser Typen ergeben sich meist aus einer **Definitionsnorm** an der Spitze der gesetzlichen Regelung (hier § 765 I; andere Definitionsnormen sind etwa die §§ 433, 474 I, 481, 488 I, 516 I, 535, 581 I, 598, 607, 611, 611a, 631).

7 **b)** Allein der Blick auf die Definitionsnorm genügt aber oft noch nicht. Vielmehr muss man **auch die folgenden Vorschriften** daraufhin durchschauen, ob sie auf die konkrete Parteivereinbarung passen. So findet man in den §§ 766, 771f., 774ff. Anhaltspunkte dafür, dass das BGB bei der Bürgschaft an ein fremdnütziges Geschäft denkt. Für den erwähnten Architekten wäre also zu fragen, ob dieser dem Bauherrn gefällig sein wollte oder wenigstens überwiegend eigene Zwecke verfolgte: Bloß im zweiten Fall kommt der atypische Garantievertrag in Betracht; nur dann ist ja auch die dem Übereilungsschutz dienende Form des § 766 S. 1 weniger nötig.

III. Komplikationen

8 Bei der Ermittlung des Vertragstyps können sich vor allem drei Komplikationen ergeben.

1. Atypische Verträge

Eine dieser Komplikationen ist eben schon bei dem Architektenfall erwähnt worden: Außer den gesetzlich geregelten Typen kommen auch atypische Verträge vor wie etwa der Garantievertrag. Für sie gelten in erster Linie die Parteivereinbarungen, in zweiter Linie gilt das Allgemeine Schuldrecht. Darüber hinaus besteht vor allem in der Rechtsprechung die Neigung, eine Ähnlichkeit mit Typenverträgen zu finden und dann auch deren gesetzliche Regelung anzuwenden. Das zeigt sich beim Leasing, für das der BGH Mietrecht (§§ 535ff.) heranzieht, etwa § 546 für die Rückgabepflicht nach Vertragsende (BGH NJW 2017, 1301; vgl. zu dieser Problematik auch *Medicus/Petersen* BürgerlR Rn. 323).

2. Gemischte Verträge

Neben den atypischen gibt es die sog. gemischten Verträge, in denen sich verschiedene Typen treffen. Dabei kann man drei Arten unterscheiden. 9

a) In den **Typenkombinationsverträgen** verspricht eine Partei mehrere Leistungen, die zu verschiedenen Vertragstypen gehören: Etwa ein Pensionsinhaber verpflichtet sich gegen Entgelt zur Überlassung eines Zimmers (Miete) mit Reinigung (Dienstvertrag) und Verpflegung (Werklieferungsvertrag nach § 650 I). Hier wird regelmäßig jede der typenverschiedenen Leistungen nach dem Recht desjenigen Vertragstyps behandelt, zu dem sie passt. Allerdings wird der Vertrag hinsichtlich seines Fortbestandes häufig als Einheit gewollt sein. Dann muss der Pensionsgast, wenn er dem mangelhaften Zimmer entkommen will, den Vertrag im Ganzen kündigen. Doch kann er andererseits auch eine einzelne Mahlzeit zurückweisen, wenn nur diese Mängel hat: Das sind letztlich Fragen einer vernünftigen Auslegung, vgl. auch § 281 I 2 und bei Verletzung einer Schutzpflicht § 282.

b) In den **Typenverschmelzungsverträgen** geht es – anders als bei → § 6 Rn. 9 – nur um eine einzige Leistung; diese lässt sich aber verschiedenen Typen zuordnen. Ein Beispiel bildet die gemischte Schenkung (Verkauf zum Freundespreis): Es soll etwa der Sohn den gebrauchten Pkw seines Vaters zu einem Preis bekommen, der nur die Hälfte des von beiden angenommenen Marktpreises beträgt. Dieser Vertrag ist teils entgeltlich und teils unentgeltlich, enthält also Elemente von Kauf und Schenkung. 10

Hier wird man zunächst versuchen, eine sachgerechte Kombination der Regelungen für die verschiedenen Typen zu finden; das bestimmt etwa auch § 675 I für den entgeltlichen Geschäftsbesorgungsvertrag. Doch gelingt eine solche Kombination nicht, wenn sich die beteiligten Regelungen – wie häufig – widersprechen. So haftet der Verkäufer für Sachmängel (außer auf Schadensersatz) verschuldensunabhängig (§§ 437ff.), dagegen der Schenker bei der Stückschenkung nur für Arglist (§ 524 I) und bei der Gattungsschenkung nur für Kenntnis und grobfahrlässige Unkenntnis (§ 524 II). Hier wird man regelmäßig den entgeltlichen und den unentgeltlichen Teil zu trennen haben. Das ergibt sich für Rücktritt und Minderung von selbst: Diese beziehen sich ja ohnehin nur auf den niedriger festgesetzten Kaufpreis. Nacherfüllung durch Beseitigung des Mangels oder Lieferung einer mangelfreien Sache (§ 439 I) wird, wenn die Voraussetzungen des § 524 nicht erfüllt sind, nur für den entgeltlichen Teil des Geschäfts verlangt werden können.

c) Eine letzte Art von Typenmischung findet sich in den **Verträgen mit anderstypischer Gegenleistung:** Es zahlt beispielsweise der „Mieter“ keine Miete in Geld, sondern er erbringt Dienstleistungen (etwa als Hausmeister). Hier sind zwei entgeltliche Typenverträge derart miteinander verbunden, dass sich die jeweils in Geld bestehenden Gegenleistungen gegeneinander aufheben. Dann ist in erster Linie auf jede Leistung das Recht des für sie geltenden Vertragstyps anzuwenden. Das misslingt freilich, soweit es um die Beendigung des ganzen Vertrags geht und die hierfür geltenden Typenregeln voneinander abweichen (etwa unterscheidet sich der Kündigungsschutz für Mieter von demjenigen für Arbeitnehmer). Dann wird man, soweit das Gesetz dieses Problem nicht ausnahmsweise selbst regelt (§§ 576ff.), eine der beiden Regeln als vorrangig begründen müssen, etwa weil sie zwingendes Recht darstellt. 11

3. Vertragsverbindungen

12 Noch zweifelhafter ist die rechtliche Behandlung von Vertragsverbindungen: Hier liegen mehrere Verträge vor, was sich häufig schon daran zeigt, dass sie mit verschiedenen Partnern abgeschlossen worden sind. Die Verbindung ergibt sich lediglich aus dem Parteiwillen oder (häufiger) aus einem Zweckzusammenhang.

Das bekannteste Beispiel liefert der **fremdfinanzierte Abzahlungskauf:** Hier schließen Käufer und Verkäufer einen Kaufvertrag. Zugleich vermittelt der Verkäufer dem Käufer den Abschluss eines Darlehens mit einer Bank oder Sparkasse: Dessen Betrag wird an den Verkäufer ausgezahlt und tilgt die Kaufpreisschuld des Käufers. Dieser ist also jetzt nicht mehr dem Verkäufer aus dem Kauf verpflichtet, sondern nur noch der Bank zur Verzinsung und (ratenweisen) Rückzahlung des Darlehens.

Blieben hier Kauf und Darlehen ganz unverbunden, so hätte der Käufer gegenüber der Bank keinerlei Rechte aus Störungen des Kaufs. Er könnte insbesondere nicht geltend machen, die Kaufsache sei nicht geliefert worden (§ 320) oder sie sei fehlerhaft (§§ 437ff.). Hier hat die Rechtsprechung dem Käufer auf verschiedenen Wegen geholfen. Der wirkungsvollste davon ist der **Einwendungsdurchgriff:** Einwendungen aus dem Kauf greifen wegen der rechtlichen Verbundenheit beider Verträge auf Ansprüche aus dem Darlehen durch. Danach kann der Käufer beispielsweise auch der Bank entgegenhalten, er sei wegen eines Mangels der Kaufsache vom Kaufvertrag zurückgetreten. Für den Bereich des **Verbraucherkredits** ist das inzwischen in §§ 358f. ausdrücklich geregelt. Zugleich ergibt sich hier aus § 358 I und II ein **Widerrufsdurchgriff:** Obwohl der Widerruf nur für einen Vertrag erklärt worden ist, beendet er auch die Wirksamkeit des anderen.

Eine ähnliche Verbindung findet sich auch beim **Leasing:** Hier stehen nebeneinander der Leasingvertrag zwischen dem Leasinggeber und dem Leasingnehmer (betreffend die Überlassung des Leasingguts) und der Anschaffungsvertrag zwischen dem Leasinggeber und einem Dritten (Kauf). Der Leasinggeber zeichnet sich dabei von seiner Gewährleistung frei und tritt dem Leasingnehmer stattdessen die Gewährleistungsrechte aus dem Kaufvertrag ab (sog. leasingtypische Abtretungskonstruktion, BGH NJW 2006, 1066). Die Rechtsprechung hat eine Verbindung der beiden Verträge über die Lehre von der Geschäftsgrundlage bevorzugt: Steht fest, dass der Kauf durch Rücktritt erloschen ist, soll die Geschäftsgrundlage für den Leasingvertrag rückwirkend wegfallen (etwa BGHZ 81, 298). Bestreitet der Verkäufer die Wirksamkeit des Rücktritts, so darf der Leasingnehmer seine Zahlungen an den Leasinggeber bis zur endgültigen Klärung erst dann vorläufig einstellen, wenn er klageweise aus den abgetretenen Rückgewähransprüchen gegen den Verkäufer vorgeht (BGH NJW 2010, 2798; 2014, 1583). Zu den Besonderheiten des Verbraucherleasings *Medicus/Petersen* BürgerlR Rn. 323.

§ 7 Wirksamkeitsvoraussetzungen und Wirksamkeitshindernisse

Bisher (→ § 5 Rn. 1 ff.) war nur von dem mehr technischen Vorgang einer Einigung durch kongruente Willenserklärungen die Rede. Das allein genügt aber nicht für einen rechtswirksamen Schuldvertrag. Vielmehr müssen auch bestimmte Wirksamkeitsvoraussetzungen erfüllt sein und umgekehrt Wirksamkeitshindernisse fehlen. Damit findet eine bestimmte Inhaltskontrolle des Vertragsrechts statt. 1

I. Das Bestehen von Privatautonomie

Regelmäßig können Schuldverhältnisse ohne Weiteres durch Vertrag begründet werden, § 311 I (sog. Vertragsfreiheit). Gesetzliche Beschränkungen gibt es hauptsächlich für Verpflichtungen mit Bezug auf das **Familien- oder Erbrecht:** § 1297 will die Eheschließung und § 2302 die Testierfreiheit von Beschränkungen freihalten. Auch Veränderungen der Abstammung können nicht Gegenstand von Schuldverhältnissen sein. Insbesondere hindert schon § 1747 II 1 die sog. „Leihmutter", sich zur Weggabe des von ihr auszutragenden und zu gebärenden Kindes zu verpflichten. Andere Einschränkungen der Privatautonomie bestehen in der Versagung der Klagbarkeit für bestimmte Vereinbarungen, die von manchen als **Naturalobligationen** bezeichnet werden: §§ 656, 762 f.

Privatautonomie fehlt auch (ohne dass man auf § 138 abstellen müsste) für Verpflichtungen, welche die Intimsphäre und damit die **Menschenwürde** berühren. So hat BGHZ 97, 372 mit Recht die Verpflichtung einer Frau für unwirksam gehalten, empfängnisverhütende Mittel („die Pille") anzuwenden (vgl. *Medicus/Petersen* BürgerlR Rn. 372 a).

II. Rechtsbindungswille und Erklärungsbewusstsein

Weitere Wirksamkeitsvoraussetzung ist, dass die Beteiligten sich überhaupt rechtlich binden wollen. Daran fehlt es in vier zu unterscheidenden Fallgruppen. 2

1. Gesellschaftliche Ebene

In der ersten Gruppe **wollen** die Beteiligten eine rechtliche Bindung **nicht** herstellen, obwohl eine an sich auch als Vertrag mögliche Einigung vorliegt. Dahin gehört etwa das Trivialbeispiel einer Einladung zum Abendessen: Wer eine solche Vereinbarung „bricht", hat keine rechtlichen Sanktionen zu fürchten (etwa eine Erfüllungsklage oder einen Schadensersatzanspruch), sondern nur gesellschaftliche (Missachtung, Ausschluss von weiteren Einladungen usw).

Missverständlich war es dagegen, wenn die Rechtsprechung für Vereinbarungen in einer **nichtehelichen Lebensgemeinschaft** regelmäßig einen Rechtsbindungswillen geleugnet hat (etwa BGH NJW 1986, 374, abweichend aber BGHZ 177, 193 Rn. 26 ff.): Richtig ist hier nur, dass sich die Beteiligten nicht *nach Eherecht* binden wollen. Dagegen kann eine *schuldrechtliche* Bindung durchaus rechtsgeschäftlich gewollt sein.

2. Gentlemen's Agreement

3 In einer zweiten Fallgruppe **wissen** die Beteiligten, dass sie sich wenigstens mit den gewählten Mitteln rechtlich nicht binden können: Sie schließen etwa einen Vertrag, dessen Formbedürftigkeit ihnen bekannt ist, bewusst unter Nichtbeachtung der Form. Bisweilen spricht man hier von einem Gentlemen's Agreement. In solchen Fällen sollte eine rechtliche Bindung auch nicht über § 242 herbeigeführt werden (anders freilich vereinzelt der BGH, etwa BGHZ 48, 396, vgl. *Medicus/Petersen* BürgerlR Rn. 181).

3. Unzumutbare Bindung

4 In einer dritten Fallgruppe machen sich die Beteiligten über eine rechtliche Bindung **keine Gedanken;** diese wird aber von der Rechtsordnung als zu weitgehend abgelehnt. Ein Beispiel bildet BGH NJW 1974, 1705 (vgl. *Medicus/Petersen* BürgerlR Rn. 372): Ein mit der „Geschäftsführung" beauftragter Teilnehmer einer Lottospielgemeinschaft vereitelt durch abredewidriges Verhalten einen hohen Gewinn: Der BGH hat eine möglicherweise existenzbedrohende Ersatzpflicht für den entgangenen Gewinn verneint. Außerhalb des Schuldrechts kann man hier einordnen die allenfalls ganz beschränkte Bindungswirkung von Vereinbarungen zwischen Ehegatten über die Haushaltsführung (und die übrige Lebensgestaltung), § 1356 I 1: Von einer solchen vielleicht das ganze weitere Leben bestimmenden Vereinbarung (zB äußerste Sparsamkeit für einen Hausbau) muss sich ein Ehegatte auch ohne wichtigen Grund (§ 314!) wieder lösen können.

4. Fehlen des Erklärungsbewusstseins

5 In der letzten Fallgruppe endlich fehlt einer Partei das Bewusstsein (und erst recht der Wille), eine rechtserhebliche Erklärung abzugeben; der andere Teil erkennt das aber nicht und vertraut auf die scheinbare Wirksamkeit. Den Schulfall hierfür bildet noch immer die **Trierer Weinversteigerung,** auf der das Handheben ein Mehrgebot bedeutet: Ein Fremder, der diese Bedeutung nicht kennt, hebt die Hand zur Begrüßung eines Freundes und erhält den Zuschlag. Die Lösung war heftig umstritten (vgl. *Medicus/Petersen* BürgerlR Rn. 130). Seit BGHZ 91, 324 überwiegt wohl die Anwendung von § 119 I, wenn der Handelnde seine Handlung als möglicherweise rechtserheblich hätte erkennen können („potentielles Erklärungsbewusstsein"). Folglich muss der Handelnde unverzüglich anfechten und zudem dem anderen Teil dessen Vertrauensschaden ersetzen (§§ 121, 122 → § 8 Rn. 10). Damit gehört diese Teilgruppe zur nachträglichen Vertragsbeendigung (→ § 8 Rn. 1 ff.). Dagegen soll die Erklärung ohne Weiteres unwirksam sein, wenn deren mögliche Rechtserheblichkeit dem Handelnden nicht erkennbar war (so wohl in dem Trierer Fall, wenn der Begrüßende erstmals eine Versteigerung besucht und deren Ablauf auch nicht schon hat beobachten können).

III. Geschäftsfähigkeit

6 Weiter bedarf es zu einer rechtswirksamen Willenserklärung entweder der Geschäftsfähigkeit oder einer wirksamen gesetzlichen Stellvertretung. Probleme entstehen insoweit vor allem bei Minderjährigen, die also das 18. Lebensjahr noch nicht vollendet haben (§ 2). Für Leistungen an einen Minderjährigen oder unter Betreuung stehenden

Volljährigen liegt die **Empfangszuständigkeit** beim gesetzlichen Vertreter (BGHZ 205, 90; Einzelheiten bei *Medicus/Petersen* BürgerlR Rn. 171).

1. Beschränkte Geschäftsfähigkeit

Wer das 7. Lebensjahr vollendet hat (§ 106), hat für rechtsgeschäftliches Handeln zwei Möglichkeiten:

a) Er kann entweder **selbst handeln.** Dann ist der von ihm geschlossene Vertrag regelmäßig **schwebend unwirksam;** Wirksamkeit tritt erst durch die Genehmigung des gesetzlichen Vertreters ein, § 108. Davon gibt es jedoch wichtige **Ausnahmen:**

aa) Ohne Weiteres wirksam sind Geschäfte, durch die der beschränkt Geschäftsfähige **lediglich einen rechtlichen Vorteil** erlangt, § 107. Dem werden die sog. **neutralen Geschäfte** gleichgestellt, die das Vermögen des beschränkt Geschäftsfähigen nicht berühren. Denn § 165 lässt für einen Stellvertreter beschränkte Geschäftsfähigkeit genügen, und das Handeln in direkter Stellvertretung bedeutet den Musterfall eines solchen neutralen (weil nur für andere wirkenden) Geschäfts.

Die Vorteilhaftigkeit eines Geschäfts ist nicht nach wirtschaftlichen, sondern **nach rechtlichen Gesichtspunkten** zu beurteilen: Auch der günstigste Kauf bringt einen Rechtsnachteil, weil er den Käufer zur Preiszahlung verpflichtet. Das nur wirtschaftlich vorteilhafte Geschäft entgeht dem in seiner Geschäftsfähigkeit Beschränkten ja durch § 107 auch nicht; vielmehr kann und wird der gesetzliche Vertreter es genehmigen (§ 108). Allerdings werden (mit zweifelhafter Abgrenzung im Einzelnen) bloß mittelbar mit dem Geschäft verbundene Nachteile oft nicht berücksichtigt: etwa die Belastung mit Steuern und Verkehrssicherungspflichten, die den mit einem Grundstück Beschenkten trifft.

bb) Die nicht bloß rechtlich vorteilhaften Geschäfte sind wirksam, wenn sie mit **Einwilligung des gesetzlichen Vertreters** abgeschlossen werden, § 107. Eine solche Einwilligung kann beschränkt für ein einzelnes Geschäft oder als Generaleinwilligung für eine ganze Gruppe von Geschäften erteilt werden (etwa für alle Vertragsabschlüsse, die üblicherweise mit einer Reise zusammenhängen). Zwei wichtige Fälle einer solchen Generaleinwilligung finden sich in den §§ 112, 113: Diese Vorschriften machen den Minderjährigen für die erfassten Geschäfte sogar „unbeschränkt geschäftsfähig". Daher scheidet bis zur Rücknahme der Einwilligung, die zudem nach § 112 II nicht ohne Weiteres möglich ist, neben dem Handeln des Minderjährigen eine gesetzliche Vertretung aus. 7

cc) Die praktisch wohl häufigste Form eines Einverständnisses liegt im **Überlassen von Mitteln:** Das meint nicht bloß die Gewährung von Taschengeld, sondern zB auch das Belassen von Arbeitseinkünften. Hierfür bringt § 110 eine Sonderregelung: Das Geschäft wird nicht schon mit dem Abschluss wirksam, sondern erst, wenn der beschränkt Geschäftsfähige seine Verpflichtung mit den ihm überlassenen Mitteln erfüllt. Ein Teilzahlungsgeschäft erlangt diese Wirksamkeit also erst mit der Zahlung der letzten Rate. Für volljährige Geschäftsunfähige (§ 104 Nr. 2; dazu BGH NJW 2022, 3147) schafft der **§ 105a** eine beschränkte Fähigkeit zu rechtlicher Betätigung: Geringwertige Alltagsgeschäfte sollen mit der Bewirkung von Leistung und Gegenleistung wirksam werden. 8

9 b) Statt selbst zu handeln, kann der beschränkt Geschäftsfähige auch von seinem **gesetzlichen Vertreter** vertreten werden. Das schafft keine besonderen Probleme, nur ist auf das Erfordernis einer Genehmigung durch das Familiengericht nach den §§ 1850 ff., 1643 zu achten.

2. Geschäftsunfähigkeit

10 Geschäftsunfähig ist, wer noch nicht das 7. Lebensjahr vollendet hat oder nicht nur vorübergehend in seiner Geistestätigkeit gestört ist, § 104. Hier ist eigenes Handeln des Geschäftsunfähigen außer nach § 105 a unwirksam; es kommt bloß gesetzliche Vertretung wie bei → § 7 Rn. 9 in Betracht. Überdies kennt § 1825 für bestimmte Fälle der Betreuung die Anordnung eines Einwilligungsvorbehalts. Diese wirkt ähnlich wie früher die Entmündigung.

IV. Einhaltung von Formgeboten

1. Arten der Formen

11 a) **Das BGB** kennt drei traditionelle Arten der Form: die gesetzliche Schriftform (§ 126), die notarielle Beurkundung (§ 128, Einzelheiten im BeurkG) und die öffentliche Beglaubigung (§ 129). Diese Letzte bezieht sich nur auf die Unterschrift, bezeugt also bloß die Identität des Urhebers mit demjenigen, von dem die Unterschrift herzurühren angibt; eine Beratung über den Geschäftsinhalt findet hier nicht statt. Immerhin gewährt schon die Identitätsprüfung einen gewissen Übereilungsschutz.

Hinzugekommen sind später noch die §§ 126 a und b. Davon ist die durch eine „qualifizierte elektronische Signatur" gekennzeichnete **elektronische Form** des § 126 a nur ein Ersatz für die gewöhnliche Schriftform nach § 126 III. In vielen wichtigen Fällen (etwa für die Bürgschaft in § 766 S. 2) lässt das Gesetz diesen Ersatz aber gerade nicht genügen. Die zweite Neuerung bildet die sog. **Textform** des § 126 b (übrigens ein unsinniger Name: Der „Text" ist der Inhalt jeder Erklärung und nicht deren Form!). Fälle, in denen diese Form genügen soll, finden sich vor allem im Verbraucherrecht und bei der Wohnungsmiete. Wesentlich ist hier die **Festlegung** von Erklärendem und Erklärungsinhalt auf einem **dauerhaften Datenträger.**

12 b) Doch sind **Sondervorschriften** zu beachten. Vor allem wird die Schriftform von § 126 für das eigenhändige Testament in § 2247 wesentlich verschärft. So muss auch der Text mit der Erbeneinsetzung eigenhändig geschrieben sein und darf sich die Individualisierung des Erben nicht erst aus einer Anlage ergeben, die nicht dieser Form entspricht („testamentum mysticum"); andernfalls ist das Testament nach § 125 S. 1 nichtig (BGHZ 231, 377). Zugleich wird die Schriftform aber auch abgemildert (Verzicht auf die „Namensunterschrift", daher kann zB schon „Euer Vater" genügen, § 2247 III 2). Zudem wird mehrfach der Umfang dessen bestimmt, was förmlich erklärt werden muss: Von der Unterscheidung zwischen der Formbedürftigkeit des ganzen Vertrags und derjenigen bloß einer Vertragserklärung (so auch in § 766 S. 1) war schon bei → § 6 Rn. 1 die Rede. Sehr weitgehende Vorschriften über den notwendigen Inhalt der förmlichen Erklärung finden sich in den §§ 492, 493 (Verbraucherdarlehen, Überziehungskredit), § 312 a II (stationärer Handel), § 312 d (Fernabsatz, Außergeschäftsraumvertrag). In allen drei Fällen dient die Form der Information des Verbrauchers.

c) Fraglich ist das **Verhältnis zwischen Formgebot und Auslegung:** Kann die Form auch dann gewahrt sein, wenn (zB bei der *falsa demonstratio* → § 5 Rn. 7) der wesentliche Vertragsinhalt erst durch Auslegung aus Umständen gefolgert wird, die außerhalb der Form liegen? Die in der Rechtsprechung wohl herrschende **Andeutungstheorie** verlangt dazu, dieser Inhalt müsse förmlich wenigstens angedeutet sein (zB bei einer falschen Angabe der Parzellenbezeichnung des Kaufgrundstücks: Die in dem Vertrag genannte Grundstücksfläche passt nur zu der gemeinten, aber nicht zu der angegebenen Parzelle). Doch wird bisweilen in Fällen versehentlicher Falschbezeichnung auch auf eine solche Andeutung verzichtet. Vgl. etwa BGHZ 80, 242 und 246 einerseits; BGHZ 87, 150, BGH NJW 2008, 1658 andererseits; dazu auch *Medicus/Petersen* BürgerlR Rn. 124). 13

d) Bei der **vereinbarten Form** mildert § 127 II das Erfordernis für den Vertragsschluss von § 126 II (Unterschriften auf derselben Urkunde oder auf zwei gleichlautenden, sodass Briefwechsel in der Regel nicht genügt). Zu beachten ist hier auch § 309 Nr. 13: Zulasten des AGB-Gegners darf nicht mehr als die einfache Schriftform verlangt werden für Anzeigen und Erklärungen zu einem Vertrag, für den durch Gesetz notarielle Beurkundung vorgeschrieben ist bzw. keine strengere Form als Textform zu allen anderen Verträgen, ebenso keine besonderen Zugangserfordernisse (zB auch nicht eine Erklärung „durch Einschreiben"). 14

2. Folgen des Mangels der gesetzlichen Form

a) Die Nichteinhaltung der gesetzlichen Form bewirkt nach § 125 S. 1 **Nichtigkeit.** Doch bestimmen einige speziellere Normen Abweichendes. So ist bei § 550 der formlose Mietvertrag schon anfänglich wirksam, jedoch durch die Möglichkeit einer vorzeitigen Kündigung nur mit kürzerer zeitlicher Bindung (näher dazu *Medicus/Petersen* BürgerlR Rn. 178). 15

Besonders häufig ist die Anordnung einer **Heilung durch Vollzug** oder doch Teilvollzug des Geschäfts: §§ 311 b I 2, 518 II, 766 S. 3 sowie § 494 II; im letzten Fall wird freilich der Vertrag mit einem für den Verbraucher günstigeren Inhalt gültig.

Wichtig ist vor allem § 311 b I 2 beim **Schwarzkauf,** bei dem der notarielle Kaufvertrag den Preis zu niedrig angibt: Hier ist der Vertrag zu dem angegebenen Preis als nicht wirklich gewollt nach § 117 I nichtig; mit Eintragung des Käufers ins Grundbuch wird der Vertrag aber zu dem verabredeten höheren Preis nach §§ 117 II, 311 b I 2 wirksam. Ein formnichtiges Angebot auf Abschluss eines nach § 311 b I 1 beurkundungspflichtigen Vertrags kann jedoch zusätzlich aufgrund einer Inhaltskontrolle unwirksam sein (BGH NJW-RR 2017, 114).

b) Problematisch ist, inwieweit bei § 125 S. 1 die **Nichtigkeitsfolgen** nach § 242 oder durch Ersatzansprüche **abgeschwächt** werden dürfen. Dabei kommen Erfüllungsansprüche nur ausnahmsweise in Betracht, insbesondere wenn der Gegner die Einhaltung der Form arglistig vereitelt hat. In solchen Fällen pflegt man (ungenau) zu sagen, die „Berufung auf das Formerfordernis sei unzulässig". Aber auch Schadensersatzansprüche aus Verschulden bei Vertragsverhandlungen (§§ 311 II, 280 I), die sich bloß auf das negative Interesse richten, dürfen nur unter besonderen Voraussetzungen bejaht werden. Vor allem bedarf die Annahme einer Pflicht der auf Ersatz in Anspruch genommenen Partei, die andere bei der Einhaltung der Form zu be- 16 treuen, stets besonderer Begründung (zu Einzelheiten vgl. *Medicus/Petersen* BürgerlR Rn. 180ff.).

3. Folgen des Mangels der vereinbarten Form

17 Bei Nichteinhaltung einer vereinbarten Form lässt § 125 S. 2 die Nichtigkeit nur „im Zweifel" eintreten: Wie die Parteien das Formerfordernis bestimmt haben, sollen sie auch die Folge eines Formmangels bestimmen dürfen: Vielleicht hat ja die Form nur dem Beweis dienen und nicht Gültigkeitsvoraussetzung sein sollen (vgl. auch § 154 II). Noch viel wichtiger ist aber ein anderer Unterschied zur gesetzlichen Form: Die Parteien können das von ihnen selbst geschaffene Formerfordernis wieder aufheben. Das soll regelmäßig auch formlos und bloß konkludent möglich sein, nach der Rechtsprechung sogar dann, wenn die Parteien an ihre eigene Formvereinbarung nicht gedacht haben. Damit bleibt für solche Vereinbarungen kaum ein verlässlicher Anwendungsbereich (vgl. *Medicus/Petersen* BürgerlR Rn. 187ff.). Abhilfe schafft die (wirksame) ausdrückliche Vereinbarung, auch eine Aufhebung des Formerfordernisses solle formbedürftig sein (sog. „doppelte Schriftformklausel"; s. zum Vorrang einer Individualabrede gem. § 305b bei einer solchen, in AGB vereinbarten Schriftformklausel BGH NJW 2017, 1017).

V. Gesetzesverstoß

18 Nach § 134 ist ein Rechtsgeschäft nichtig, das gegen ein Verbotsgesetz verstößt. Doch folgt auf diese Anordnung der Zusatz „wenn sich nicht aus dem Gesetz ein anderes ergibt". Damit fällt die Entscheidung über die Nichtigkeit letztlich nicht in § 134, sondern in dem **Verbotsgesetz:** Durch dessen Auslegung ist zu entscheiden, ob außer den dort etwa angeordneten Sanktionen (zB Strafbarkeit) auch die zivilrechtliche Nichtigkeit eintreten soll. Dafür begründet § 134 allenfalls eine Vermutung, doch ist sogar das zweifelhaft.

Richtigerweise ist zudem danach zu unterscheiden, ob das **Geschäft schon ausgeführt** ist oder nicht: Regelmäßig muss die Rechtsordnung einen Erfüllungsanspruch auf die *Ausführung* verbotener Handlungen versagen; sie käme sonst zu einem unerträglichen Selbstwiderspruch. Dagegen braucht sie die *Rückabwicklung* verbotener, aber ausgeführter Geschäfte nicht mit gleicher Notwendigkeit zu verlangen. Das zeigt sich bei der **verbotenen Schwarzarbeit,** wenn zB der Unternehmer eine Werkleistung vorsätzlich „ohne Rechnung" erbringt und der Besteller dessen Verstoß gegen § 1 II Nr. 2 SchwarzArbG kennt und bewusst zu eigenem Vorteil ausnutzt (vgl. nur BGH NJW 2021, 3397). In einem solchen Fall ist der gesamte Vertrag nichtig, also nicht nur die „Ohne-Rechnung-Abrede" (BGHZ 198, 141). Dies gilt sogar dann, wenn die Schwarzgeldabrede erst nachträglich getroffen wird (BGHZ 214, 228). Daher gibt es keinen Anspruch auf die Herstellung des Werks. Wenn die Schwarzarbeit dagegen erbracht und bezahlt worden ist, hindert § 817 S. 2 die Rückabwicklung (→ § 27 Rn. 10f.). Es bleibt dann bei der Aufrechterhaltung des Leistungsaustauschs. Dem Besteller stehen jedoch keine Gewährleistungsrechte zu. BGHZ 201, 1 hat eine Kehrtwende der Rechtsprechung eingeleitet: Der Unternehmer hat auch dann keinen vertraglichen oder gesetzlichen Vergütungsanspruch, wenn er die Schwarzarbeit tadellos ausgeführt hat (vgl. *Medicus/Petersen* BürgerlR Rn. 698).

VI. Sittenverstoß

Nach § 138 I ist ein gegen die guten Sitten verstoßendes Rechtsgeschäft nichtig (dazu BGH NJW 2023, 846). Damit verweigert die Rechtsordnung dem sittenwidrig Handelnden ihre Hilfe, ohne freilich Ansprüche auf sittengemäßes Verhalten zu geben. 19

1. Die guten Sitten

Lange Zeit ist der Sittenverstoß definiert worden als der „Verstoß gegen das Anstandsgefühl aller billig und gerecht Denkenden". Konkrete Folgerungen hieraus fallen aber umso schwerer, je stärker in einer pluralistischen Gesellschaft der Konsens über Werte schwindet. In diese Lücke sind weitgehend die **Wertentscheidungen des GG** getreten (BGH NJW 2021, 3179): Es kommt weniger auf das Sittlichkeitsempfinden einer Mehrheit an als auf die Vorgaben durch die Verfassung, die freilich überwiegend erst durch Juristeninterpretation zu entwickeln sind. So verlangt BVerfG NJW 1994, 36 (38) zur Angehörigenbürgschaft: Die Rechtsprechung müsse (etwa über § 138 I) eingreifen, wenn beim Vertragsschluss ein Vertragsteil ein so starkes Übergewicht habe, „dass er den Vertragsinhalt faktisch einseitig bestimmen kann", und die Vertragsfolgen für den unterlegenen Vertragsteil „ungewöhnlich belastend" seien. An dieser Rechtsprechung wird auch nach der Einführung der Möglichkeit zu einer Restschuldbefreiung gemäß der InsO festgehalten.

Doch ist für das Privatrecht stets zu bedenken: Ein Grundrecht bildet auch das Recht auf freie Entfaltung der Persönlichkeit (Art. 2 I GG), und zu diesem gehört die **Privatautonomie** (etwa BVerfG NJW 1994, 36 [38]). Daher brauchen Entscheidungen der privatautonom handelnden Person wenigstens regelmäßig (Ausnahmen gegebenenfalls beim Verdacht verbotener Diskriminierung) nicht begründet zu werden. Gerade das unterscheidet das Privatrecht vom öffentlichen Recht. Schon deshalb kann es auch für § 138 nur ausnahmsweise auf die *Motive* des Handelnden oder Empfangenden (dazu BGH NJW 2023, 846; 2022, 3147) ankommen. Entscheidend ist vielmehr das **Ergebnis,** nämlich das *Rechtsgeschäft,* das ja auch in § 138 I als Gegenstand der Beurteilung erscheint. Die zu stellende Frage lautet also letztlich, ob ein Erfüllungsanspruch aus einem solchen Geschäft erträglich ist.

Einen wichtigen Anwendungsfall für § 138 I bildet die **Bürgschaft für nahe Angehörige,** vor allem für Eltern und Ehegatten, aber auch etwa für Partner einer nichtehelichen Gemeinschaft, also überall da, wo eine starke Bindung des Bürgen an den Hauptschuldner besteht: Die Bürgschaft soll nichtig sein, wenn sie den Bürgen „krass überfordert" (regelmäßig dann, wenn er nicht einmal die laufenden Zinsen aufbringen kann; vgl. nur BGH NJW 2009, 2671). Zur Sittenwidrigkeit einer Arbeitnehmerbürgschaft BGH NJW 2018, 3637. 20

Eine Sonderregelung für auf eine **unerlaubte Diskriminierung** abzielende Vereinbarungen trifft § 21 IV AGG: Der Benachteiligende soll sich auf die unerlaubte Vereinbarung nicht berufen dürfen; der übrige Inhalt des Geschäfts bleibt also entgegen § 139 wirksam.

2. Wucher und wucherähnliche Geschäfte

a) Einen vorrangig zu prüfenden Sonderfall der Sittenwidrigkeit bildet nach § 138 II der **Wucher.** Er wird durch zweierlei gekennzeichnet: (1) durch ein auffälliges Missverhältnis zwischen Leistung und Gegenleistung sowie (2) durch die Ausbeutung bestimmter Schwächen des Benachteiligten. Ein ohne solche Ausbeutung zustande 21 gekommenes Missverhältnis genügt danach für § 138 II nicht (wie ja nach § 307 III 1 nicht einmal in AGB-Verträgen eine Kontrolle des Verhältnisses von Leistung und Gegenleistung stattfindet). Auf die Bürgschaft ist § 138 II nicht anwendbar, weil sie kein synallagmatischer Vertrag ist. Deshalb stellt sich in den oben (→ § 7 Rn. 19) behandelten Fallgestaltungen von vornherein nicht die Frage nach dem Wuchertatbestand.

22 b) Etwa seit 1975 sind bei § 138 fraglich geworden vor allem die **hochverzinslichen Verbraucherkredite.** Für diese war das Ausbeutungserfordernis von § 138 II überwiegend nicht erfüllt oder wenigstens nicht erweislich. Daher hat man von **„wucherähnlichen Geschäften"** gesprochen und auf § 138 I zurückgegriffen. Allerdings soll auch dort das bloße Missverhältnis von Leistung und Gegenleistung allein nicht genügen; es müsse noch ein zusätzliches Erfordernis hinzukommen. Dieses wird, wenn der vereinbarte Zins einen bestimmten Leitzins um regelmäßig wenigstens 100 % überschreitet, seit BGHZ 80, 153 in Folgendem gesehen: Es soll genügen, dass sich der Darlehensgeber zumindest leichtfertig der Erkenntnis verschließt, der Darlehensnehmer akzeptiere den hohen Zins „nur aufgrund seiner wirtschaftlich schwächeren Lage". Diese Bedrängnis soll zudem vermutet werden (etwa BGH NJW 1984, 2292), was kaum jemals wird zu widerlegen sein. Damit ist die Rechtsprechung nahe an einen völligen Verzicht auf das weitere subjektive, neben dem objektiven Missverhältnis erforderliche Tatbestandsmerkmal herangekommen. Die §§ 488ff. über das Gelddarlehen enthalten für den höchstzulässigen Zins jedoch keine Regelung.

VII. Weitere Nichtigkeitsgründe

23 Nur erwähnt seien hier noch einige weitere Nichtigkeitsgründe: Im Allgemeinen Teil stehen § 105 II (Erklärung eines vorübergehend Geistesgestörten), § 116 S. 2 (erkannter Vorbehalt), § 117 I (Scheingeschäft) und § 118 (sog. Scherzgeschäft). Nur auf Schuldverträge beziehen sich dagegen § 311b II (Verträge über künftiges Vermögen), § 311b IV (Verträge mit Bezug auf den Nachlass eines noch lebenden Dritten) und § 344 (Vertragsstrafe für ein unwirksames Leistungsversprechen; einen Spezialfall hiervon bildet § 1297 II). Einen spezifisch erbrechtlichen Nichtigkeitsgrund enthält § 2302 zur Unbeschränkbarkeit der Testierfreiheit.

§ 8 Erlöschen des Primäranspruchs durch Ausübung von Gestaltungsrechten

1 Auch ein zustande gekommener und wirksamer Vertrag kann Primäransprüche auf Erfüllung nur für die Zeit seiner Wirksamkeit erzeugen. Daher ist zu bedenken, ob der Vertrag diese Wirksamkeit nicht wieder verloren hat. Das kann auf mehreren Gründen beruhen.

I. Anfechtung

Durch eine Anfechtung entfällt der Vertrag rückwirkend *(ex tunc),* § 142 I. Dazu bedarf es eines Anfechtungsgrundes (unten 1–3) und einer Anfechtungserklärung (unten 4. → § 8 Rn. 10). Zu Einzelheiten *Medicus/Petersen* BürgerlR Rn. 122ff.

1. Irrtum

Von allen denkbaren Irrtumsfällen berechtigen nur wenige zu einer Anfechtung. Sie sind in den §§ 119, 120 abgegrenzt; bedeutsam ist insbesondere der **Ausschluss von Motivirrtümern.** Positiv kann man den vom BGB akzeptierten Grund für eine Irrtumsanfechtung so umschreiben: Der Erklärende hat keine Erklärung mit der Bedeutung abgeben wollen, die seine Erklärung gegenüber dem Empfänger bei normativer Auslegung hat (→ § 5 Rn. 7). Das umfasst folgende Unterfälle:

a) Es sollten nicht diejenigen Erklärungszeichen geäußert werden, die wirklich geäußert worden sind, § 119 I 1 Alt. 2: zB Versprechen, Verschreiben **(Erklärungsirrtum).** Dem stellt § 120 die **unrichtige Übermittlung** gleich: Auch hier gelangen ja andere Erklärungszeichen an den Empfänger (oder die Erklärungszeichen gelangen an einen anderen Empfänger), als der Erklärende gewollt hat.

b) Es sind zwar die gewollten Erklärungszeichen geäußert worden, aber sie haben bei normativer Auslegung eine andere Bedeutung als die vom Erklärenden gewollte, § 119 I 1 Alt. 1: Beispielsweise Irrtum über die Bedeutung der Mengeneinheit „Gros" **(Inhalts- oder Bedeutungsirrtum).** § 119 II nennt weiter den **Irrtum über verkehrswesentliche Eigenschaften** „der" Person oder „der" Sache (Eigenschaftsirrtum). Dabei meint „der" (Person oder Sache) vor allem den Erklärungsgegner und den Vertragsgegenstand (selbst wenn dieser keine Sache darstellt, sondern zB eine Forderung oder eine Erbschaft). Personen und Gegenstände, die dem Vertrag ferner stehen, fallen regelmäßig nicht unter § 119 II. Str. ist, ob die Vorschrift einen Inhaltsirrtum betrifft (zu dessen Voraussetzungen BGH NJW 2023, 846), weil der Inhalt der Erklärung durch die Eigenschaft bestimmt wird, oder ob ein bloß ausnahmsweise erheblicher Motivirrtum vorliegt. Jedenfalls wird nach hM gerade der Anwendungsbereich des § 119 II durch den Vorrang der Sachmängelhaftung stark eingeschränkt (→ § 8 Rn. 34). 2

c) Daneben bildet man noch **andere Fallgruppen,** etwa nach dem Inhalt des Irrtums oder nach der Gelegenheit, bei der dieser unterlaufen ist (Rechtsfolge-, Kalkulationsirrtum, vgl. *Medicus/Petersen* BürgerlR Rn. 133f.). Doch handelt es sich hier vielfach um nach § 119 unbeachtliche Motivirrtümer. Bisweilen kommt jedoch eine Beachtlichkeit nach den Regeln über das Fehlen der Geschäftsgrundlage in Betracht (→ § 13 Rn. 7). 3

d) Ganz anders als für Verträge unter Lebenden ist die Rechtslage im **Erbrecht:** Dort lassen die §§ 2078ff., 2281ff. eine Anfechtung auch wegen Motivirrtümern oder wegen der Enttäuschung unbestimmter Erwartungen zu; § 1949 lässt einen Motivirrtum sogar ohne Weiteres zur Unwirksamkeit führen (vgl. *Medicus/Petersen* BürgerlR Rn. 146ff.). Diese Großzügigkeit ist angemessen, weil das Vertrauen auf einen erbrechtlichen Erwerb weniger schutzwürdig ist: Ein solcher Erwerb ist ja regelmäßig unentgeltlich, und selbst der durch Erbvertrag gebundene Erblasser darf unter Lebenden noch weitgehend frei verfügen, §§ 2286ff. Sogar der schon bindend Begünstigte kann also nicht wissen, was er einmal bekommen wird. 4

2. Arglistige Täuschung

Die Anfechtung wegen arglistiger Täuschung (§ 123 I Alt. 1) unterscheidet nicht nach der Art des Irrtums und umfasst daher insbesondere auch alle Motivirrtümer. Sie führt aber zu einigen anderen Problemen: 5

a) Ausnahmsweise gibt es vor allem bei (unzulässigen) Fragen des Arbeitgebers an den Arbeitnehmer eine Art von **Recht zu unwahrer Antwort.** Ein Beispiel bilden Fragen nach der Parteizugehörigkeit. Regelmäßig unzulässig ist nach hM auch die Frage nach der Schwangerschaft. Bei unzulässigen Fragen kann nicht einmal wegen einer lügenhaften Antwort angefochten werden.

6 **b)** Umgekehrt gibt es Umstände, die spontan offenbart werden müssen; dann ist eine arglistige **Täuschung durch Schweigen** möglich. Wichtigster Fall ist im Gebrauchtwagenhandel die Pflicht, auf Vorschäden des Wagens hinzuweisen, die diesen als „Unfallwagen" erscheinen lassen.

7 **c)** Freilich kann man in solchen Fällen zweifeln, ob wirklich eine arglistige Täuschung vorliegt, wenn der Schweigende seine Pflicht zum Reden nicht kennt. Die Praxis hilft hier, indem sie einen **Schadensersatzanspruch aus Verschulden bei Vertragsverhandlungen** bejaht: Die auch bloß fahrlässige Verletzung einer Aufklärungspflicht soll nach § 249 I zur Aufhebung des infolge der Nichtaufklärung zustande gekommenen Vertrags verpflichten. Freilich führt diese Konstruktion schon wegen der Verschiedenheiten der Fristen zu Unstimmigkeiten: Für die Anfechtung gilt nach § 124 I eine einjährige Ausschlussfrist seit der Entdeckung der Täuschung, während der Schadensersatzanspruch aus Verschulden bei Vertragsverhandlungen regelmäßig erst in drei Jahren seit dem Ende des Jahres seiner Entstehung und der Kenntnis oder grob fahrlässigen Unkenntnis des Getäuschten verjährt, §§ 195, 199 I. Die Rechtsprechung bejaht aber trotzdem die Konkurrenz des länger verjährenden Schadensersatzanspruchs wegen einer bloß fahrlässigen Vermögensschädigung (→ § 15 Rn. 8 und *Medicus/Petersen* BürgerlR Rn. 150).

8 **d)** Fragen können schließlich noch im Zusammenhang mit § 123 II auftreten: Wer ist bei der Täuschung **„Dritter"**, sodass dessen Handeln dem Empfänger der Anfechtungserklärung nur bei Kennen oder Kennenmüssen zugerechnet werden kann? Die Rechtsprechung fasst den „Dritten" eng und nimmt insbesondere alle Hilfspersonen des Erklärungsempfängers aus: Die durch sie verübten Täuschungen wirken auch dann gegen den Erklärungsempfänger, wenn er sie weder kennt noch kennen muss (vgl. *Medicus/Petersen* BürgerlR Rn. 149).

3. Widerrechtliche Drohung

9 Bei der Anfechtung wegen widerrechtlicher Drohung (§ 123 I Alt. 2) tritt vor allem folgendes Problem auf: Zweifelsfrei widerrechtlich sind Drohungen mit einem rechtswidrigen Mittel (zB mit Verprügeln oder der gewaltsamen Wegnahme einer Sache) oder zu einem rechtswidrigen Zweck (zB zur Hergabe von Rauschgift). Zweifelhaft ist dagegen, wann sich eine Widerrechtlichkeit aus der **Zweck-Mittel-Beziehung** ergibt, also wann selbst ein erlaubtes Mittel (zB eine Strafanzeige) für einen erlaubten Zweck (zB zur Entschädigung des Drohenden) nicht angedroht werden darf. Ein Beispiel entscheidet BGHZ 25, 217: Der Gläubiger droht, den Ehemann wegen Betrugs anzuzeigen, wenn sich nicht die Ehefrau für die Schulden des Mannes verbürgt; dort wurde Rechtswidrigkeit verneint, allerdings auch mit Rücksicht auf besondere Umstände.

4. Anfechtungserklärung

Damit der Anfechtungsgrund wirksam wird, muss der Anfechtungsberechtigte die Anfechtung erklären. Zu richten ist diese Erklärung bei einem Vertrag an den anderen Teil, § 143 II. Bei den §§ 119, 120 ist die Erklärung nur unverzüglich nach Entdeckung des Irrtums möglich, doch genügt die rechtzeitige Absendung, § 121 I. Bei § 123 gilt stattdessen eine Einjahresfrist, § 124 I. Allemal ausgeschlossen ist die Anfechtung nach zehn Jahren, §§ 121 II, 124 III; bei § 123 bleibt jedoch auch danach noch die Einrede des deliktischen Forderungserwerbs aus § 853. 10

Zudem wird die Anfechtung nach den §§ 119, 120 mit der verschuldensunabhängigen Schadensersatzpflicht aus § 122 belastet. Dies ist ein Fall der **Veranlassungshaftung aufgrund einer Willenserklärung:** Der Anfechtende hat ja durch seine zunächst als irrtumsfrei erscheinende Erklärung die zu ersetzende Vertrauensinvestition des Gegners herbeigeführt.

Bei der Anfechtung stellt sich die Frage, ob die einzelne Willenserklärung oder der Vertrag Gegenstand der Anfechtung ist. Wenn es nur die einzelne Erklärung – etwa der Antrag – ist, wie viele annehmen, muss man bereits dort die Anfechtung prüfen. Das kann im Einzelfall unpraktisch sein, weil dann die womöglich unproblematisch erklärte Annahme gleichsam in der Luft hängt. Es ist daher ratsam, im Einklang mit dem Wortlaut des § 142 I den Vertrag als Gegenstand der Anfechtung anzusehen. Schließlich ist dieser es, der die ungewollten Rechtswirkungen entfaltet.

II. Rücktritt

1. Funktionen

Der Rücktritt verwandelt den Vertrag in ein Rückgewährschuldverhältnis. Das führt wegen der schon ausgetauschten Leistungen zu Rückgewähr- und Ausgleichsansprüchen (→ § 12 Rn. 2ff.). Hier interessiert der Rücktritt nur unter dem anderen Gesichtspunkt, dass er die noch nicht erfüllten **vertraglichen Primäransprüche beendet.** Diese Wirkung ist so selbstverständlich, dass sie im BGB nicht ausgesprochen wird (vgl. etwa § 346). Nach § 325 wird beim gegenseitigen Vertrag der Anspruch auf das Erfüllungsinteresse durch den Rücktritt nicht ausgeschlossen (dazu BGH NJW 2010, 2426; 2017, 3438; zu den Einzelheiten *Medicus/Petersen* BürgerlR Rn. 223, 241, 292ff.). 11

2. Rücktrittsgründe

a) Das Rücktrittsrecht kann auf **Vereinbarung** beruhen, also etwa in einem Vertrag vorbehalten sein. In AGB ist ein solcher Vorbehalt für den Verwender freilich nur eingeschränkt möglich, § 308 Nr. 3. 12

b) Die §§ 346ff. gelten für einen vorbehaltenen ebenso wie für einen auf Gesetz beruhenden Rücktritt regelmäßig in gleicher Weise. Nur in den §§ 346 III 1 Nr. 3 und 347 I 2 finden sich Sondervorschriften für den gesetzlichen und in den §§ 350 S. 1 und 353 S. 1 für den vorbehaltenen Rücktritt. 13

Gesetzliche Rücktrittsrechte finden sich vor allem in § 313 III (Störung der Geschäftsgrundlage → § 13 Rn. 7), § 323 I (Leistung nicht oder nicht vertragsgemäß erbracht), § 324 (Schutzpflichtverletzung) und § 326 V (Unmöglichkeit).

14 c) Besonders wichtig ist das **Rücktrittsrecht des Käufers bei Sach- und Rechtsmängeln** (zu letzteren BGH NJW 2022, 2273). Hierfür sind die folgenden Punkte zu erörtern (*Medicus/Petersen* BürgerlR Rn. 284ff.).

(1) Zunächst muss ein **Mangel** vorliegen (zur Erheblichkeit → § 8 Rn. 23). Dabei definieren die §§ 435, 436 den Rechtsmangel und § 434 den (wichtigeren) Sachmangel. Einen solchen bildet nach § 434 I eine dem Käufer bei Gefahrübergang ungünstige Abweichung der **Istbeschaffenheit** der gelieferten Sache von der **Sollbeschaffenheit.** Diese wiederum ergibt sich aus den subjektiven und objektiven Anforderungen sowie den Montageanforderungen des § 434 II–IV. Die Kaufsache genügt den subjektiven Anforderungen insbesondere dann, wenn sie nach § 434 II 1 Nr. 1 iVm S. 2 der Beschaffenheitsvereinbarung entspricht und sich nach Nr. 2 für die vertraglich vorausgesetzte Verwendung eignet. Den objektiven Anforderungen entspricht die Sache nach § 434 III 1 insbesondere dann, wenn sie sich nach Nr. 1 für die gewöhnliche Verwendung eignet sowie nach Nr. 2 der üblichen Beschaffenheit entspricht, die der Käufer erwarten kann. Dabei ist unter anderem die Art der Sache zu berücksichtigen, Nr. 2a). Die vertraglich vorausgesetzte Verwendung kann von der gewöhnlichen abweichen (BGH NJW 2017, 2817); im Verbrauchsgüterkaufrecht ist hierfür § 476 I 2 zu beachten. Bei digitalen Produkten sind §§ 327dff. und 475bf. zu berücksichtigen. Nach § 434 III 1 Nr. 2b) wird die Sollbeschaffenheit (zB der Kraftstoffverbrauch eines Autos) auch durch die Werbung bestimmt, regelmäßig sogar, wenn diese nicht vom Verkäufer stammt (vgl. auch BGH NJW 2018, 146). Das betrifft auch Angaben in einem Exposé (BGH NJW 2017, 150; 2019, 2380; NJW-RR 2018, 752; 2020, 121; NJW 2021, 3781).

Ein **Unfallwagen** ist nach § 434 III 1 Nr. 2 mangelhaft, wenn mehr als ein geringfügiger Bagatellschaden (zB ein Kratzer im Lack) vorgelegen hat (BGH NJW 2008, 53), und zwar selbst dann, wenn der Kaufvertrag die Abrede „Unfallschäden lt. Vorbesitzer Nein“ enthält. Denn hierbei handelt es sich um eine bloße Wissenserklärung des Verkäufers, die weder besagt, dass das Fahrzeug unfallfrei ist, noch, dass es sich möglicherweise um einen Unfallwagen handelt (BGH NJW 2008, 1517 Rn. 18). Auch wenn im Allgemeinen bei erkennbaren oder einer Besichtigung zugänglichen Mängeln nicht ohne Weiteres von einer Offenbarungspflicht ausgegangen werden kann (BGH NJW 2018, 1954), hält der BGH den Verkäufer wegen der besonderen Bedeutung für die Preisgestaltung bei einem Unfallwagen zur ungefragten Offenbarung des Vorunfalls verpflichtet (BGH NJW 2008, 53 Rn. 20). Ohne einen entsprechenden Hinweis darf der Käufer von der Unfallfreiheit als übliche Beschaffenheit ausgehen. Keinen Mangel stellt dagegen der normale Verschleiß dar (BGH NJW 2006, 434 Rn. 19; 2021, 151). Beim **Tierkauf** ist bei § 434 II 1 Nr. 2, III 1 Nr. 1, 2a) nicht auf einen „Idealzustand“ abzustellen (BGH NJW 2020, 389).

Nach § 434 V wird auch ein aliud als mangelhaft behandelt (gemäß hM auch ein Identitätsaliud beim Stückkauf, dh es wird ein anderes Stück als das verkaufte geliefert; *Medicus/Petersen* BürgerlR Rn. 288).

15 (2) Der Verkäufer muss regelmäßig zunächst eine Gelegenheit zur **Nacherfüllung** erhalten, § 439 I (sog. Recht zur zweiten Andienung). Diese kann nach Wahl des Käufers durch ein taugliches Nacherfüllungsverlangen (hierzu BGH NJW 2017, 2758) entweder in einer Nachbesserung der gelieferten Sache oder in der Ersatzlieferung einer mangelfreien Sache bestehen (vgl. *Medicus/Petersen* BürgerlR Rn. 263, 289ff.). Der

Käufer, der dem Verkäufer eine angemessene Frist zur Nacherfüllung gesetzt hat, kann vom Vertrag zurücktreten, ohne einen zweiten Nachbesserungsversuch gewähren oder abwarten zu müssen, wenn innerhalb der Frist der Leistungserfolg nicht eingetreten ist. Nichts anderes ergibt sich aus § 440 S. 2, der zwar einen zweiten Nachbesserungsversuch voraussetzt, sich aber auf dessen ersten Satz bezieht, wonach die Fristsetzung im Falle des Fehlschlagens entbehrlich ist (BGHZ 227, 15). Die Voraussetzungen aus § 440 S. 1 Alt. 2, S. 2 lassen sich dabei auch nicht als allgemeine Wertung auf die nach § 323 I erfolgte Fristsetzung übertragen. Zu den Besonderheiten beim Verbrauchsgüterkauf → § 8 Rn. 18ff.

§ 439 II und III bestimmen die Unentgeltlichkeit der Nacherfüllung für den Käufer. Nach § 439 II hat der Verkäufer die zum Zwecke der Nacherfüllung erforderlichen Aufwendungen, insbesondere die Transport-, Wege-, Arbeits- und Materialkosten zu tragen; dazu gehören auch etwaige vorgerichtliche Anwaltskosten, die zur Erreichung des Vertragszwecks angefallen sind (BGHZ 220, 134; *Medicus/Petersen* BürgerlR Rn. 289, 291).

Doch darf der Verkäufer die vom Käufer gewählte Art der Nacherfüllung ablehnen, wenn sie nur mit unverhältnismäßigen Kosten möglich ist, § 439 IV (dazu BGH NJW 2022, 1238). So wird der Verkäufer sich weigern können, eine neue Waschmaschine zu liefern, wenn sich der Fehler der gelieferten mit geringem Aufwand beheben lässt. Der Verkäufer muss sich aber auf § 439 IV 1 (Einrede!) berufen haben. Stattdessen kann er auch die unverhältnismäßig teure, vom Käufer gewählte Art der Nacherfüllung durchführen. Daher darf der Käufer auch in solchen Fällen nicht ohne Weiteres mindern (BGH NJW 2006, 1195 Rn. 26).

§ 439 wird durch die **Rückgriffsregelung** des **§ 445a** ergänzt, nach dessen erstem Absatz der Verkäufer beim Verkauf einer neu hergestellten Sache vom Lieferanten, der ihm die Sache verkauft hatte, Ersatz der Aufwendungen verlangen kann, die er im Verhältnis zum Käufer, insbesondere nach § 439 II, III und VI 2 zu tragen hatte, wenn der vom Käufer geltend gemachte Mangel bereits bei Gefahrübergang vorhanden war (zu den Einzelheiten *Medicus/Petersen* BürgerlR Rn. 291, 315).

Im Zusammenhang mit dem Recht des Verkäufers zur zweiten Andienung hat sich eine Streitfrage ergeben: Was soll gelten, wenn der Käufer unter Missachtung dieses Rechts den Mangel selbst beseitigt (sog. **Selbstvornahme**)? Die Literatur hat mit einer Analogie zu § 326 II 2 helfen wollen: Der Verkäufer müsse wenigstens ersetzen, was er durch die Selbstvornahme des Käufers erspart habe. Doch ist der BGH dem nicht gefolgt; er hat dem Käufer auch keinen anders begründeten Anspruch (etwa aus GoA oder § 812) zugestanden: Die §§ 437ff. bildeten eine abschließende Regelung (BGH NJW 2006, 988; dazu *Medicus/Petersen* BürgerlR Rn. 290). Vergleichbares wird im Mietrecht (§ 536a II) und Werkrecht (§ 637 I) zu gelten haben.

(3) Das **Rücktrittsrecht** nach § 323 (wegen nicht vertragsgemäßer Leistung) erlangt 16
der Käufer erst bei Scheitern seines Anspruchs auf Nacherfüllung: entweder diese misslingt (§ 440 S. 1 Alt. 2 und S. 2), der Verkäufer verweigert sie (§ 440 S. 1 Alt. 1) oder sie ist dem Käufer unzumutbar (§ 440 S. 1 Alt. 3, zB weil sie zu lange dauern würde). In diesen Fällen ist die nach § 323 I sonst erforderliche Fristsetzung unnötig, § 440 (näher BGHZ 180, 205; *Medicus/Petersen* BürgerlR Rn. 300f.). Das gilt regelmäßig auch dann, wenn der Verkäufer einen Mangel arglistig verschweigt (§ 323 II

Nr. 3, BGH NJW 2007, 835; 2008, 1371; vgl. aber BGH NJW 2010, 1805). Im Falle der Unmöglichkeit der Nacherfüllung (§§ 437 Nr. 1, 439 I, 275 I–III) gelangt § 323 hingegen nicht direkt zur Anwendung, sondern erst über die Rechtsgrundverweisung des § 326 V.

17 **(4)** Der Käufer darf nicht statt des Rücktritts die **Minderung** nach § 441 gewählt haben (dazu *Medicus/Petersen* BürgerlR Rn. 281). Diese allein steht dem Käufer zur Verfügung, wenn die Pflichtverletzung durch den Verkäufer unerheblich ist, §§ 323 V 2, 441 I 2.

18 **d)** Mehrere Abweichungen bestehen beim **Verbrauchsgüterkauf,** §§ 474 ff. Eine Ausnahme gilt grundsätzlich nach § 474 II 2 für **gebrauchte Waren,** die in einer für den Verbraucher **öffentlich zugänglichen Versteigerung** verkauft werden.

Beim Verbrauchsgüterkauf handelt es sich um den Kauf einer Ware iSd § 241 a I (die also nicht wirklich „Verbrauchsgut" sein muss) durch einen Verbraucher (§ 13) bei einem Unternehmer (§ 14). Die Absicht zur Gewinnerzielung ist nicht erforderlich (BGH NJW 2006, 2250; 2018, 150). Entscheidend für die Abgrenzung zwischen Verbraucher- und Unternehmerhandeln ist vielmehr die objektiv zu bestimmende Zweckrichtung des Rechtsgeschäfts (BGH NJW 2018, 146; 2022, 686), § 474 I 1. Wichtige Besonderheiten sind hier die folgenden:

(1) § 447 I gilt nur, wenn der Käufer die Transportperson beauftragt, ohne dass der Unternehmer ihm diese zuvor benannt hat, § 475 II. Beim **Versendungskauf** geht also die Gegenleistungsgefahr grundsätzlich nicht schon dann auf den Käufer über, wenn der Verkäufer die Kaufsache der Transportperson übergibt (→ § 9 Rn. 9), sondern erst mit der Ankunft beim Käufer.

19 **(2)** Die **Mängelhaftung** des Verkäufers kann durch Vereinbarung nicht zum Nachteil des Käufers verändert werden, § 476 I 1; ausgenommen sind nur Schadensersatzansprüche, § 476 III. Danach sind die §§ 433–435, 437, 439–441 und 443 **einseitig zwingendes Recht,** das sich auch gegenüber Individualvereinbarungen durchsetzt. Bedeutung hat das vor allem für den Verkauf gebrauchter Kfz: Die dort früher übliche Klausel „verkauft wie besichtigt und probegefahren" (folglich unter Ausschluss der Mängelhaftung) gilt nicht mehr. Wer jetzt als Unternehmer eine gebrauchte Ware an einen Verbraucher verkaufen will, muss also die Mängel im Vertrag offenlegen: Dadurch vermindert er die Sollbeschaffenheit (→ § 8 Rn. 14) und vermeidet so, dass überhaupt ein Mangel vorliegt. Zu beachten sind hierbei jedoch die Voraussetzungen aus § 476 I 2. Überdies findet nunmehr auch § 442 im Verbrauchsgüterkauf keine Anwendung, vgl. § 475 III 2.

20 **(3)** Auch die **Verjährungsfristen** für die Mängelbehelfe können zulasten des Käufers nur beschränkt verkürzt werden: unter den Voraussetzungen des § 476 II 1 nur auf zwei Jahre und bei gebrauchten Waren auf ein Jahr. Auch hier gilt nach § 476 III wieder eine Ausnahme für Schadensersatzansprüche.

(4) Gemäß § 475 d ergeben sich für den Verbraucher zudem Sonderbestimmungen für die Fristsetzung beim Rücktritt und bei Schadensersatzansprüchen. Unter den in Abs. 1 genannten Voraussetzungen ist eine iSd §§ 323 I, 281 I grundsätzlich erforderliche Fristsetzung entbehrlich; §§ 323 II, 281 II, 440 finden keine Anwendung, vgl. § 475 d I, II 2.

Zu beachten ist, dass §§ 475d, 475e III, IV für jeden Verbrauchsgüterkauf gelten und nicht bloß für Verträge mit digitalen Elementen.

(5) Durch § 477 wird die **Beweislast** zugunsten des Käufers verschoben: Nach allgemeinen Regeln (vgl. § 363) müsste dieser beweisen, dass die Ware schon beim Gefahrübergang (§ 446) mangelhaft war. Das soll aber anders sein, wenn sich der Mangel binnen eines Jahres seit Gefahrübergang gezeigt hat. Doch soll diese Vermutung, der Mangel habe schon anfänglich vorgelegen (und sei daher vom Verkäufer zu vertreten), nicht gelten, wenn sie mit der Art der Ware oder des mangelhaften Zustands unvereinbar ist (näher dazu BGHZ 232, 1; *Medicus/Petersen* BürgerlR Rn. 313). 21

3. Ausschluss des Rücktrittsrechts

a) Nach § 346 III 1 Nr. 3 ist der Rücktritt nicht mehr ausgeschlossen, wenn der Berechtigte den Untergang oder eine wesentliche Verschlechterung des von ihm herauszugebenden Gegenstandes zu vertreten hat. Vielmehr bestehen in solchen Fällen regelmäßig Wert- oder Schadensersatzpflichten, wenn der Berechtigte die Kaufsache nicht mit der in eigenen Angelegenheiten üblicherweise angewendeten Sorgfalt behandelt hat. Hat er dagegen diese eigenübliche Sorgfalt beachtet, haftet er nur auf eine etwa noch vorhandene Bereicherung, § 346 III 2 (zu den Einzelheiten *Medicus/Petersen* BürgerlR Rn. 231 ff.). 22

b) Ein Ausschluss des Rücktritts kann sich vor allem aus § 323 V, VI ergeben: Bei einer Teilleistung fordert § 323 V 1 einen Interessefortfall hinsichtlich des bereits geleisteten Teils und bei einer Schlechtleistung darf die Pflichtverletzung nicht bloß unerheblich sein, § 323 V 2. BGHZ 167, 19 bejaht die Erheblichkeit bei einer arglistigen Täuschung über das Vorliegen eines Mangels. Daneben ist in aller Regel von Erheblichkeit auszugehen, wenn die Kaufsache von der vereinbarten Beschaffenheit (§ 434 I, II 1 Nr. 1) abweicht (BGH NJW 2013, 1365) oder die Mangelbeseitigungskosten mehr als 5 % des Kaufpreises betragen (BGHZ 201, 290 Rn. 30). Außerdem darf der Gläubiger nicht allein oder weit überwiegend für den zum Rücktritt berechtigenden Umstand verantwortlich sein und dieser darf auch nicht während des Annahmeverzuges des Gläubigers eingetreten sein, § 323 VI. 23

c) Ausgeschlossen ist der Rücktritt (ebenso wie die Anfechtung) zudem bei manchen **in Vollzug gesetzten Dauerschuldverhältnissen** (Arbeitsvertrag und Gesellschaft): Hier wird er gewohnheitsrechtlich regelmäßig durch die bloß in die Zukunft wirkende Kündigung ersetzt (→ § 8 Rn. 28 ff. und *Medicus/Petersen* BürgerlR Rn. 193). 24

4. Die Rücktrittserklärung

Nach § 349 wird der Rücktritt durch eine empfangsbedürftige Willenserklärung ausgeübt. Diese gestaltet die Rechtslage (allerdings ohne Rückwirkung) ähnlich wie eine Anfechtungserklärung (→ § 8 Rn. 10). Auch beim Rücktritt prüft man – ebenso wie bei der Anspruchsprüfung – zunächst die Entstehung und dann gegebenenfalls das Erlöschen des Rücktrittsrechts. Die Schwierigkeit ergibt sich nur daraus, dass der wirksam erklärte Rücktritt bei Bestehen eines Rücktrittsrechts seinerseits den Anspruch zum Erlöschen bringt. Der Anspruch muss also zunächst entstanden sein. Er kann durch den Rücktritt wieder entfallen sein; das ist dann der Fall, wenn ein Rücktrittsrecht besteht und nicht wieder erloschen ist, etwa nach § 350. 25

III. Der verbraucherschützende Widerruf

26 Die vertraglichen Primäransprüche werden auch durch den Widerruf gem. § 355 beendet. § 355 I formuliert, der Verbraucher und der Unternehmer seien nach fristgerechtem Widerruf durch den Verbraucher an ihre auf den Vertragsschluss gerichteten Willenserklärungen „nicht mehr gebunden". Folglich wird bis dahin eine Bindung angenommen; der Vertrag ist also zunächst **schwebend wirksam.**

Im Einzelnen gilt das Widerrufsrecht vor allem bei **drei Fallgruppen:**

(1) Bei außerhalb von Geschäftsräumen geschlossenen Verträgen, § 312g. Diese sind in § 312b definiert. Es handelt sich um Abschlussarten, bei denen eine **Überrumpelung** des Verbrauchers zu fürchten ist. Insbesondere fallen hierunter die sog. **Kaffeefahrten** (§ 312b I Nr. 4), aber auch sog. Haustürgeschäfte; ein solches liegt zB dann vor, wenn das Geschäft bei gleichzeitiger körperlicher Anwesenheit des Verbrauchers und des Unternehmers an einem Ort geschlossen worden ist, der kein Geschäftsraum des Unternehmers ist (BGH NJW-RR 2019, 753).

(2) Bei **Fernabsatzverträgen** (§ 312g) ist eine gleichzeitige Anwesenheit beider Vertragsschließender naturgemäß nicht gegeben, § 312c. Hier geht es insbesondere um den Versandhandel oder Geschäfte im Internet (vgl. nur BGH NJW 2019, 2842). Erfasst wird aber auch ein klassischer Vertragsschluss durch den Austausch von Briefen. Das Schutzbedürfnis des Verbrauchers ergibt sich in der Abwesenheit des Vertragspartners und der Distanz zur konkreten Ware mit der damit einhergehenden fehlenden Prüfmöglichkeit.

(3) Bei **Verbraucherdarlehen** (§§ 491, 495) und anderen Formen der Kreditgewährung an einen Verbraucher, §§ 506ff.

Die **Rechtsfolgen** des Widerrufs sind nicht an das Rücktrittsrecht gekoppelt, sondern in den §§ 355, 357ff. abschließend geregelt. Die empfangenen Leistungen sind nach § 355 III 1 grundsätzlich unverzüglich zurückzugewähren. Die Gefahr der Rücksendung trägt nach § 355 III 4 der Unternehmer. Einzelheiten zu den Rechtsfolgen des Widerrufs für die verschiedenen Vertragsarten regeln die §§ 357–357e. Bei außerhalb von Geschäftsräumen geschlossenen Verträgen und Fernabsatzverträgen muss der Unternehmer dem Verbraucher auch die Lieferkosten zurückgewähren (§ 357 II 1). § 357 IV 1 gibt dem Unternehmer ein Zurückbehaltungsrecht, bis er die Waren oder einen Nachweis ihrer Versendung erhalten hat. Die unmittelbaren Kosten der Rücksendung der Waren trägt gem. § 357 V der Verbraucher, wenn er von dieser Pflicht ordnungsgemäß unterrichtet wurde (Art. 246a EGBGB). Nach § 357a I ist der Verbraucher zum Wertersatz für einen Wertverlust der Ware verpflichtet, wenn dieser durch eine über die bloße Prüfung hinausgehende Ingebrauchnahme der Ware entstanden ist und der Verbraucher ordnungsgemäß über sein Widerrufsrecht unterrichtet wurde.

27 **Ausgeübt** wird der Widerruf durch eine Erklärung des Verbrauchers, aus der sein Entschluss zum Widerruf eindeutig hervorgeht, § 355 I 2, 3. Eine **Begründung** ist unnötig; der Verbraucher soll sich also ohne Weiteres noch von dem Vertrag lösen dürfen (Unterschied zB zum gesetzlichen Rücktrittsrecht wegen eines Sachmangels). Die **Widerrufsfrist** beträgt 14 Tage, § 355 II 1, wobei der Fristbeginn zwischen den einzelnen Vertragstypen variiert, §§ 355 II 2, 356ff. Fehlt eine ordnungsgemäße Widerrufsbelehrung, beginnt die Widerrufsfrist nicht zu laufen. Wird diese nachgeholt, beginnt die

Frist ab diesem Zeitpunkt zu laufen. Allerdings erlischt das Widerrufsrecht bei Außergeschäftsraum- und Fernabsatzverträgen nach § 356 III 2 mit Ablauf eines Jahres und 14 Tagen. Bei Verbraucherdarlehensverträgen (§ 356b) fehlt ein solche Höchstfrist; daher kann uU noch nach Jahren widerrufen werden. Bei Immobiliar-Verbraucherdarlehensverträgen gilt hingegen eine Höchstfrist von einem Jahr und 14 Tagen, § 356b II 4. Durch die in den §§ 358, 359 bestimmte Wirkung des Widerrufs auch auf **verbundene Verträge** (§ 358 III) kann ein solcher verschleppter, aber wirksamer Widerruf zu schlimmen Schwierigkeiten bei der Rückabwicklung führen: Diese betrifft ja nicht nur die Kreditgewährung, sondern auch das kreditierte Geschäft (zB eine Gesellschaftsbeteiligung).

IV. Kündigung

Im Gegensatz zum Rücktritt führt die Kündigung nicht zur Rückabwicklung des ganzen Vertrags: Die für die Zeit bis zu ihrem Wirksamwerden schon erbrachten Leistungen können also nicht zurückgefordert werden; soweit für die Vergangenheit Leistungen noch ausstehen (zB rückständiger Arbeitslohn), bleiben sie geschuldet. Die Kündigung eignet sich also bloß für Verträge mit einer gewissen zeitlichen Ausdehnung, insbesondere für Dauerschuldverhältnisse. 28

1. Arten der Kündigung

a) Ein Dauerschuldverhältnis (zB Miete, Leihe, Dienstvertrag, Gesellschaft) kann **auf unbestimmte Zeit** abgeschlossen werden. Dann wird es durch eine **ordentliche Kündigung** beendet. Diese bedarf in der Regel keines Kündigungsgrundes, weil schon die Vereinbarung einer unbestimmten (nicht: ewigen) Laufzeit Raum für eine Möglichkeit zur Beendigung lässt. Allerdings verlangt das Gesetz für das Wirksamwerden einer solchen Kündigung meist eine Frist: Der Kündigungsgegner soll sich auf die durch die Kündigung zu schaffende neue Rechtslage einstellen können.

b) Dauerschuldverhältnisse können jedoch auch **auf bestimmte Zeit** eingegangen werden (zB eine Miete auf fünf Jahre, vgl. aber die Formvorschrift in § 550). Dann mag sich für eine Partei die Notwendigkeit ergeben, den Vertrag schon vorher zu beenden. Ebenso kann bei einem auf unbestimmte Zeit abgeschlossenen Vertrag eine sofort wirkende (fristlose) Kündigung nötig werden. Eine solche **außerordentliche Kündigung** widerspricht den Parteivereinbarungen und bedarf daher eines Grundes. Dieser kann im Gesetz konkret beschrieben sein; allemal genügt ein **wichtiger Grund (§ 314).** Dabei mag die Vertragsbeendigung so dringend sein, dass nicht einmal eine Kündigungsfrist abgewartet werden kann; dann ist die außerordentliche Kündigung **fristlos.** Bei Dauerschuldverhältnissen hält man das Recht zur Kündigung aus wichtigem Grund sogar für **unabdingbar.** Dieses Recht steht bei einigen Typenverträgen eigens im Gesetz (etwa §§ 490, 543, 569, 626, 648a, 725 II, 731); allgemein steht es in § 314. 29

c) Freilich hat die neuere, stärker an sozialen Rücksichten orientierte Gesetzgebung den **Unterschied** zwischen ordentlicher und außerordentlicher Kündigung **verwischt:** Bei den beiden für die Existenz wichtigsten Dauerschuldverhältnissen, nämlich beim Arbeitsvertrag und bei der Wohnungsmiete, bedarf regelmäßig auch die ordentliche (befristete) Kündigung einer Begründung. Das ist für den Arbeitsvertrag im KSchG und für die Wohnungsmiete in den §§ 573ff. geregelt. 30

Aber auch wenn der Vermieter einen Kündigungsgrund hat, ist das Mietverhältnis nicht allemal auflösbar. Vielmehr kann der Mieter nach § 574 der Kündigung widersprechen und die Fortsetzung des Mietverhältnisses verlangen, wenn dessen Beendigung für ihn oder ihm nahestehende Personen des Haushalts eine besondere Härte bedeuten würde. Nur bei Vorliegen eines Grundes für eine außerordentliche fristlose Kündigung ist der Widerspruch ausgeschlossen, § 574 I 2 (Einzelheiten: *Medicus/Petersen* BürgerlR Rn. 322ff.).

2. Kündigungsgründe

31 Soweit nach dem Gesagten die Kündigung eines Grundes bedarf, lassen sich grob zwei Arten von Gründen unterscheiden:

a) Bei der ersten Art geht es um **Pflichtverletzungen,** die für den anderen Teil ein Festhalten am Vertrag als unzumutbar erscheinen lassen. Die Kündigung übernimmt hier diejenige Rolle, die sonst überwiegend dem gesetzlichen Rücktritt zukommt (vor allem in den §§ 323, 324, 326 V → § 8 Rn. 12ff.). Konkrete Beispiele hierfür bilden bei der Miete die §§ 543, 569 sowie beim Pauschalreisevertrag § 651 l.

32 b) Bei der zweiten Art von Kündigungsgründen geht es um eine **Änderung der Verhältnisse.** Dahin gehören bei der Wohnungsmiete der Eigenbedarf des Vermieters (§ 573 II Nr. 2; hier ist die Kündigung aber befristet!) sowie bei der Leihe § 605 Nr. 1.

Dagegen lässt das Gesetz bei § 648 für den Werkvertrag ausnahmsweise schon eine **bloße Willensänderung** des Bestellers genügen. Dieser bleibt aber auch zur Bezahlung der Gegenleistung abzüglich bloß der ersparten Aufwendungen verpflichtet. Die „Kündigung“ (die ja bei § 648 kein Dauerschuldverhältnis betrifft) befreit also den Besteller im Wesentlichen bloß von der Pflicht zur Förderung und Abnahme des Werks (näher *Medicus/Petersen* BürgerlR Rn. 317f.).

3. Kündigungserklärung

33 Für die Kündigung ist ebenso wie für Anfechtung und Rücktritt (→ § 8 Rn. 10, 25) eine an den anderen Vertragsteil gerichtete gestaltende Willenserklärung nötig. Dafür bestimmen § 568 bei der Wohnungsmiete und § 623 beim Arbeitsvertrag eine Form.

V. Zeitliche Grenzen der Gestaltungsrechte

34 Der Rücktritt ist ebenso wie die Minderung ein Gestaltungsrecht. Da nur Ansprüche der Verjährung unterliegen (§ 194 I), unterfallen Rücktritt und Minderung nicht der besonderen kaufrechtlichen Verjährung (§ 438 I 1 nennt den § 437 Nr. 2 nicht!). Das zeitliche Ende des Rechts zu Rücktritt oder Minderung ergibt sich vielmehr aus §§ 438 IV, 218 I. Danach soll der Rücktritt (und entsprechend auch die Minderung) ausgeschlossen sein, wenn der Anspruch des Käufers auf Nacherfüllung (§ 439) verjährt ist. Und diese Verjährung richtet sich nach den §§ 437 Nr. 1, 438. § 218 I 2 erstreckt diese Regelung auch auf den Fall, dass nach § 275 die Nacherfüllung nicht verlangt werden kann (sodass ein Anspruch auf Nacherfüllung nicht besteht und die Verjährung daher nur fiktiv ist, vgl. BGHZ 170, 31 Rn. 34; 223, 235; zum Tierkauf).

VI. Weitere Auflösungsmöglichkeiten

Neben den bisher genannten gibt es noch einige weitere Auflösungsmöglichkeiten. 35
Insbesondere können die Parteien ihren Vertrag **einverständlich wieder aufheben.** Auch können sie eine **auflösende Bedingung** vereinbaren; mit deren Eintritt fällt der Vertrag (im Zweifel ohne Rückwirkung, § 159) weg, § 158 II. In solchen Fällen kann man aber nicht selten in der Vereinbarung auch gleich eine Verpflichtung zur Rückabwicklung finden. Eine weitere Art der Vertragsauflösung kann sich aus **Schadensersatzansprüchen** ergeben → § 15 Rn. 7.

§ 9 Erlöschen des geltend gemachten Anspruchs

Auch wenn nicht der ganze Vertrag beendet worden ist, kann doch gerade der geltend 1
gemachte Primäranspruch erloschen sein. Hierfür gibt es mehrere Gründe.

I. Erfüllung

Nach § 362 I erlischt das Schuldverhältnis (hier im Sinne von „Forderung"), wenn die geschuldete Leistung an den Gläubiger bewirkt wird. Die passivische Fassung ohne Erwähnung des Schuldners beruht darauf, dass bei nicht persönlichen Leistungspflichten auch ein **Dritter** für den Schuldner leisten kann, §§ 267f.

Die Leistung **an einen Nichtgläubiger** genügt als Erfüllung, wenn sie durch Einwilligung oder Genehmigung des Gläubigers gedeckt ist, §§ 362 II, 185. Dazu treten Empfangsermächtigungen kraft Rechtsscheins: § 370 (echte) Quittung, §§ 407–409 nicht mitgeteilte Zession oder unrichtige Zessionsanzeige, §§ 793 I 2, 807, 808 I Legitimation des Empfängers durch ein Wertpapier und § 851 durch Mobiliarbesitz, § 893 durch das Grundbuch und §§ 2366f. durch Erbschein (zu Einzelheiten vgl. *Medicus/Petersen* BürgerlR Rn. 751ff.). Die weitere Rechtsfolge einer solchen befreienden Leistung an einen Nichtberechtigten ergibt sich aus § 816 II → § 28 Rn. 6: Der Empfänger muss die Leistung an den um seine Forderung gebrachten Gläubiger herausgeben.

Eine andere als die geschuldete Leistung hat Erfüllungswirkung nur mit Einverständnis des Gläubigers, § 364 I (Leistung **an Erfüllungs statt**). Die Übernahme einer neuen Verbindlichkeit durch den Schuldner (etwa einer Wechselschuld) hat diese Wirkung aber im Zweifel nicht, § 364 II. Hier tritt also die neue Verbindlichkeit neben die alte. Freilich soll dann nach dem Parteiwillen der Gläubiger regelmäßig zunächst aus seiner neuen Forderung Befriedigung suchen, also sich etwa um die Einlösung des Wechsels bemühen. Bis dahin (und gegebenenfalls bis zur Rückgabe des Wechsels) kann der Schuldner die Inanspruchnahme aus der alten Forderung mit einer Einrede aus dem Vertrag über die Hingabe der neuen Forderung abwehren.

II. Aufrechnung

Das wichtigste Erfüllungssurrogat ist die Aufrechnung, §§ 387ff. (die Hinterlegung 2
nach §§ 372ff. hat kaum Bedeutung). Aufgerechnet wird durch empfangsbedürftige

Willenserklärung, § 388; diese führt zum rückwirkenden Erlöschen beider Forderungen, § 389.

Der **Vorteil für den Aufrechnenden** besteht darin, dass er seine Forderung ohne Hilfe eines Gerichts und von Vollstreckungsorganen durchsetzen kann, also schnell und kostenlos. Zudem bleibt die Aufrechnung regelmäßig auch im Insolvenzverfahren des Schuldners möglich, § 94 InsO: Der Aufrechnende erhält dann nicht bloß die Quote, sondern volle Befriedigung. Wegen dieser Vorteile schützt das BGB schon vor der Aufrechnungserklärung die Erhaltung der bloßen Aufrechnungsmöglichkeit **(Aufrechnungslage).** So erklären sich etwa die §§ 392, 406 und andere Vorschriften.

Insgesamt veranlasst die Aufrechnung eine Prüfung des Gegenanspruchs, der seinerseits entstanden sein muss und nicht wieder erloschen sein darf. Zu prüfen ist also die Entstehung dieses Anspruchs, der durch die Aufrechnung nach § 389 erloschen ist, wenn der Gegenanspruch entstanden und nicht aus anderem Grund erloschen ist.

III. Unmöglichkeit der Leistung

1. § 275

3 Die Pflicht zur Leistung wird weiter dann verneint, wenn diese für den Schuldner oder für jedermann unmöglich ist. Das sagt § 275 I ohne eine Unterscheidung zwischen anfänglicher und nachträglicher, objektiver und subjektiver sowie tatsächlicher und rechtlicher Unmöglichkeit. Doch bringt § 275 **eine andere Unterscheidung:** Von selbst ausgeschlossen wird die Leistungspflicht nach § 275 I nur, wenn die Leistung gar nicht mehr sinnvoll erbracht werden kann. Dagegen soll der Schuldner nur eine Einrede haben, wenn er die Leistung zwar noch erbringen kann, aber nicht mit dem geschuldeten Aufwand, § 275 II: Es möge etwa das Schiff, das die geschuldete Maschine zum Gläubiger bringen sollte, gesunken sein; dann braucht der Verkäufer regelmäßig nicht für die Hebung von Schiff oder Maschine zu sorgen. Nur eine Einrede gewährt § 275 II hier deshalb, weil der Schuldner selbst entscheiden soll, ob er nicht doch mit dem übermäßigen („überobligationsmäßigen") Aufwand die Leistung erbringen will. Daran kann er interessiert sein, um die Gegenleistung zu verdienen oder um seine besondere Leistungsfähigkeit (etwa bei einem Bauvorhaben) zu beweisen. Nach § 275 III soll bei persönlich zu erbringenden Leistungen für die Einrede schon eine (durch Abwägung zu beurteilende) Unzumutbarkeit genügen (zB die Sängerin braucht nicht aufzutreten, wenn ihr Kind schwer erkrankt ist oder gar im Sterben liegt).

2. § 311a

4 Einen Sonderfall behandelt § 311 a, nämlich die (objektive oder subjektive) **Unmöglichkeit schon beim Vertragsschluss.** Hierfür bestimmt Abs. 1, eine solche Unmöglichkeit berühre die Wirksamkeit des Vertrags nicht. Freilich ändert diese Wirksamkeit nichts daran, dass die unmögliche Leistung nach § 275 I nicht geschuldet wird.

In Betracht kommen stattdessen also nur Ansprüche auf Schadens- oder Aufwendungsersatz (dieser nach § 284). Dabei wird Abs. 2 als **eigene Anspruchsgrundlage** (neben § 280) verstanden (*Medicus/Petersen* BürgerlR Rn. 241). Das nötige Verschulden soll nach Abs. 2 S. 2 darin bestehen, dass der Schuldner das Leistungshindernis beim Vertragsschluss gekannt hat oder hätte kennen müssen (dazu BGH NJW 2007, 3777). Obwohl man das als Verschulden bei Vertragsverhandlungen verstehen könnte, geht der Anspruch aber auf Schadensersatz statt der Leistung (→ § 11 Rn. 2ff.), nicht bloß auf das Vertrauensinteresse.

3. Abgrenzungsfragen

Zweifelhafte Fragen ergeben sich für die Abgrenzung der Unmöglichkeit. Dabei geht 5
es einmal um die Unterscheidung zwischen Unmöglichkeit und bloß **zeitweiligen Leistungshindernissen,** die allenfalls Schuldnerverzug bedeuten, zB der Schuldner kann wegen eines Brandes in seinem Lager zunächst nicht liefern. Hier kommt die Annahme von Unmöglichkeit vor allem dann in Betracht, wenn dem Gläubiger ein Abwarten unzumutbar ist (vgl. dazu *Medicus/Petersen* BürgerlR Rn. 291).

Größere Zweifel verursacht zum anderen die Abgrenzung zwischen der echten Unmöglichkeit und der bloßen Leistungserschwerung, die ein **Fehlen oder** einen **Wegfall der Geschäftsgrundlage** bedeutet. Eine Grundlagenstörung wird vor allem anzunehmen sein bei der Veränderung für den Vertrag wesentlicher Umstände oder der Enttäuschung von Erwartungen der Parteien, § 313 I und II. Zur Geschäftsgrundlage gehört insbesondere auch die Äquivalenz zwischen Leistung und Gegenleistung; sie wird gestört durch eine Verteuerung der Leistung oder eine Entwertung der Gegenleistung, zB infolge einer Inflation. Dagegen ergibt sich die Unmöglichkeit durch eine Abwägung des „Leistungsvermeidungsinteresses" des Schuldners gegen das Leistungsinteresse des Gläubigers, § 275 II 1.

Der Unterschied zeigt sich in den Rechtsfolgen: Es möge etwa der versprochene Warentransport in einen fremden Staat zwar erlaubt und möglich bleiben, aber durch einen dort ausgebrochenen Bürgerkrieg unerwartet gefährlich oder kostspielig werden. Bei Annahme von Unmöglichkeit entsteht gegen die Leistungspflicht eine Einrede nach § 275 II, während ein Wegfall der Geschäftsgrundlage regelmäßig nur zu einer Vertragsanpassung führt.

4. Gattungsschuld

Wenn eine nur der Gattung nach bestimmte Sache geschuldet wird, hat für das Un- 6
möglichwerden die **Konkretisierung (Konzentration)** Bedeutung: Die Gattungsschuld ist regelmäßig Beschaffungsschuld, wenn nicht der Schuldner bloß aus seinem Vorrat zu liefern braucht (vgl. *Medicus/Petersen* BürgerlR Rn. 255ff.). Daher bleibt regelmäßig die Erfüllung objektiv und subjektiv möglich, solange der Schuldner zur Beschaffung imstande ist; dass die vom Schuldner zur Erfüllung bereits beschafften Stücke untergegangen sind, spielt keine Rolle. Das ändert sich erst, wenn der Schuldner einmal alles zur Leistung seinerseits Erforderliche getan hat (§ 243 II): Dann beschränkt sich die Schuld auf die beschafften (und nötigenfalls abgesendeten oder angebotenen) Stücke. Wenn diese untergehen, braucht der Schuldner also keine neuen zu beschaffen. Nach richtiger Ansicht wird er dies aber tun *dürfen,* um mit ihnen noch die Gegenleistung verdienen zu können.

Beispiel: K hat bei V Heizöl bestellt (Bringschuld!). Als V liefern will, wird aber bei K nicht geöffnet. Auf der Rückfahrt wird der Tankwagen des V bei einem Unfall zerstört; das Öl läuft aus. Wenn K hier im Gläubigerverzug war, kann V Bezahlung des vergeblich angebotenen Öls regelmäßig schon nach § 326 II 1 Alt. 2 verlangen (→ § 9 Rn. 8). Wenn aber kein Gläubigerverzug vorlag (etwa wegen § 299) oder wenn V den Unfall zu vertreten hatte (doch beachte § 300 I → § 11 Rn. 15), muss V erneut liefern, um den Kaufpreis zu verdienen: Das soll er dürfen, obwohl K jetzt anderes Öl als dasjenige erhält, auf das zunächst Konkretisierung eingetreten war.

IV. Unmöglichkeit der Gegenleistung

1. Die Regel des § 326

7 Auch wenn die Erfüllung einer (etwa auf Geld gerichteten) Leistungspflicht aus einem gegenseitigen Vertrag möglich bleibt, kann sie dennoch als mittelbare Folge einer Unmöglichkeit erlöschen. Denn § 326 I 1 verknüpft das rechtliche Schicksal von Leistung und Gegenleistung: Wenn die Leistung aus einem Grund unmöglich wird, den keine Partei zu vertreten hat, erlischt der Anspruch auf die Gegenleistung. Hier zeigt sich das sog. **funktionelle Synallagma** (vgl. *Medicus/Petersen* BürgerlR Rn. 219f.): Da im gegenseitigen Vertrag jede Partei ihre Leistung verspricht, um die Gegenleistung zu verdienen, muss die auf einer Vertragsseite eintretende Unmöglichkeit auf die andere Seite hinüberwirken. Letztlich geht es um den einleuchtenden Grundsatz für alle gegenseitigen Verträge: ohne Leistung keine Gegenleistung.

Diese Wirkung des § 326 I 1 tritt ohne Weiteres ein, also insbesondere ohne gestaltende Willenserklärung einer Partei. Zusätzlich gestattet § 326 V dem Gläubiger noch einen fristlosen Rücktritt. Das bezieht sich auf die Fälle von § 326 I 2: Bei Unmöglichkeit der Nacherfüllung soll dem Gläubiger (außer der Minderung) auch der Rücktritt offenbleiben. Hat der Gläubiger die von ihm versprochene Gegenleistung schon erbracht, soll er sie nach Rücktrittsrecht (§§ 346ff.) statt nach dem milderen (§ 818 III!) Bereicherungsrecht zurückverlangen können, § 326 IV.

2. Ausnahmen

8 Unter besonderen Umständen wird aber die Gegenleistung auch dann noch geschuldet, wenn die Leistung nicht mehr erbracht werden kann und auch kein Surrogat (§ 285) in Betracht kommt.

a) Der allgemeinste Fall ist § 326 II 1 Alt. 2: Die Leistung wird unmöglich, während sich deren Gläubiger im **Annahmeverzug** (§§ 293ff.) befindet. Hier hätte der Schuldner ohne das beim Gläubiger liegende Hindernis bereits erfüllt und damit die Gegenleistung verdient. § 326 II 1 Alt. 2 will ihn so stellen, wie er ohne den Gläubigerverzug stünde. Daher soll der Schuldner die Gegenleistung (abzüglich etwa ersparter Aufwendungen) verlangen können, obwohl er selbst nicht mehr zu leisten braucht. Man sagt: Mit dem Gläubigerverzug geht die **Gegenleistungs-(Preis)gefahr** auf den Gläubiger über. Das meint die Gefahr, eine Leistung noch bezahlen zu müssen, die nicht mehr gefordert werden kann.

§ 326 II 1 Alt. 2 ist danach eine **Anspruchserhaltungsnorm.** Der an sich nach § 275 I untergegangene Anspruch bleibt dem Gläubiger unter der Voraussetzung des Annahmeverzugs erhalten (zu § 326 II 1 Alt. 1: BGHZ 188, 71; dazu *Medicus/Petersen* BürgerlR Rn. 222). Bei dem nach § 326 II 1 Alt. 2 „vom Schuldner nicht zu vertretenden Umstand“ kommt es häufig abweichend von § 276 I auf die Haftungsprivilegierung des § 300 I an. Die Voraussetzungen des Annahmeverzugs sind dann inzident zu prüfen.

b) Ein solcher Übergang der Gegenleistungsgefahr wird auch **in spezielleren Fällen** bestimmt. Der wichtigste ist § 446: Beim Kauf geht die Gegenleistungsgefahr mit der Übergabe der Kaufsache auf den Käufer über, weil diese jetzt den Risiken aus der Käufersphäre ausgesetzt ist. Daher schuldet zB beim Abzahlungskauf der Käufer alle ausstehenden Raten auch dann noch weiter, wenn die Sache bei ihm (und womöglich auch ohne sein Verschulden) untergegangen ist, sodass er nicht mehr Eigentum erwerben kann. 9

Weiter findet sich ein Übergang der Gegenleistungsgefahr in §§ 447 (Versendungskauf), 615 ff. (der Dienstberechtigte im Gläubigerverzug muss den Lohn zahlen, obwohl er die Dienste nicht mehr fordern kann); zudem in den §§ 644, 2380 BGB, § 56 S. 1 ZVG.

Dabei regeln die §§ 615, 644 außer der Gegenleistungs- auch die **Leistungsgefahr:** Diese soll gleichfalls beim Gläubiger liegen. Denn dieser kann die Leistung selbst dann nicht mehr verlangen, wenn sie nachträglich erbracht oder wiederholt werden könnte. So braucht nach § 615 der Klavierlehrer, der seine Leistung vergeblich angeboten hat, die ausfallenden, aber zu bezahlenden Unterrichtsstunden nicht nachzuholen. Und bei § 644 I 2, II braucht der Unternehmer das untergegangene Werk nicht neu herzustellen, auch wenn das möglich wäre (vgl. *Medicus/Petersen* BürgerlR Rn. 275 ff.).

V. Weitere Erlöschensgründe

1. Eine Forderung erlischt auch durch **Erlass,** § 397 I, dem das **negative Schuldanerkenntnis** gleichsteht, § 397 II. Gemäß dem Vertragsprinzip (§ 311 I) bedarf es hierzu eines Vertrags zwischen Gläubiger und Schuldner. Praktisch am häufigsten begegnen Erlass und negatives Schuldanerkenntnis als Teil eines Vergleichs: Sie gehören hier zum „gegenseitigen Nachgeben", § 779 I. 10

2. Dass eine Forderung auch dann erlischt, wenn die Rollen von Gläubiger und Schuldner zusammenfallen (**Konfusion,** etwa durch Erbgang), war dem BGB selbstverständlich; diese Regel wird daher nicht ausgesprochen. Sie erscheint nur in Gestalt ihrer Ausnahmen, also wenn die Konfusion vermieden oder beseitigt werden soll. Dahin gehört etwa § 1976: Wenn der Erbe seine Haftung für Nachlassverbindlichkeiten auf den Nachlass beschränken will, muss dieser wieder zu einer selbstständigen Haftungsmasse und daher vom Eigenvermögen des Erben getrennt werden. Folglich wird bei Nachlassverwaltung oder Nachlassinsolvenz eine schon eingetretene Konfusion einer Forderung des Erben an den Nachlass (oder umgekehrt) hinwegfingiert. 11

3. Die **Novation** ersetzt vertraglich eine Forderung durch eine andere. Folglich erlischt die zunächst bestehende Forderung. 12

4. Ein (komplizierter) Erlöschensgrund findet sich schließlich noch bei § 281: Der danach dem Gläubiger der gestörten Leistung zustehende Schadensersatz kann unter bestimmten Voraussetzungen nach der **Differenztheorie** als sog. kleiner Schadensersatz ermittelt werden. Dann braucht der Gläubiger die von ihm versprochene Gegenleistung nicht mehr zu erbringen, weil sie mit dem Schadensersatzanspruch verrechnet worden ist; die Forderung auf die Gegenleistung erlischt also. Den Gegensatz zur Differenztheorie bildet die **Surrogationstheorie;** bei ihr ersetzt („surrogiert") der 13

Anspruch auf den sog. großen Schadensersatz den vollen Wert der ausbleibenden Leistung, sodass die Gegenleistung geschuldet bleiben muss (*Medicus/Petersen* BürgerlR Rn. 241).

Beispiel: V liefert ein an K verkauftes Klavier trotz Nachfristsetzung nicht. Dann kann K den ihm nach den §§ 281, 280 zustehenden Schadensersatz in zweifacher Weise berechnen: Entweder er verlangt den vollen Schaden aus der Nichtlieferung (großer Schadensersatz, Surrogationstheorie), muss dann aber den Kaufpreis bezahlen. Oder er zieht diesen Kaufpreis gleich von seinem Schaden ab und verlangt nur die Differenz (kleiner Schadensersatz, Differenztheorie). Dann erlischt der Kaufpreisanspruch durch Verrechnung. Das ist offenbar sinnvoll, wenn K noch nicht bezahlt hatte. Zum selben Ergebnis wie die Differenztheorie führt auch die nach § 325 mögliche **Häufung von Rücktritt und Schadensersatz:** Der Nichterfüllungsschaden mindert sich dann um den Wert der wegen des Rücktritts nicht mehr geschuldeten oder zurückzugewährenden Gegenleistung (zu § 325 BGH NJW 2010, 2426).

Nach § 281 IV beendet schon das Verlangen des großen Schadensersatzes den Anspruch auf die Primärleistung (dazu *Medicus/Petersen* BürgerlR Rn. 237, 282; lehrreich BGH ZIP 2020, 1073).

§ 10 Einreden

1 Auch wenn weder der ganze Vertrag noch bloß die geltend gemachte Forderung erloschen ist, steht der Erfolg eines Erfüllungsverlangens noch nicht fest: Der Schuldner mag sich durch ein Leistungsverweigerungsrecht (eine Einrede) verteidigen können. Solche Einreden können **peremptorisch** sein: Dann verhindern sie die Geltendmachung des Anspruchs **auf Dauer** (zB die Verjährung, § 214 I). Andere Einreden sind dagegen bloß **dilatorisch:** Sie verhindern die Geltendmachung des Anspruchs nur **auf Zeit** (zB die Zurückbehaltungsrechte der §§ 273, 320, 322, 1000 S. 1). Insgesamt kann man etwa 40 Einreden unterscheiden. Die Darstellung beschränkt sich im Folgenden auf diejenigen drei, die gegenüber primären Vertragsansprüchen am häufigsten vorkommen (zur Einrede der Unmöglichkeit aus § 275 II und III → § 9 Rn. 3).

I. Verjährung

1. Dauer und Beginn

2 Die **regelmäßige Verjährungsfrist** beträgt drei Jahre (§ 195), beginnend mit dem Schluss desjenigen Kalenderjahres, in dem der Anspruch entstanden ist und der Gläubiger die für die Geltendmachung nötigen Umstände kennt oder grob fahrlässig nicht kennt, § 199 I. Daneben läuft aber noch eine zweite Frist seit der Entstehung des Anspruchs ohne Rücksicht auf die Kenntnis oder grob fahrlässige Unkenntnis des Gläubigers. Diese Frist beträgt nach § 199 IV regelmäßig zehn Jahre seit der Entstehung des Anspruchs. Bei Schadensersatzansprüchen wegen der Verletzung besonders hoch bewerteter Rechtsgüter (Leben, Körper, Gesundheit, Freiheit) sind es jedoch dreißig Jahre, § 199 II. Diese langen Fristen laufen seit der Pflichtverletzung oder seit der Begehung der Handlung oder seit der sonstigen Schadensursache. Danach ist es (nach wie vor) möglich, dass ein Schadensersatzanspruch schon vor seiner Entstehung verjährt ist (zeitliches Distanzdelikt), zB im Jahr 2002 ist ein Testament unwirksam errichtet

worden, der Erbfall (und daher der Schaden des testamentarisch Bedachten) tritt aber erst im Jahr 2035 ein.

Stark abgekürzt sind demgegenüber die **Mängelfristen bei Kauf und Werkvertrag** (zu Einzelheiten *Medicus/Petersen* BürgerlR Rn. 303ff., 317e). Denn sie betragen regelmäßig nur zwei Jahre (§§ 438 I Nr. 3, 634a I Nr. 1); zudem beginnen sie – was noch wichtiger ist – schon mit der Ablieferung oder Abnahme (§§ 438 II, 634a II), also ohne Rücksicht auf das Sichtbarwerden des Mangels. So mag eine mangelhaft verlegte Rohrleitung erst sechs Jahre nach der Abnahme platzen. Frühestens dann entsteht auch ein Schadensersatzanspruch, also wenn die Verjährung schon eingetreten sein kann: Der Schadensersatzanspruch hat also nie unverjährt (und daher mit wesentlichem Nutzen für den Gläubiger) bestanden. Dies betrifft aber nur Sekundäransprüche → § 11 Rn. 9.

Längere Fristen gelten dagegen insbesondere für Erfüllungsansprüche aus Grundstücksgeschäften (§ 196) und bei bestimmten nicht schuldrechtlichen oder besonders festgestellten Ansprüchen (§ 197). Das gilt selbst dann, wenn für die später rechtskräftig festgestellten Ansprüche zunächst eine kürzere Frist gegolten hätte. Daher ist es zweckmäßig, in Schadensersatzprozessen neben dem Ersatz des schon entstandenen Schadens noch die Feststellung zu verlangen, der Beklagte müsse auch den künftigen Schaden ersetzen: Dann gilt insoweit die 30-Jahresfrist von § 197 I Nr. 3.

2. Hemmung und Neubeginn der Verjährung

Die **Hemmung** bedeutet, dass die Zeit vom Eintritt bis zum Ende des Hemmungs- 3
grundes in die Verjährungsfrist nicht eingerechnet wird, § 209; danach läuft also die noch übrige Verjährungsfrist weiter. Wichtige Anwendungsfälle sind die Rechtsverfolgung (§ 204, insbesondere durch Klageerhebung), die Stundung (§ 205) und das Bestehen bestimmter familienrechtlicher Beziehungen (§ 207), auch das Schweben von Verhandlungen über den Anspruch, § 203. Eine besondere **Ablaufhemmung** (§§ 210, 211) soll erreichen, dass nach dem Ende gewisser Hindernisse noch ausreichend Zeit für die Geltendmachung von Ansprüchen bleibt.

Ein Neubeginn der Verjährung ist in § 212 geregelt. Wichtige Gründe hierfür sind insbesondere ein Anerkenntnis des Schuldners (etwa auch durch Zins- oder Abschlagszahlungen, § 212 I Nr. 1) und Vollstreckungshandlungen (§ 212 I Nr. 2). Hier beginnt die Frist auch dann von Anfang an neu, wenn schon ein wesentlicher Teil verstrichen war.

II. Das allgemeine Zurückbehaltungsrecht

§ 273 I betrifft die Situation, dass ein Schuldner auch seinerseits eine fällige Forderung 4
gegen den Gläubiger hat, und dass beide Forderungen nicht gleichartig sind (sonst bleibt bloß die Aufrechnung, §§ 387ff.). Beispielsweise möge A dem B die Rückgabe eines entliehenen Buches und umgekehrt B dem A die Rückzahlung eines Darlehens schulden. Dann können A und B jeweils als Gläubiger die Erfüllung der ihnen zustehenden Forderung verlangen. Unter besonderen Voraussetzungen gewährt § 273 aber noch eine andere Möglichkeit: Der Schuldner kann sich gegenüber dem Leistungsverlangen seines Gläubigers auf seine Gegenforderung berufen mit dem Ziel, dass beide Forderungen Zug um Zug zu erfüllen sind, § 274 I.

Allerdings setzt dieses Zurückbehaltungsrecht voraus, dass beide Forderungen „aus demselben rechtlichen Verhältnis“ stammen (**Konnexität,** § 273 I). Das wird von der Rechtsprechung weit interpretiert, nämlich als „einheitliches Lebensverhältnis“. Hierfür genügt insbesondere, dass Leistungen aufgrund desselben nichtigen Vertrags ausgetauscht worden sind, regelmäßig auch eine ständige Geschäftsbeziehung zwischen den Beteiligten. In den Fällen von § 273 II braucht die Konnexität nicht mehr eigens geprüft zu werden (aber Vorsicht: § 273 II gewährt keinen eigenen Anspruch auf Verwendungsersatz!). Dagegen fehlt Konnexität in dem eben gebrachten Beispiel, wenn das Darlehen und die Leihe des Buches nichts miteinander zu tun haben.

Ausgeschlossen ist das Zurückbehaltungsrecht, wenn „aus dem Schuldverhältnis sich **ein anderes ergibt**“, § 273 I. Das bestimmen vereinzelt gesetzliche Vorschriften, zB die §§ 175, 570: Nach dem Ende der Vollmacht könnte der Schuldner die Vollmachtsurkunde nur noch missbräuchlich verwenden, und die Wohnung (oder das Grundstück oder der Raum, § 578) wird gegenüber den Ansprüchen des Mieters als unverhältnismäßig wertvoll angesehen. Darüber hinaus gibt es noch zahlreiche weitere Gründe für die Unzulässigkeit einer Zurückbehaltung. Beispiele bilden allgemein die Unverhältnismäßigkeit oder regelmäßig auch der Umstand, dass die Zurückbehaltung zu einer (Teil)unmöglichkeit führt (etwa beim Unterlassen, wo die Zurückbehaltung auf ein Zuwiderhandeln hinausliefe). Daher darf der Mieter, der zur Unterlassung lauten Klavierspiels verpflichtet ist, nicht etwa so lange spielen, bis der Vermieter geschuldete Reparaturen ausführt.

III. Das Zurückbehaltungsrecht nach §§ 320, 322

5 Besonders eng verbunden sind die Pflichten zu Leistung und Gegenleistung im gegenseitigen Vertrag. Das hatte sich schon an § 326 I 1 gezeigt (ohne Leistung keine Gegenleistung → § 9 Rn. 7). Von § 320 wird diese Verbindung auf den Fall erweitert, dass die Gegenleistung zwar möglich ist, aber noch aussteht: Dann soll der Schuldner die Leistung verweigern dürfen. Die Konnexität zwischen Leistung und Gegenleistung ist hier also stets vorhanden. Ihre Nichterwähnung in § 320 bedeutet daher keine Besonderheit. Wohl aber liegt eine solche in § 320 I 3: Danach kann das Zurückbehaltungsrecht (anders als nach § 273) nicht durch Sicherheitsleistung abgewendet werden. Überdies erschwert der in § 320 geregelte Zusammenhang den **Eintritt von Schuldnerverzug:** Die eine Partei kann mit der von ihr geschuldeten Leistung erst in Verzug geraten, wenn die andere Partei zur Gegenleistung bereit ist und nach hM diese auch anbietet (vgl. dazu *Medicus/Petersen* BürgerlR Rn. 219a f.). Allerdings ist § 320 als Einrede konzipiert. Daher muss der Schuldner die Einrede geltend machen: Er muss sich also darauf berufen, dass seine Verpflichtung aus einem gegenseitigen Vertrag stammt und die Gegenleistung noch aussteht; andernfalls wird er ohne die Beschränkung aus § 322 verurteilt.

Die §§ 320, 322 gelten nicht, wenn eine Partei **vorzuleisten** hat: Dann ist der zeitliche Zusammenhang zwischen Leistung und Gegenleistung gelöst (s. aber BGH NJW 2013, 1431; dazu *Medicus/Petersen* BürgerlR Rn. 214). Ausnahmsweise aber kann der Vorleistungspflichtige nach **§ 321** diese Vorleistung verweigern, wenn sich nach dem Vertragsschluss Zweifel an der eigenen Leistungsfähigkeit des Vorleistungsgläubigers herausstellen (sog. **Unsicherheitseinrede**). Denn hierdurch ist der mit der Vorleistung zu gewährende Kredit weniger sicher geworden. Wenn der Vorleistungsgläubiger dann nicht Sicherheit leistet, kann er nur eine Verurteilung zur Leistung Zug um Zug erreichen, also nach § 322.

Das Bestehen einer Einrede ist grundsätzlich im Anschluss an die Entstehung und das Erlöschen (= mögliche Einwendungen) zu prüfen. Ausnahmsweise kann eine Einrede aber auch einmal im Rahmen des Rücktritts, etwa bei der Voraussetzung der Fristsetzung nach § 323, zu prüfen sein. Denn die Fristsetzung zur Nacherfüllung beispielsweise entfaltet nur dann Rechtswirkung, wenn der Käufer im Zeitpunkt der Fristsetzung einen fälligen einredefreien Anspruch darauf hatte. Für die Einredefreiheit kann es dann zB auf die Unverhältnismäßigkeitseinrede nach § 439 IV ankommen (zu ihr *Medicus/Petersen* BürgerlR Rn. 290ff.).

§ 11 Sekundäre Vertragsansprüche I: auf Schadensersatz

Aus einem wirksamen Vertrag kommen nicht nur die bisher behandelten Primäransprüche in Betracht. Vielmehr können sich neben ihnen oder statt ihrer auch Sekundäransprüche ergeben. Unter ihnen am häufigsten sind diejenigen auf Schadensersatz gem. § 280. 1

Für solche sekundären Schadensersatzansprüche bedarf es außer einem wirksamen Vertrag noch **weiterer Voraussetzungen:**

(1) Der Schuldner muss eine **Pflicht verletzt** haben, es muss also der objektive Tatbestand einer Leistungsstörung vorliegen;
(2) der Schuldner muss diese Pflichtverletzung **zu vertreten** haben; und
(3) hierdurch muss dem Gläubiger ein **Schaden** entstanden sein.

I. Die Pflichtverletzung

Eine Pflichtverletzung kann darin liegen, dass der Schuldner nicht leistet (dazu → § 11 Rn. 3). Der Schuldner kann aber auch zu spät leisten (→ § 11 Rn. 4). Drittens endlich können sonstige Pflichtverletzungen unterlaufen, nämlich eine Schlechtleistung oder die Verletzung einer Schutzpflicht (→ § 11 Rn. 5ff.). 2

1. Nichtleistung

Dass der Schuldner die Leistung trotz Fälligkeit ganz oder teilweise nicht erbringt, kann **verschiedene Gründe** haben: Der Schuldner kann seine Verpflichtung bestreiten; er kann behaupten, ihm sei die Leistung unmöglich, schließlich kann er sich überhaupt nicht äußern. In jedem dieser Fälle kann der Gläubiger zunächst auf Erfüllung klagen. Diese Klage bleibt nur dann ohne Erfolg, wenn der Schuldner die Unmöglichkeit nachweist; hier zeigt sich die **Befreiungsfunktion der Unmöglichkeit** (→ § 9 Rn. 3). Aber auch in den beiden anderen Fällen kann der Gläubiger daran interessiert sein, auf einen Schadenersatzanspruch überzugehen (etwa, weil dieser als Geldanspruch sich leichter vollstrecken lässt). 3

Dieser Übergang gelingt regelmäßig nach den §§ 280 III, 281 I durch den erfolglosen Ablauf einer dem Schuldner zu setzenden **angemessenen Frist.** Bei Unmöglichkeit oder Leistungs-(Erfüllungs-)verweigerung durch den Schuldner ist diese Fristsetzung aber sinnlos und daher unnötig, §§ 283, 281 II Alt. 1. Voraussetzung für einen Schadensersatzanspruch ist weiter, dass der Schuldner die Nichtleistung zu vertreten hat, §§ 280 I 2, 311 a II 1. Dagegen ist der Rücktritt des Gläubigers von einem gegenseitigen Vertrag nach § 323 unabhängig davon möglich, ob den Schuldner ein Vorwurf trifft. Bei Unmöglichkeit fällt die Pflicht zur Gegenleistung sogar ohne Weiteres weg, § 326 I 1 (→ § 9 Rn. 7). Nur bei Unmöglichkeit der Nacherfüllung bedarf es nach § 326 I 2, V eines Rücktritts (weil der Gläubiger ja bei vielen Verträgen auch Minderung wählen kann).

Der nach den §§ 280 I, III, 281, 283, 311 a II 1 geschuldete Ersatz heißt **Schadensersatz statt der Leistung.** Dieser Schadensersatz bedeutet das positive Interesse: Der Gläubiger soll folglich so gestellt werden, wie er bei ordentlicher Leistungserbringung stünde. Was er durch die Nichtleistung nicht erwerben konnte (entgangener Gewinn, § 252), mag aber schwer zu beweisen sein. Hier hatte die Rechtsprechung schon des Reichsgerichts mit einer **Rentabilitätsvermutung** geholfen: Bei einem gegenseitigen Vertrag wird (widerleglich) vermutet, dessen Ausführung hätte dem Gläubiger der gestörten Leistung zumindest den Ersatz der aufgewendeten Kosten eingebracht. So können statt des positiven Interesses Schadensposten geltend gemacht werden, die zum negativen Interesse gehören (→ § 11 Rn. 24).

Die Rentabilitätsvermutung versagt aber, wenn der Gläubiger nicht wirtschaftliche Ziele verfolgt, also keine Rentabilität erstrebt (vgl. BGHZ 99, 182). Hier hilft § 284: Der Gläubiger kann anstelle des Schadensersatzes statt der Leistung den Ersatz derjenigen Kosten verlangen, „die er im Vertrauen auf den Erhalt der Leistung (des Schuldners) gemacht hat und billigerweise machen durfte" (lesenswert **BGHZ 163, 381**). Wer für ein gekauftes Kfz eine Garage mietet, kann also Ersatz der hierdurch entstandenen Kosten verlangen, wenn der Schuldner das Fahrzeug nicht liefert (näher *Medicus/Petersen* BürgerlR Rn. 242).

Für die **Voraussetzungen** der Unmöglichkeit gilt das oben (→ § 9 Rn. 3) zu § 275 Gesagte. Am ehesten kommt Unmöglichkeit bei einer **Stückschuld** oder Dienstleistungsschuld in Betracht: Das Stück geht unter, der Dienstverpflichtete stirbt. Dagegen kommt bei der **Geldschuld** objektive Unmöglichkeit unter normalen Umständen nicht vor, und subjektive Unmöglichkeit (bloß der Schuldner hat kein Geld) wird erst in der Zwangsvollstreckung nach den §§ 811 ff. ZPO oder in der Insolvenz berücksichtigt; zudem ist Geldmangel auch ohne Verschulden zu vertreten. Bei der **Gattungsschuld** kommt Unmöglichwerden meist erst nach der Konkretisierung in Betracht (→ § 9 Rn. 6); auch trägt der Schuldner hier regelmäßig das Beschaffungsrisiko (vgl. § 276 I 1).

2. Verzögerung der Leistung

4 a) Den wichtigsten Fall der Pflichtverletzung durch Leistungsverzögerung bildet der **Schuldnerverzug.** Er kann nur vorliegen, solange die Leistung noch möglich ist; sonst wird ja nach § 275 die Leistung gar nicht mehr geschuldet. Doch genügt das Ausbleiben der möglichen Leistung allein noch nicht. Vielmehr verlangt § 286 I regelmäßig zusätzlich eine **Mahnung** durch den Gläubiger nach Fälligkeit. Diese Mahnung kann nach § 286 II Nr. 1 durch die Vereinbarung eines kalendermäßig bestimmten **Leistungstermins** ersetzt werden. Nach § 286 II Nr. 2 genügt auch eine an ein

Ereignis geknüpfte Frist. Damit erfasst die Vorschrift auch eine (häufig vorkommende) Fristvereinbarung wie zB „zwei Wochen nach Rechnungserteilung" oder „nach Lieferung".

Weiter wird die Mahnung entbehrlich durch eine ernsthafte und endgültige **Leistungsverweigerung** des Schuldners (§ 286 II Nr. 3) und bei **besonderer Dringlichkeit** (zB beim Bekämpfen eines Wasserrohrbruchs). Für **Entgeltforderungen** bildet der erfolglose Ablauf einer Frist von 30 Tagen nach Fälligkeit einen zusätzlichen Verzugsgrund (§ 286 III). Doch muss ein Verbraucher als Schuldner auf diese Rechtsfolge besonders hingewiesen werden (vgl. BGH NJW 2008, 50). Dieser Verzugsgrund hilft insbesondere dem „schüchternen" Gläubiger, der keine Mahnung wagt (zB weil er weitere Aufträge erhofft).

b) Der nach den §§ 280 II, 286 geschuldete Schadensersatz betrifft ohne Weiteres nur den neben der Leistung geschuldeten **Verzögerungsschaden.** Will der Gläubiger dagegen **Schadensersatz statt der Leistung,** so muss zu der Nichterbringung der fälligen Leistung noch ein weiteres Erfordernis hinzutreten. Denn der Schuldner kann ja schon viel Geld und Mühe investiert haben, um die Leistung vorzubereiten; dieser Aufwand soll nur unter strengeren Voraussetzungen vergebens sein: 5

aa) Nach § 281 I 1 muss der Gläubiger dem Schuldner zunächst eine **angemessene Frist** zur Leistung bestimmen. Erst nach erfolglosem Fristablauf kann er dann Schadensersatz statt der Leistung verlangen. Tut er das, so ist sein Anspruch auf die Primärleistung ausgeschlossen, § 281 IV; bis zu einem solchen Verlangen kann er aber auch nach dem Fristablauf noch die Leistung (neben dem Verzugsschaden) fordern. BGH NJW 2009, 3153 lässt sogar das Verlangen einer „umgehenden" Beseitigung ausreichen, wenn danach eine angemessene Frist abgewartet wird, bevor ein Dritter die Nachbesserung vornimmt. Nur wenn der Gläubiger gar keine Frist setzt und eigenmächtig nachbessert, hat er keine Ansprüche (→ § 8 Rn. 15).

bb) § 281 regelt den Schadensersatz statt der Leistung auch für den gegenseitigen Vertrag. Dort kann der Gläubiger nach **§ 323** schon wegen des schlichten Ausbleibens der Leistung vom Vertrag zurücktreten, wenn die dem Schuldner gesetzte Frist erfolglos verstrichen ist. Dieses Rücktrittsrecht erfordert insbesondere keinen Schuldnerverzug: Der Gläubiger soll sich von dem nicht erfüllten Vertrag lösen (und sich womöglich anderswo eindecken) können. Der Rücktritt ist unabhängig davon, ob der Schuldner die Nichtleistung zu vertreten hat. Bei Vertretenmüssen lässt er den (nach der Differenztheorie berechneten) Schadensersatzanspruch jedoch unberührt, § 325. Dabei erfasst § 281 I 1 auch die Mehrkosten für das sog. **verfrühte Deckungsgeschäft,** bei dem sich der Gläubiger nach Fristablauf, aber bereits vor dem Erlöschen des Leistungsanspruchs durch Rücktritt oder Schadensersatzverlangen (§ 281 IV) anderweitig eindeckt, obwohl diese Kosten bereits vor dem Erlöschen der Leistungspflicht anfallen und deshalb strenggenommen nicht aus dem *endgültigen* Ausbleiben der Leistung resultieren (BGHZ 197, 357; *Medicus/Petersen* BürgerlR Rn. 239).

Bei § 323 (und ebenso bei § 281) darf die Fristsetzung wegen ihrer Warnfunktion nicht schon vor dem Eintritt der Fälligkeit erfolgen (BGHZ 193, 315; vgl. *Medicus/Petersen* BürgerlR Rn. 247). Zwar lässt § 323 IV den Rücktritt im Falle eines antizipierten Vertragsbruchs bereits vorher zu, doch muss das Rücktrittsrecht dann zwingend vor Fälligkeit ausgeübt werden.

6 **cc)** Bisweilen bedarf es für den Schadensersatz statt der Leistung und für den Rücktritt nicht einmal einer **Fristsetzung.** Deren **Entbehrlichkeit** wird in § 281 II und § 323 II bestimmt. Hier findet sich als Nr. 1 übereinstimmend der Fall der ernsthaften und endgültigen **Leistungsverweigerung:** Wenn der Schuldner seine Leistungspflicht überhaupt bestreitet, wird er konsequenterweise auch in der Frist nicht leisten. § 323 II Nr. 2 bringt dann das **Fixgeschäft:** Hierfür genügt nicht die Versäumung eines Termins oder einer Frist. Vielmehr muss „die termin- oder fristgerechte Leistung nach einer Mitteilung des Gläubigers an den Schuldner vor Vertragsschluss oder auf Grund anderer den Vertragsabschluss begleitenden Umstände für den Gläubiger wesentlich" sein (Indiz können etwa die Worte „fix", „präzis" oder ähnlich sein). Als letzter Grund für die Entbehrlichkeit einer Fristsetzung erscheinen schließlich in § 281 II und § 323 II Nr. 3 (beim Rücktritt nur für den Fall einer nicht vertragsgemäß erbrachten Leistung) „**besondere Umstände,** die unter Abwägung der beiderseitigen Interessen" die sofortige Geltendmachung des Schadensersatzanspruchs oder des Rücktritts erfordern. Hier ist etwa wieder an den Klempner zu denken, der wegen eines Wasserrohrbruchs gerufen wird und sein Kommen zugesagt hat. Auch bei arglistigem Verschweigen eines Mangels soll der Käufer regelmäßig ohne Weiteres zurücktreten dürfen (BGH NJW 2007, 835; 2008, 1371).

3. Sonstige Pflichtverletzungen

7 Bei der Pflichtverletzung kann man **zwei Typen** unterscheiden:

a) Bei der ersten Art beeinträchtigt die Pflichtverletzung das **Leistungsinteresse** des Gläubigers. Eine solche Beeinträchtigung liegt schon bei der Nichtleistung und der Leistungsverzögerung vor. Regelmäßig wird das Leistungsinteresse aber auch durch eine **Schlechtleistung** beeinträchtigt: Der Gläubiger kann etwa die gekaufte Maschine nicht verwenden, weil diese mangelhaft ist (vgl. § 434 mit → § 8 Rn. 14). Zudem kann hier aber auch das **Integritätsinteresse** des Gläubigers an der Erhaltung seiner schon vorhandenen Rechtsgüter und Interessen verletzt sein: Der Gläubiger verletzt sich an der mangelhaften Kreissäge oder vergiftet mit dem schädlichen Viehfutter seine Tiere. Hier geht es nicht um ein Ausbleiben oder eine Verspätung der Leistung, sondern um einen **Begleitschaden** aus der mangelhaften Leistung. Mängel der gelieferten Sache oder des hergestellten Werks bilden sogar die Hauptfälle der Schlechtleistung.

8 Das Gesetz hat mit der „Pflichtverletzung" einen Oberbegriff eingeführt, der auch die Schlechtleistung umfasst und für sie die Schadensersatzpflicht von § 280 I begründet. Diese erfasst vor allem auch die aus der mangelhaften Leistung folgenden Begleitschäden (etwa den entgangenen Gewinn aus einem gescheiterten Weiterverkauf oder Nachteile aus einem Stillstand der Fabrikation beim Gläubiger, sog. **Betriebsausfallschaden:** BGHZ 181, 317), und zwar ohne dass der Gläubiger die Mangelfreiheit der Leistung zuvor angemahnt haben muss. Hierin besteht eine erhebliche Besserstellung gegenüber §§ 280 II, 286. Verlangt der Gläubiger dagegen Schadensersatz statt der Leistung, passen die §§ 280 III, 281 (der Schuldner erbringt die Leistung „nicht wie geschuldet"). Ebenso passt für den Rücktritt § 323 I (der Schuldner erbringt die Leistung „nicht vertragsgemäß").

9 **b)** Die andere Art der Pflichtverletzung bezieht sich nicht auf die Leistung selbst, sondern auf die Umstände der Leistungserbringung: Beispielsweise zerstört der Maler durch ungeschickten Umgang mit seiner Leiter das Porzellan des Bestellers. Der

Gesetzestext spricht hier von der Verletzung einer (Schutz)Pflicht nach § 241 II. Solche **leistungsfernen Pflichtverletzungen** beeinträchtigen zwar nicht das Leistungsinteresse des Gläubigers. Aber sie fügen ihm in anderer Weise Schaden zu (Ersatz nach § 280 I). Sie können dazu führen, dass ihm die Leistung durch gerade diesen Schuldner überhaupt unzumutbar wird. Dann gewähren § 282 Schadensersatz statt der Leistung und § 324 ein Rücktrittsrecht (zu den Einzelheiten *Medicus/Petersen* BürgerlR Rn. 206 ff., 247 a ff.).

II. Das Vertretenmüssen

Damit eine der eben behandelten Pflichtverletzungen zu einer Schadensersatzpflicht führt, muss der Schuldner sie regelmäßig zu vertreten haben (anders beim Rücktritt, § 323!). „Vertretenmüssen" ist der Oberbegriff und bedeutet nicht notwendigerweise „Verschulden", wie sich aus § 276 I ergibt (vgl. auch *Medicus/Petersen* BürgerlR Rn. 2). 10

1. Regel: Haftung für eigenes Verschulden, § 276

Die Haftung des Schuldners für eigenes Verschulden hat nach § 276 I zwei Voraussetzungen:

a) Nach der Verweisung in § 276 I 2 auf die §§ 827, 828 muss der Schuldner allgemein für Schäden verantwortlich **(verschuldensfähig)** sein. Diese Fähigkeit fehlt nach § 828 I insbesondere demjenigen, der das 7. Lebensjahr noch nicht vollendet hat. Dagegen ist der beschränkt Geschäftsfähige (bis zur Vollendung des 18. Lebensjahres) nach § 828 III in der Regel verschuldensfähig. Abweichendes gilt nur, wenn ihm bei seinem Handeln „die zur Erkenntnis der Verantwortlichkeit erforderliche Einsicht" fehlt. Das bedeutet einen relativen, auf den konkreten Jugendlichen und die konkrete Verletzung bezogenen Maßstab: Je weniger entwickelt der Jugendliche und je komplizierter die Verletzung ist, umso eher fehlt die Verschuldensfähigkeit. Jedoch wird in § 828 III auffälligerweise nicht auch noch die (im Strafrecht nötige) Fähigkeit gefordert, sich dieser Einsicht entsprechend zu verhalten; das Fehlen dieser Fähigkeit kann jedoch die Fahrlässigkeit ausschließen (→ § 11 Rn. 11 und BGHZ 39, 281).

Soweit der Schuldner wegen seiner Verschuldensunfähigkeit nicht selbst verantwortlich ist, kommt aber nach § 278 die **Haftung für den gesetzlichen Vertreter** in Betracht (→ § 11 Rn. 14). Wenn zB ein Kind nicht aus eigenem Verschulden für Schäden aus später entstandenen Mängeln des ererbten Mietshauses haftet (§ 536 a), kann es doch dafür aufkommen müssen, dass seine Eltern das Haus vernachlässigt haben. Ob auch eine Haftung aus dem (in § 276 I 2 nicht genannten) § 829 infrage kommt, ist strittig.

b) Neben der Verschuldensfähigkeit müssen nach § 276 I 1 regelmäßig **Vorsatz oder Fahrlässigkeit** vorliegen. Der (gesetzlich nicht definierte) **Vorsatz** bedeutet im Zivilrecht Wissen und Wollen der Pflichtverletzung; ein Irrtum über die Pflicht schließt den Vorsatz aus. Die **Fahrlässigkeit** wird in § 276 II objektiv durch die im Verkehr erforderliche Sorgfalt umschrieben. Dabei wird nach hM auf die Leistungsfähigkeit gerade des konkreten Schuldners prinzipiell keine Rücksicht genommen: ZB kann der Anwalt einen Fehler bei einem Prozess über eine Hypothek nicht damit entschuldigen, 11 die von ihm gehörte Sachenrechtsvorlesung sei nie bis zur Hypothek vorgedrungen. Doch sind immerhin Privilegien für drei Gruppen mit *typischerweise* geminderter Leistungsfähigkeit anerkannt: **Kinder** (soweit sie nach § 828 überhaupt verschuldensfähig sind), **alte Leute** und **Behinderte.**

2. Erste Erweiterung: Haftung für Erfüllungsgehilfen, § 278 S. 1 Alt. 2

12 **a)** Der Schuldner könnte die Haftung für eigenes Verschulden vermeiden wollen, indem er nicht selbst erfüllt, sondern durch Hilfspersonen erfüllen lässt. Eine solche Entlastung verhindert der (ungenau formulierte) § 278 S. 1 Alt. 2: Der Schuldner soll nach dem Wortlaut der Vorschrift ein Verschulden solcher Erfüllungsgehilfen **wie eigenes Verschulden** zu vertreten haben. Genau genommen kommt es aber nicht darauf an, ob diese Hilfspersonen ein *technisches* Verschulden trifft: Daran wird es meist schon deshalb fehlen, weil nur der Schuldner und nicht auch die Hilfsperson dem Gläubiger verpflichtet ist. Vielmehr entscheidet, *ob das Verhalten der Hilfsperson schuldhaft wäre, wenn der Schuldner selbst sich derart verhalten hätte.* So kann sich ein Handwerksmeister, der Hilfsarbeiten durch einen Lehrling ausführen lässt, nicht mit dessen niedrigem Ausbildungsstand entschuldigen (BGHZ 31, 358 [367]). Dem Schuldner wird also das Verhalten seiner Hilfspersonen zugerechnet, damit er nicht durch die Arbeitsteilung der eigenen Verantwortlichkeit entgeht.

13 **b)** Die in § 278 erfassten Erfüllungsgehilfen müssen vom Schuldner in die Erfüllung seiner Verbindlichkeit **eingeschaltet** worden sein. Dafür genügt auch die Einschaltung in die Erfüllung einer bloßen **Schutzpflicht** (§ 241 II). So haftet der Lagerhalter auch für den Arbeiter, der mit der Ware des konkreten Gläubigers nichts zu tun hat, aber durch unvorsichtigen Umgang mit Feuer das ganze Lagerhaus einäschert. Dagegen braucht der Erfüllungsgehilfe – anders als der von § 831 erfasste Verrichtungsgehilfe (→ § 23 Rn. 4) – weder vom Schuldner weisungsabhängig noch in dessen Haushalt oder Gewerbe eingegliedert zu sein. So ist etwa auch der von einem Generalunternehmer herangezogene selbstständige Subunternehmer dessen Erfüllungsgehilfe. Dagegen ist der Hersteller einer Ware regelmäßig nicht Erfüllungsgehilfe des Verkäufers in dessen Verhältnis zum Käufer: Der Verkäufer schuldet diesem ja nur die Lieferung und nicht auch die Herstellung der Ware. Folglich haftet der Verkäufer dem Käufer nicht wegen § 278 für den Schaden aus einem vom Hersteller verschuldeten Sachmangel (BGHZ 200, 337 Rn. 31 ff.). Ähnlich wird man Unternehmen der öffentlichen Versorgung wie Bahn, Post und Elektrizitätswerke deshalb weithin nicht unter § 278 bringen dürfen, weil die Abhängigkeit des Schuldners von solchen Unternehmen durch die Verkehrsanschauung hingenommen wird (vgl. *Medicus/Petersen* BürgerlR Rn. 803 ff.).

3. Zweite Erweiterung: Haftung für gesetzliche Vertreter, § 278 S. 1 Alt. 1

14 Noch vor dem Erfüllungsgehilfen nennt § 278 den gesetzlichen Vertreter: Auch dessen Versagen soll der (vertretene) Schuldner zu verantworten haben. Hierhin gehören bei minderjährigen Kindern die Eltern (§ 1629 I 1 → § 5 Rn. 15; diese Haftung darf nicht verwechselt werden mit derjenigen aus § 832 der Eltern für die Kinder!). Doch umfasst die Vorschrift noch weitere Fälle, in denen für den Schuldner ein anderer handelt. So wird der Schuldner im Insolvenzverfahren durch den Verwalter gesetzlich vertreten (§ 80 I InsO) und der mit Testamentsvollstreckung eingesetzte Erbe durch den Testamentsvollstrecker (§§ 2205 ff.). Nach richtiger Ansicht gehört hierhin auch die Vertre-

tung von juristischen Personen durch ihre Organe, zB von Verein und Stiftung durch den Vorstand (§§ 26 I 2 1 Hs. 2, 84 II 1 Hs. 2): § 31 passt nur für die gesetzliche Haftung (insbesondere aus Delikt), die mit einer Vertretung nichts zu tun hat (str.; vgl. *Medicus/Petersen* BürgerlR Rn. 780 ff.).

Wenn etwa ein Vereinsvorstand eine Vertragspflicht des rechtsfähigen Vereins verletzt, zB die Miete für das Vereinslokal trotz Fälligkeitsvereinbarung (§ 286 II 1 Nr. 1) nicht zahlt, schuldet nur der Verein die Verzugszinsen (§ 288) wegen § 278: Für § 31 fehlt es an einer „zum Schadensersatz verpflichtenden Handlung" des Vorstands (dieser persönlich war nicht Schuldner und konnte daher nicht in Verzug geraten). Dagegen würde aus Delikt, wenn etwa ein Vereinsmitglied durch ein Verschulden des Vorstands unmittelbar körperlich verletzt wird, dieser regelmäßig persönlich nach den §§ 823 I, 253 II und der Verein dann ebenso nach § 31 haften.

4. Spezielle gesetzliche Veränderungen des Haftungsmaßstabs

Nach § 276 I 1 gilt die allgemeine Haftung für Vorsatz und jede Fahrlässigkeit nur, „sofern nicht ein anderes bestimmt ist". Das Gesetz enthält solche abweichenden Bestimmungen in zwei Richtungen: 15

a) Der Haftungsmaßstab kann **gemildert** werden. Dafür bedient das BGB sich zweier typisierter Formen:

aa) In der ersten soll der Schuldner nur **Vorsatz und grobe Fahrlässigkeit** zu vertreten haben. Das gilt nach § 300 I im Annahmeverzug des Gläubigers und nach den §§ 521, 599, 680 für den Schenker, den Verleiher und den Notgeschäftsführer (→ § 16 Rn. 10). In den drei letzten Fällen beruht die Haftungsmilderung auf der Unentgeltlichkeit und bei Gläubigerverzug darauf, dass ohne diesen der Schuldner bereits erfüllt hätte.

bb) In der zweiten Gruppe soll der Schuldner nur das Außerachtlassen derjenigen Sorgfalt zu vertreten haben, „die er in eigenen Angelegenheiten anzuwenden pflegt" **(eigenübliche Sorgfalt).** Nach § 277 muss jedoch für grobe Fahrlässigkeit allemal gehaftet werden. Anwendungsfälle dieser Haftung für *diligentia quam in suis* sind die §§ 690 (unentgeltliche Verwahrung), 1359 (Ehegatten), 1664 I (Eltern) und 2131 (Vorerbe), dazu noch § 4 LPartG. Wichtig ist zudem die Haftung des Rückgewährpflichtigen nach § 346 III 1 Nr. 3. 16

b) Das Gesetz kann den Haftungsmaßstab aber auch **verschärfen.** Dies geschieht in mannigfachen Zusammenhängen. So haftet nach § 287 S. 2 der Schuldner im Verzug sogar für Zufall. § 276 I 1 nennt noch weitere Verschärfungen, nämlich die Übernahme einer Garantie oder eines Beschaffungsrisikos. Dabei bezieht sich die erste vor allem auf die **Eigenschaftszusicherung** und die zweite auf Beschaffungsschulden, zu denen regelmäßig die **Gattungsschuld** gehört. Insoweit drückt § 276 I 1 nur alte Regeln allgemeiner (und zutreffender) aus. Ein verschuldensunabhängiges Vertretenmüssen bejaht man schließlich (früher oft in Analogie zu § 279) auch für die **Geldschuld:** Insbesondere gerät der nicht zahlende Geldschuldner auch dann in Schuldnerverzug, wenn er seinen Geldmangel nicht verschuldet hat. Dass er sich auch nicht auf sein Unvermögen berufen kann, war schon oben (→ § 11 Rn. 3) gesagt worden. 17

5. Vertragliche Veränderungen des Haftungsmaßstabs

a) Im Rahmen der Vertragsfreiheit kann der Haftungsmaßstab auch durch Vertrag geändert werden. Eine allgemeine **Grenze** bildet insoweit freilich § 276 III (Vorsatz des 18

Schuldners selbst). Speziellere Grenzen stehen etwa in den §§ 444, 536d, 639 (Arglist, bei § 444 auch Garantie; näher BGH NJW 2021, 3397 und *Medicus/Petersen* BürgerlR Rn. 300) sowie § 651y (jede Haftungsminderung außer nach § 651p). Dazu kommen für Allgemeine Geschäftsbedingungen und vorformulierte Klauseln in Verbraucherverträgen (§ 310 III Nr. 2) die § 309 Nr. 7 und 8 sowie § 307 II Nr. 2. Dabei geht insbesondere § 309 Nr. 7b weit über die §§ 276 III, 278 S. 2 hinaus: Der Verwender der AGB kann gegenüber Nichtunternehmern (vgl. § 310 I 1) seine Haftung nicht einmal für grobe Fahrlässigkeit von Gehilfen ausschließen. Nach § 309 Nr. 7a lässt sich bei Verletzungen besonders wertvoller Rechtsgüter (Leben, Körper, Gesundheit) sogar die Haftung für leichte Fahrlässigkeit nicht beschränken. Gegenüber Unternehmern entscheidet nach § 307 die Unangemessenheit des Haftungsausschlusses für den Vertragspartner. Sie trifft insbesondere dann zu, wenn dieser Ausschluss den Vertragszweck gefährden würde, so etwa bei den sog. **Kardinalpflichten** (vgl. BGHZ 89, 363 [368 f.]: Kühlung von eingelagerten Lebensmitteln).

19 **b)** Durch **Individualvertrag** tritt eine **Haftungsverschärfung** insbesondere bei einer Garantieübernahme ein (→ § 11 Rn. 17). Schwierig ist freilich die Abgrenzung der Zusicherung von bloßen Beschaffenheitsangaben, die keine Garantiehaftung auslösen (vgl. *Medicus/Petersen* BürgerlR Rn. 297): Die Zusicherung bedeutet eine Willenserklärung über das Einstehenwollen des Schuldners (BGHZ 170, 86 Rn. 20 ff.); mit der Beschaffenheitsangabe offenbart der Schuldner dagegen nur sein (vermeintlich richtiges) Wissen.

Eine individuelle **Haftungsmilderung** ist vor allem bei **Gefälligkeiten** zu erwägen, die entweder kein Rechtsgeschäft bilden (→ § 7 Rn. 2 ff.) oder unter das Auftragsrecht fallen, das jedoch bewusst keine gesetzliche Haftungsmilderung enthält (BGH NJW-RR 2017, 272). Dabei kann die Haftungsmilderung insbesondere auch Deliktsansprüche erfassen. Beispiele sind die Mitnahme eines Anhalters oder die Übernahme der Beaufsichtigung eines fremden Kindes, wo jeweils bei Körperverletzung Ansprüche aus § 823 I entstehen können. Hier ist die Annahme einer konkludent verabredeten Haftungsmilderung nur ausnahmsweise zulässig (vgl. *Medicus/Petersen* BürgerlR Rn. 369). Eher eignet sich fallgruppenweise eine Analogie zu den gesetzlichen Haftungsmilderungen (→ § 11 Rn. 16). Im Übrigen wird eine bewusste Gefahrübernahme von der Rechtsprechung seit BGHZ 34, 355 meist als mitwirkendes Verschulden nach § 254 beurteilt (→ § 11 Rn. 29): zB der Mitfahrer weiß, dass der Fahrer angetrunken ist oder noch keine Fahrerlaubnis erworben hat.

6. Behauptungs- und Beweislast

20 Dass der Schuldner bei Unmöglichkeit und Verzug nur dann Schadensersatz leisten muss, wenn er das Leistungshindernis zu vertreten hat, wird im BGB eigenartig formuliert: § 280 I 2 drückt ebenso wie § 286 IV das Erfordernis des Vertretenmüssens mit einer doppelten Verneinung aus. Damit wird ein Umstand gemeint, dessen Fehlen der Schuldner zu behaupten und zu beweisen hat (Ausnahme: § 619a beim Arbeitsvertrag). Dahinter steht folgender Gedanke: Die leistungshindernden Umstände liegen regelmäßig beim Schuldner. Daher ist dieser eher in der Lage, sie aufzuklären; er soll also auch das Risiko der Nichtaufklärbarkeit tragen. Für die Schlechtleistung (→ § 11 Rn. 7) gilt das freilich nur, soweit die Störung nicht aus dem Bereich des Gläubigers stammen kann.

Die hiermit angeordnete Verteilung der Behauptungs- und Beweislast hat **in schriftlichen Arbeiten** allerdings bloß selten Bedeutung. Denn die Frage, wem die Nichtaufklärbarkeit schadet, stellt sich nur bei einem streitigen Sachverhalt. Meist schildern die Aufgaben aber die wesentlichen Umstände als unstreitig (→ § 1 Rn. 8). Nur wenn es ausnahmsweise anders ist, braucht also das eigentliche Regelungsproblem von § 280 I 2 erwähnt zu werden.

III. Der Schaden

Außer einer Pflichtverletzung und dem Vertretenmüssen bedarf es für einen Scha- 21
densersatzanspruch noch eines Schadens des Gläubigers. Dieser Schaden ergibt sich nach § 249 I in erster Annäherung aus einem **Vergleich zweier Zustände:** desjenigen „Sollzustandes", der jetzt ohne das schädigende Ereignis bestünde, und des „Istzustandes", der jetzt wirklich besteht. Nach der sog. **Differenzhypothese,** von der die Schadensermittlung ausgehen muss, folgt der Schaden aus dem Unterschied zwischen Soll- und Istzustand. Ein an diesem Unterschied sich orientierender Ersatz umfasst prinzipiell den ganzen Schaden, bedeutet also **Totalersatz** einschließlich des entgangenen Gewinns (§ 252 S. 1). Doch wird dieser einfache Ausgangspunkt durch mehrere Zusatzerwägungen kompliziert (vgl. nur BGH JZ 2010, 44; dazu *Medicus/Petersen* BürgerlR Rn. 246). Dabei gelten die folgenden Überlegungen für alle Schadensersatzansprüche unabhängig von ihrem Rechtsgrund, also nicht nur für Vertragsansprüche.

1. Natural- und Geldersatz

Außer dem eben genannten Umfang des ersatzfähigen Schadens regelt § 249 I noch die 22
Art des zu leistenden Ersatzes: Dessen Ziel ist ja die Herstellung des schadensfreien Sollzustandes. Folglich muss der Schuldner in erster Linie etwa für die Heilung der verletzten Person oder für die Reparatur der beschädigten Sache sorgen. Doch kann der Gläubiger nach § 249 II diese Herstellung auch selbst in die Hand nehmen und tut das auch regelmäßig. Dann hat der Schuldner die nötigen Kosten zu ersetzen. Beides nennt man Naturalersatz (oder -restitution, -herstellung).

Von der **Regel der Naturalherstellung** gibt es aber wichtige Ausnahmen: Diese kann nämlich unmöglich, nicht ausreichend oder unverhältnismäßig teuer sein, § 251. Dann muss oder darf der Schuldner den Gläubiger „in Geld entschädigen". Da vielfach auch nach § 249 Geld zu zahlen ist, muss § 251 eine andere Berechnung der geschuldeten Summe bedeuten (lehrreich BGH ZIP 2020, 1073): Diese wird nicht (wie bei § 249 II) durch die Kosten der Herstellung bestimmt, sondern durch die beim Gläubiger eingetretene **Vermögensminderung.**

Der Unterschied zeigt sich besonders deutlich bei der **Beschädigung von Kraftfahrzeugen:** Nach § 249 II sind die Reparaturkosten zu ersetzen, nach § 251 dagegen die Kosten für die Beschaffung eines Ersatzfahrzeugs (str.; der BGH hält auch diese Beschaffung für einen Fall der Naturalrestitution). Vor allem bei älteren und schon stark abgefahrenen Wagen kann eine größere Reparatur sehr viel teurer kommen als die Anschaffung eines entsprechenden Gebrauchtwagens (an solche Fälle denkt § 251 II 1). Die Rechtsprechung mutet hier dem Schädiger Kosten bis zu 130 % des Vermögensschadens zu; höhere Kosten führen dazu, dass der Schädiger nach § 251 II 1 den billigeren Weg des Geldersatzes wählen kann (BGH NJW 2022, 539). Bei Heilungskosten für Tiere gilt das aber nach § 251 II 2 nicht ohne Weiteres: Hier kommt im Interesse des Tierschutzes auch der Ersatz von Heilungskosten in Betracht, die weit über den Kosten einer vielleicht sogar kostenlos möglichen (Tierheim!) Ersatzbeschaffung liegen (BGH NJW 2016, 1589). Vgl. auch *Medicus/Petersen* BürgerlR Rn. 818 ff.

2. Vermögens- und Nichtvermögensschaden

23 **a)** Eine Geldentschädigung nach § 251 setzt voraus, dass das Vermögen des Gläubigers gemindert ist. Man spricht dann von einem Vermögensschaden (vgl. § 253).

Dieses Wort hat jedoch eine (für Studenten gefährliche) **Doppelbedeutung:** Insbesondere bei § 823 I bezeichnet es nämlich auch die *Vermögensverletzung* im Gegensatz zur Verletzung von Leben, Körper, Gesundheit usw. Da das Vermögen als solches nicht unter § 823 I fällt (→ § 25 Rn. 9), sind damit dann die nach § 823 I nicht ersatzfähigen Verletzungen gemeint.

Es gibt aber auch Schäden ohne direkten Vermögensbezug: Ein Verletzter hat Schmerzen; eine Mutter betrauert den Tod ihres Kindes; ein von der Presse Angegriffener ärgert sich über die Kränkung. Soweit bei solchen Nichtvermögensschäden Herstellung nach § 249 I und II möglich ist, wird diese geschuldet, zB der Ersatz von Kosten für Schmerz- und Schlafmittel. Bei Unmöglichkeit einer Herstellung versagt § 249 dagegen, und für den dann sonst eingreifenden § 251 I Alt. 1 fehlt es an einem Vermögensschaden. Daraus folgt das **Prinzip, dass Geldersatz bei Nichtvermögensschäden ausscheidet,** und dies wird in § 253 I noch einmal ausdrücklich gesagt.

b) Doch gibt es von diesem Prinzip **Ausnahmen;** die wichtigste ist § 253 II: Nach dieser Vorschrift wird bei der Verletzung von Körper, Gesundheit, Freiheit oder der sexuellen Selbstbestimmung „auch" eine „billige Entschädigung in Geld" geschuldet (instruktiv zur Bemessung etwa BGH NJW 2022, 1953). Hier deutet das „auch" an, dass dieses **Schmerzensgeld** einer weiteren Anspruchsgrundlage bedarf; § 253 II bestimmt also nur den Umfang eines anders zu begründenden Anspruchs.

Das Schmerzensgeld steht in § 253 II und damit im Allgemeinen Schuldrecht. Folglich gilt es für Ansprüche aller Art, also insbesondere auch für Vertragsansprüche. Als Besonderheiten des Deliktsrechts sind aber die **Ansprüche Dritter** aus den §§ 844, 845 geblieben, die es aus Vertrag nur ausnahmsweise (in § 618 III) gibt. Außer dem § 253 II gewähren ein Schmerzensgeld auch viele Spezialvorschriften im Bereich der Gefährdungshaftung, etwa die § 11 S. 2 StVG, § 6 S. 2 HPflG, § 8 S. 2 ProdHaftG. Ein Schmerzensgeldanspruch naher Angehöriger eines Getöteten wegen psychischer Beeinträchtigung durch **Schockschäden** setzt voraus, dass der Schockzustand pathologisch fassbar und zurechenbar ist (BGHZ 235, 239; vgl. *Medicus/Petersen* BürgerlR Rn. 834). BGH NJW 2015, 1451, bejaht dies bei einer direkten Beteiligung des Schockgeschädigten am Unfall. Ein Ersatz für Schockschäden ist auch bei einer fehlerhaften ärztlichen Behandlung möglich (BGHZ 222, 125; zur Genugtuungsfunktion des Schmerzensgeldes im Arzthaftungsrecht BGH NJW 2022, 1443). Einem Amokläufer ist die schockbedingte Gesundheitsbeeinträchtigung eines Polizisten zurechenbar (BGHZ 218, 220). Zudem ist § 844 III zu beachten, wonach dem Hinterbliebenen für das seelische Leid eine angemessene Entschädigung zusteht. BGHZ 193, 34 lehnt einen Anspruch des Tierhalters bei der Tötung seines Tieres ab.

Ausnahmsweise eine Geldentschädigung über § 253 II hinaus gewährt § 651 n II wegen **verdorbenen Urlaubs.** Von der Rechtsprechung aus § 823 I entwickelt worden ist zudem ein Geldanspruch auf **Genugtuung** wegen schwerer Eingriffe in das allgemeine Persönlichkeitsrecht (→ § 25 Rn. 8 und *Medicus/Petersen* BürgerlR Rn. 615). Als Vermögensschaden versteht die hM dagegen den **Entzug der Nutzung** eines Kfz (uU sogar des Motorrads: BGHZ 217, 218) oder anderer „Wirtschaftsgüter von allgemeiner, zentraler Bedeutung für die Lebenshaltung" (BGHZ 98, 212, zB Wohnraum; BGHZ 196, 101: Zugang zum Internet). Über die hier zu leistende Geldentschädigung besteht noch immer viel Streit (vgl. *Medicus/Petersen* BürgerlR Rn. 824 ff.).

3. Positives und negatives Interesse

Den „zum Ersatz verpflichtenden Umstand", auf den § 249 I abstellt, kann man bei 24
einem gestörten Vertrag in verschiedener Weise sehen. Man kann nämlich entweder entscheidend sein lassen, dass der Schuldner **nicht oder nicht richtig geleistet** hat, also auf die **Leistungsstörung** abstellen. Bei dieser Betrachtung muss der Gläubiger so gestellt werden, als wäre pflichtgemäß geleistet worden: Das ist **Schadensersatz statt der Leistung** (früher: wegen Nichterfüllung), auch das positive oder Erfüllungsinteresse genannt. Oder man kann den zum Ersatz verpflichtenden Umstand schon in dem **Abschluss des Vertrags** sehen. Bei dieser Betrachtung ist der Gläubiger so zu stellen, wie er stünde, wenn er nicht auf die Wirksamkeit des Vertrags vertraut hätte. Das ist das negative oder **Vertrauensinteresse** (auch: Enttäuschungsschaden).

Welches Interesse jeweils zu ersetzen ist, wird vom Gesetz bestimmt. Dabei entspricht dem wirksamen Vertrag das positive (zB § 311 a II) und dem unwirksamen das negative Interesse (zB § 122). Einen Teilbetrag des negativen Interesses bilden die für den Besteller oder Käufer nach Rücktritt nutzlosen **Vertragskosten** (zB wegen einer Beurkundung des von dem Rücktritt betroffenen Grundstückskaufs, § 311 b I 1). Doch hat die Rechtsprechung positives und negatives Interesse durch eine **Rentabilitätsvermutung** verknüpft; ihre Stelle hat weitgehend § 284 übernommen (→ § 1 Rn. 3).

4. Kausalität und andere Zurechnungselemente

a) § 249 I erfasst als Schaden diejenigen Nachteile, die ohne den zum Ersatz verpflich- 25
tenden Umstand nicht eingetreten wären. Damit wird **Kausalität** zwischen diesem Umstand und den Nachteilen verlangt: Wenn man den Umstand hinwegdenkt, muss auch der Schaden entfallen. Entsprechend ist ein Unterlassen dann kausal, wenn bei Hinzudenken des pflichtgemäßen Handelns der Schaden entfiele.

Diese Kausalität kann zweifelhaft sein insbesondere beim **entgangenen Gewinn:** Etwa für den Ersatz eines die Verzugszinsen überschreitenden Verzugsschadens (§§ 280 II, 286, 288 IV) ist entscheidend, wie der Gläubiger das rechtzeitig gezahlte Geld verwendet hätte. Hierfür gibt § 252 S. 2 eine (trotz des Wortlauts „gilt" widerlegliche) Vermutung: Soweit nicht nach den besonderen Umständen etwas anderes zu erwarten ist, gilt der gewöhnliche, mit Wahrscheinlichkeit zu erwartende Gewinn als entgangen. Der Gläubiger braucht also etwa nicht nachzuweisen, dass er den üblichen Zins auch wirklich erzielt hätte.

b) Diese bloße Kausalitätserwägung behandelt alle Folgen des zum Ersatz verpflich- 26
tenden Umstandes gleich (sie sind also **äquivalent**). Das kann zu einer sehr weiten

Ausdehnung der Ersatzpflicht auf ganz unwahrscheinliche Nachteile führen. Im Interesse des Schuldners werden daher drei **mildernde Korrekturen** angebracht. Die erste besteht in der sog. **Adäquanztheorie:** Ganz unwahrscheinliche (inadäquate) Kausalverknüpfungen sollen außer Betracht bleiben. Einen etwas anderen Ansatz hat die **Schutzbereichslehre** (enger formuliert: die Lehre vom Rechtswidrigkeitszusammenhang): Es sollen nur diejenigen Folgen beachtet werden, die noch im Schutzbereich der vom Schädiger verletzten Norm (oder der verletzten Vertragspflicht) liegen. Letztlich werden hier der Zweck der Norm oder des Vertrags für eine Einschränkung des zu leistenden Schadensersatzes nutzbar gemacht. Drittens endlich ist noch zu erwägen, ob der Geschädigte den Schaden nicht als Teil seines **allgemeinen Lebensrisikos** selbst tragen muss. Durch diese Korrekturen wird aus dem schlichten (weil auf die Logik beschränkten) Kausalzusammenhang ein wertender **Zurechnungszusammenhang** (*Medicus/Petersen* BürgerlR Rn. 322b, 635).

27 c) Bei der Kausalität kann man zwei Arten unterscheiden, **die haftungsbegründende und die haftungsausfüllende.** Bei der ersten Art geht es um die Frage, ob das Verhalten des auf Ersatz in Anspruch Genommenen überhaupt zurechenbar zu einem Schaden geführt hat. Dagegen betrifft die zweite Art nur die Zurechnung einzelner Schadensfolgen. Beide Zurechnungsfragen sind vor allem mithilfe der Adäquanztheorie und der Schutzbereichslehre zu entscheiden.

28 d) In den Fällen von oben b und c war die Schadenszurechnung trotz eines äquivalenten Zurechnungszusammenhangs mit wertenden Erwägungen („normativ") verneint worden. Man kann aber auch umgekehrt normativ zur Bejahung eines Schadens gelangen (sog. **normativer Schaden**). Das deutlichste **Beispiel** hierfür ist der in § 6 I EFZG vorausgesetzte Schadensersatzanspruch eines durch einen Dritten verletzten Arbeitnehmers: Hier verhindert der Arbeitgeber durch seine Lohnfortzahlung real den Eintritt eines Erwerbsschadens; dennoch wird ein solcher für den Rückgriff des Arbeitgebers gegen den Drittverletzer unterstellt. Ähnlich wirkt im Deliktsrecht **§ 843 IV:** Der Deliktsanspruch gegen den Schädiger bleibt bestehen, auch wenn der Schaden durch Unterhaltsleistungen von Angehörigen beseitigt worden ist (zB die Eltern haben schon für die Heilung ihres von einem Dritten verletzten Kindes gesorgt). Beide Fälle kann man auch unter dem Gesichtspunkt sehen, dass dem Drittschädiger die **Anrechnung eines Vorteils versagt** wird, der dem Geschädigten aus dem Schadensereignis entstanden ist.

5. Vorteilsanrechnung

Das schädigende Ereignis kann für den Geschädigten auch Vorteile bringen. So spart der im Krankenhaus liegende Verletzte die häusliche Verpflegung oder der Mieter eines Ersatzwagens die Abnutzung seines eigenen. Solche Vorteile werden (oft pauschal berechnet) von dem Schadensersatz abgezogen. Doch gibt es auch zweifelhaftere Fälle: Muss die Witwe des Getöteten sich auf ihren Unterhaltsersatzanspruch (§ 844 II) die Erbschaft oder Leistungen eines Lebensversicherers anrechnen lassen? Hier ist eine wertende Entscheidung etwa unter dem Gesichtspunkt nötig, ob eine Entlastung des Schädigers der Billigkeit entspricht (*Medicus/Petersen* BürgerlR Rn. 858). Der Vorteilsausgleich kann zu einer vollständigen Aufzehrung des Schadensersatzanspruchs führen, wenn und weil sich der Berechtigte gezogene Nutzungen der Sache anrechnen lassen muss, etwa bei einem Kfz mit unzulässiger Abschaltvorrichtung (BGHZ 225, 316; ferner BGH NJW 2020, 2796). Regelmäßig muss sich der Geschädigte auch Wertsteigerungen anrechnen lassen, etwa weil die Ersatzsache wertvoller ist als die Beschädigte („Abzug neu für alt"; s. aber BGH NJW 2022, 2328 beim Kauf einer gebrauchten Sache).

6. Mitwirkendes Verschulden

Als wichtiges Grundelement des Schadensrechts muss schließlich noch § 254 erwähnt 29
werden: Ersatzansprüche können sich bis hin zum völligen Wegfall mindern, wenn der Geschädigte in zurechenbarer Weise an der Schädigung mitgewirkt hat. Dabei gilt § 254 als Norm des allgemeinen Schadensrechts sowohl im Vertrags- wie auch im Deliktsrecht. Dort gilt sie sinngemäß auch bei der Gefährdungshaftung, obwohl diese gerade kein Verschulden voraussetzt.

Doch kommt das Hauptproblem der Vorschrift, nämlich die in Abs. 2 S. 2 bestimmte **entsprechende Anwendung des § 278,** im Vertragsrecht nicht in Betracht. Dieses Problem betrifft die Frage, ob die genannte Verweisung nur die Rechtsfolge des § 278 meint **(Rechtsfolgenverweisung),** oder ob auch dessen Voraussetzungen vorliegen müssen **(Rechtsgrundverweisung),** nämlich vor allem eine Sonderverbindung zwischen dem Schädiger und dem Geschädigten (vgl. *Medicus/Petersen* BürgerlR Rn. 865 ff.). Im **Vertragsrecht** ist das deshalb ohne Bedeutung, weil dort die sonst problematische Voraussetzung des § 278 stets erfüllt ist: Der Vertrag bildet ja eine Sonderverbindung zwischen Schädiger und Geschädigtem. Daher muss dieser für eine Mitwirkung seiner Hilfspersonen schon bei der Schadensentstehung *jedenfalls* nach § 278 einstehen; ihn trifft damit eine gleiche Verantwortlichkeit wie den Schädiger. Bedeutung hat die Frage dagegen im **Deliktsrecht:** Muss sich das von einem Kraftfahrer verletzte Kind anrechnen lassen, dass die schlechte Beaufsichtigung durch die Eltern den Unfall mitverursacht hat? Die hM verneint das: § 254 II 2 enthalte eine Rechtsgrundverweisung auf § 278, sodass eine Sonderverbindung nötig sei (§ 278 spricht ja vom Schuldner!). Dagegen muss sich das Kind eine schuldhafte Schadensvergrößerung durch die Eltern (zB wenn sie nicht für ärztliche Hilfe sorgen) stets anrechnen lassen: Durch den Eintritt des ersten Schadens ist ein Schuldverhältnis zwischen dem geschädigten Kind und dem Schädiger zustande gekommen, sodass § 278 passt.

Aufbauprobleme bereitet das Mitverschulden in dem oben (→ § 2 Rn. 5) geschilderten Fall des am Unfallort unterschriebenen „Schuldbekenntnisses", wenn sich nicht klären lässt, ob den Anspruchsteller ein Mitverschulden trifft. Dann ist nach Ablehnung eines vertraglichen Anspruchs aus § 780 (→ § 2 Rn. 5) zu erörtern, ob der deliktische Anspruch nach § 254 zu kürzen ist (näher *Medicus/Petersen* BürgerlR Rn. 772 ff.).

§ 12 Sekundäre Vertragsansprüche II: aus Rücktritt

Die beiden wichtigsten Vorschriften über Leistungsstörungen im gegenseitigen Ver- 1
trag sind die §§ 323, 326. Sie gewähren dem Gläubiger der gestörten Leistungspflicht ohne Rücksicht auf ein Vertretenmüssen des Schuldners ein Rücktrittsrecht. Dieser Rücktritt hat zwei Seiten: Einerseits wirkt er als Beendigungsgrund für die noch nicht erfüllten Leistungspflichten; davon war schon oben (→ § 8 Rn. 11) die Rede. Andererseits erzeugt er aber auch wegen der schon erbrachten Leistungen Ansprüche mit dem Ziel einer Rückabwicklung. Das ist hier zu behandeln. Über die schon oben (→ § 8 Rn. 12 f.) erörterten Rücktritts*gründe* braucht dabei nicht mehr gesprochen zu werden.

I. Die Haftung nach Rücktrittsrecht

2 Für die Haftung des Leistungsempfängers enthalten die §§ 346ff. eine eigene Regelung, die vom Bereicherungsrecht (§§ 818ff.) teils erheblich abweicht. Diese Regelung gilt im Wesentlichen sowohl beim vorbehaltenen wie auch beim gesetzlichen Rücktritt.

1. Rückabwicklung von Leistungen

a) Am einfachsten liegt es, wenn die empfangenen Leistungen noch vorhanden sind und in Natur zurückgegeben werden können: Dann wird nach § 346 I diese **Rückgewähr** geschuldet. Dabei handelt es sich um eine Rückübereignung, wenn – wie beim Kauf – eine Sache in das Eigentum des Empfängers gelangt war: Der Rücktritt selbst beendet ja nur das obligatorische Grundgeschäft und nicht auch die Übereignung. Hatte sich dagegen der Verkäufer das Eigentum vorbehalten (§ 449 I), so endet mit dem Rücktritt das Anwartschaftsrecht des Käufers und zugleich sein Recht zum Besitz. Daher braucht bloß dieser Besitz zurückübertragen zu werden. Eine Herausgabe kann der Verkäufer vom Käufer erst nach Rücktritt verlangen, § 449 II. Gegen einen Dritten kommt nur § 985 in Betracht, so zB, wenn sich die Sache zur Reparatur bei einem Dritten befindet. Dann kann ohne Rücktritt regelmäßig nur Herausgabe an den Käufer verlangt werden, § 986 I 2.

3 b) Vor allem nichtgegenständliche Leistungen lassen sich ihrer Natur nach nicht zurückgewähren. Solche Leistungen meint auch im Bereicherungsrecht § 818 II mit den Worten, die Herausgabe sei „wegen der Beschaffenheit des Erlangten nicht möglich" (→ § 26 Rn. 5). Dazu gehören etwa geleistete Dienste und die Überlassung der Benutzung einer Sache: Dafür soll nach § 346 II 1 Nr. 1 **Wertersatz** geschuldet werden, und dessen Höhe soll sich gem. § 346 II 2 nach der vertraglichen Bestimmung richten. Diese bleibt also trotz des Rücktritts maßgeblich (näher dazu BGHZ 178, 355 und *Medicus/Petersen* BürgerlR Rn. 292).

Dagegen meint § 346 II 1 Nr. 1 nicht den (häufigeren) Fall, dass eine Sache zu Eigentum überlassen und dann vom Empfänger bis zum Rücktritt benützt worden ist. Hier (zB beim durch Rücktritt gelösten Kauf eines Kfz) gilt für den Nutzungsersatz § 346 I mit II Nr. 1, zudem § 347 I (→ § 12 Rn. 5).

4 c) Ist eine empfangene Leistung verschlechtert worden, untergegangen oder kann sie sonst nicht mehr herausgegeben werden, so verweist § 346 IV wegen eines **Schadensersatzanspruchs** auf die §§ 280–283. Das ist also die in einem Schuldverhältnis gewöhnlich geltende Schadensersatzpflicht bei Vertretenmüssen.

Allerdings taucht bei der Bestimmung des für § 280 maßgeblichen Vertretenmüssens ein Problem auf: Zwar muss beim vorbehaltenen Rücktritt jede Partei mit einer Rückgewährpflicht rechnen, sodass hinsichtlich der erhaltenen Leistungen Sorgfalt erwartet werden kann. Ebenso verhält es sich beim gesetzlichen Rücktritt, *nachdem* dieser erklärt worden ist. *Vorher* aber braucht eine Rückgewährpflicht regelmäßig nicht in Betracht gezogen zu werden (zB muss der Käufer nicht mit einem verborgenen Mangel der gekauften Sache rechnen); ein technisches Verschulden ist daher ausgeschlossen. Man wird hier den Rechtsgedanken von § 346 III 1 Nr. 3 anzuwenden haben: Dort wird sogar eine Wertersatzpflicht ausgeschlossen, wenn der Rückgewährschuldner die eigenübliche Sorgfalt (mit der Begrenzung durch § 277) beachtet hat. Umso mehr muss dann auch ein Schadensersatzanspruch ausgeschlossen sein.

1. Nutzungen

Bis zur Rückgewähr von Leistungen kommt deren Nutzung durch den Empfänger in 5
Betracht; auch diese soll rückabgewickelt werden. Dafür bestimmt § 347 I 1 (zusammen mit § 346 I) hinsichtlich der gezogenen und der schuldhaft nicht gezogenen Nutzungen eine Pflicht zur Herausgabe oder zum Wertersatz (nach § 346 II 1 Nr. 1). Der Nutzungsersatzanspruch ist ein selbstständiger Anspruch (BGHZ 215, 157).

3. Verwendungen

Der Rückgewährschuldner kann Verwendungen auf die empfangene Sache gemacht 6
haben: Es hat zB der Käufer dem gebraucht gekauften Pkw eine neue Lackierung oder einen Austauschmotor „spendiert". Dafür bestimmt § 347 II explizit eine Ersatzpflicht wegen notwendiger Verwendungen und auch wegen aller Aufwendungen, die den Herausgabegläubiger bereichern. Zudem bleibt neben § 347 II auch § 284 anwendbar (BGH NJW 2005, 2848 [2850]).

II. Rücktritt und Bereicherung

1. Ausgangspunkt

Die Rückabwicklung nach Rücktritts- und nach Bereicherungsrecht liegen nahe bei- 7
einander: Wenn zB der arglistig getäuschte Käufer nach § 123 den Kaufvertrag anficht, gilt für die Rückabwicklung Bereicherungsrecht (und womöglich noch Deliktsrecht). Tritt er dagegen wegen eines Sachmangels zurück (§§ 437 Nr. 2, 440, 323, 326 I 2, V), gelten die §§ 346ff. Zwischen beiden Rückabwicklungsformen bestehen aber sachliche Unterschiede. Diese sollen im Folgenden kurz dargestellt werden.

2. Unterschiede bei der Haftung

Der Unterschied wird dadurch kompliziert, dass die Bereicherungshaftung noch ihrer- 8
seits nach der Schutzwürdigkeit des Schuldners differenziert.

a) Der **Rücktrittsschuldner** hat regelmäßig das Erhaltene zurückzugeben (§ 346 I) oder Wertersatz zu leisten (§ 346 II, Ausnahmen § 346 III). Dagegen schützt das **Bereicherungsrecht** den Schuldner, der **seine Herausgabepflicht noch nicht positiv kennt** und auch noch nicht auf Herausgabe verklagt worden ist. Diesem „redlichen" Schuldner hilft nämlich § 818 III: Der Schuldner soll nicht mehr haften, soweit er „nicht mehr bereichert ist". Dabei gibt es für einen solchen **Wegfall der Bereicherung** mehrere Möglichkeiten: Der erlangte Gegenstand kann weggefallen sein und dem Empfänger auch keine Ersatzvorteile verschafft haben (vgl. § 818 II): zB der unversicherte Bauernschrank ist ohne fremdes Verschulden verbrannt. Aber sogar wenn der empfangene Gegenstand noch vorhanden ist, kommt ein Wegfall der Bereicherung in Betracht: etwa in Höhe der Zoll- und Transportkosten, die der Empfänger für die importierte Ware aufgewendet hat. Ein „Verschulden" des Empfängers an den entreichernden Umständen bleibt ohne Bedeutung → § 26 Rn. 2.

Ob und inwieweit **bei gegenseitigen Verträgen** ein Wegfall einer Leistung mit Rücksicht auf deren (synallagmatische) Verknüpfung mit der Gegenleistung unbeachtlich sein kann, ist Gegenstand der heftig umstrittenen **Saldotheorie.** Diese bedeutet der Sache nach eine Durchbrechung des § 818 III: Es soll berücksichtigt werden, dass beim gegenseitigen Vertrag dem Empfänger die Leistung nur um den Preis der Gegenleistung zusteht. Etwa der Käufer kann also mit dem Behalten der Kaufsache nur rechnen, wenn er den Kaufpreis bezahlt. Dem trägt aber die Saldotheorie nur unvollkommen Rechnung. Daher wird sie heute von so vielen Ausnahmen durchkreuzt, dass sie kaum noch ein klares Anwendungsgebiet hat (→ § 26 Rn. 3 und *Medicus/Petersen* BürgerlR Rn. 225 ff.).

9 b) Schlechter steht derjenige Leistungsempfänger, der schon **auf Herausgabe verklagt** ist (§ 818 IV) oder seine **Herausgabepflicht kennt** (§ 819 I): Auch für ihn ist zwar § 818 III nicht völlig ausgeschaltet. Aber er haftet für einen Bereicherungswegfall „nach den allgemeinen Vorschriften", § 818 IV. Das ist insbesondere § 292. Dieser verweist auf die Vorschriften des Eigentümer-Besitzer-Verhältnisses nach Rechtshängigkeit und führt damit im Wesentlichen zu einer Verschuldenshaftung des Empfängers. Dies ist beinahe dieselbe Haftung, die nach Rücktrittsrecht gem. den §§ 346 IV, 280, 283 für den Rückgewährschuldner gilt.

10 Ungeachtet der Ähnlichkeiten (→ § 12 Rn. 7) müssen Rücktritts- und Bereicherungsrecht bei der Fallbearbeitung streng voneinander unterschieden werden: Der Rücktritt führt zu einem Rückgewährschuldverhältnis, während die Anwendung des Bereicherungsrechts voraussetzt, dass kein Rechtsgrund – etwa in Gestalt eines Schuldverhältnisses – (mehr) besteht.

§ 13 Sekundäre Vertragsansprüche III: auf Anpassung, insbesondere Minderung

1 Im gegenseitigen Vertrag stört die Minderwertigkeit einer Leistung die sog. **subjektive Äquivalenz,** nämlich das von den Parteien gewollte Wertverhältnis zwischen Leistung und Gegenleistung: Wenn etwa die Kaufsache wegen eines Sachmangels nur die Hälfte des angenommenen Wertes hat, ist auch der Kaufpreis um die Hälfte zu hoch. Diese Störung kann behoben werden, indem anstelle der minderwertigen Leistung vollwertiger Schadensersatz statt der (mangelfreien) Leistung (§§ 280, 281) verlangt wird (→ § 11 Rn. 1 ff.). Eine andere Korrektur bedeutet es, den gestörten Vertrag rückgängig zu machen (→ § 12 Rn. 1 ff.). Nahe liegt schließlich noch ein – jetzt zu behandelnder – dritter Weg: Die Gegenleistung wird der Minderwertigkeit der Leistung (oder anderen Umständen, etwa dem geminderten Aufwand des Schuldners) angepasst, also herabgesetzt. Der Rücktritt vom Kaufvertrag schließt das Verlangen von Schadensersatz gem. § 325 nicht aus (→ § 8 Rn. 11; → § 9 Rn. 13; → § 11 Rn. 5). Demgegenüber führt die wirksam erklärte Minderung zum Verbrauch des Wahlrechts zwischen Festhalten am Vertrag und Rückgängigmachung desselben im Wege des großen Schadensersatzes. Eine analoge Anwendung von § 325 lehnt der BGH ab (BGHZ 218, 320).

I. Die Minderung

1. Anwendungsbereich

2 Das eben geschilderte Verfahren findet sich – freilich mit gewissen Verschiedenheiten im Einzelnen – als „Minderung" bei vielen gegenseitigen Typenverträgen. Ausdrücklich geregelt ist es beim Kauf (§§ 437 Nr. 2, 441), bei der Miete (§ 536), beim Werkver-

trag (§ 638) und beim Reisevertrag (§ 651 m). Dagegen fehlt die Minderung selbstverständlich bei allen unentgeltlichen Verträgen. Sie fehlt aber auch beim Dienstvertrag. Der Dienstgläubiger kann den Lohn also nicht einfach deshalb herabsetzen, weil die Dienstleistung mangelhaft gewesen sei. Doch kommt bei schuldhaft mangelhaften Dienstleistungen ein Schadensersatzanspruch aus sonstiger Pflichtverletzung in Betracht. Zweifelhaft ist, inwieweit man eine mangelhafte Dienstleistung als bloße Teilleistung werten und dann auf diesem Weg zu einer Lohnkürzung gelangen kann (→ § 13 Rn. 5). Die hM verneint das.

2. Durchführung

Für die Durchführung der Minderung finden sich zwei verschiedene Systeme. 3

a) Bei **Kauf und Werkvertrag** steht die Minderung in gewisser Parallele zum Rücktritt: Es liegt also ein **Gestaltungsrecht** des Käufers oder Bestellers vor, das freilich regelmäßig die Erfolglosigkeit eines Verlangens auf Nacherfüllung (§§ 439, 635) voraussetzt. Durch die Minderung wird der Preis nach den §§ 441 III, 638 III herabgesetzt. Der Betrag dieser Herabsetzung wird nicht mehr geschuldet oder kann, wenn er schon gezahlt worden ist, zurückverlangt werden. Die Grundlage für diesen Anspruch steht in den §§ 441 IV, 638 IV.

b) Dagegen sagt bei der **Miete** § 536 I, der Mieter sei für die Dauer des Mangels „von der Entrichtung der Miete befreit" oder er habe nur eine „angemessen herabgesetzte Miete zu entrichten" (zur Abgrenzung gegenüber der Vertragsanpassung wegen Wegfalls der Geschäftsgrundlage BGH NJW 2022, 1370; 1378; 1382 und → § 13 Rn. 7). Ähnlich formuliert für den **Reisevertrag** § 651 m I. Hier vollzieht sich die Herabsetzung der Gegenleistung also von selbst; Mieter oder Reisender müssen nicht erst eine gestaltende Willenserklärung abgeben. Dieser **Selbstvollzug der Minderung** ist deshalb sinnvoll, weil es bei Miete und Reisevertrag regelmäßig keine rückwirkende Auflösung durch Rücktritt gibt, sondern bloß die *auf die Zukunft* beschränkte Kündigung. Daher muss die *in der Vergangenheit* erlittene Beeinträchtigung durch die Minderung abgewickelt werden, ohne dass es insoweit noch eines Wahlrechts bedürfte. Die Grundlage für einen Rückforderungsanspruch von Mieter oder Reisendem ist hier unklar: Die hM arbeitet bei der Miete mit den §§ 812 ff. und (wenig konsequent) beim Reisevertrag direkt mit § 651 m I. 4

II. Teilunmöglichkeit

Bei Teilunmöglichkeit ergeben sich zwei Fragen: 5

(1) Muss der Gläubiger **den noch möglichen Leistungsteil annehmen** oder kann er wegen der ganzen Leistung Schadensersatz statt der Leistung fordern? § 281 I 2 lässt entscheiden, ob der Gläubiger an der Teilleistung kein Interesse hat (zB die gelieferte Teilmenge an Fliesen genügt nicht für das ganze Badezimmer des Gläubigers). Hier muss beim Schadensersatz statt der ganzen Leistung der etwa schon erbrachte Leistungsteil nach Rücktrittsrecht zurückgewährt werden, § 281 V. Auch kann beim gegenseitigen Vertrag der Gläubiger vom ganzen Vertrag nur zurücktreten, wenn er an der Teilleistung kein Interesse hat, § 323 V 1 (vgl. auch BGH NJW 2010, 146; dazu *Medicus/Petersen* BürgerlR Rn. 294).

(2) Wenn es bei der Teilleistung bleibt, was wird dann aus der **Gegenleistung?** § 326 I 1 am Ende lässt hier eine Minderung der Gegenleistung nach § 441 III eintreten. Trotz dieser Teilverweisung ins Kaufrecht bedeutet dies aber einen Selbstvollzug der Leistungsminderung; für einen Rückforderungsanspruch gilt hier § 326 IV.

III. Anrechnung von Ersparnissen

6 Bisweilen kann beim gegenseitigen Vertrag in Abweichung von § 326 I die Gegenleistung auch dann noch verlangt werden, wenn die Leistung wegen Unmöglichkeit nicht mehr erbracht zu werden braucht. Das trifft zu beim **Übergang der Gegenleistungsgefahr** auf den Gläubiger der nicht mehr zu erbringenden Leistung, also etwa bei den §§ 323 VI, 326 II, 446f., 615 (→ § 9 Rn. 9), aber auch bei der Kündigung gem. § 648 (→ § 8 Rn. 32). Zudem nennen die §§ 323 VI, 326 II auch den Fall, dass der Gläubiger für den die Leistungsstörung begründenden Umstand „allein oder weit überwiegend verantwortlich" ist. Das bedeutet zwar im strengen Sinn keinen Gefahrübergang: Unter „Gefahr" versteht man nämlich üblicherweise nur die von keiner Partei zu vertretenden Leistungshindernisse, während bei den §§ 323 VI, 326 II ja eine Verantwortlichkeit des Gläubigers vorliegt (was man entsprechend §§ 276ff. beurteilen muss, vgl. dazu *Medicus/Petersen* BürgerlR Rn. 269). Vielmehr behält hier der Schuldner der unmöglich gewordenen Leistung den Anspruch auf die Gegenleistung deshalb, weil ihm die vom Gläubiger zu vertretende Störung nicht schaden soll.

Beispiel: Der Fahrschüler kommt betrunken zum Fahrunterricht. Dann kann der Fahrlehrer die Gegenleistung verlangen, auch wenn der Schüler keinen Unterricht erhält. Das ergibt sich hier freilich nicht schon aus § 326 I, weil der Unterricht ja nachgeholt werden könnte. Vielmehr greift beim Dienstvertrag der speziellere § 615 S. 1 ein, der trotz der Pflicht zur Gegenleistung eine Pflicht zur Nachleistung ausschließt.

Wohl aber bestimmt das Gesetz in solchen Fällen, der Gläubiger der Gegenleistung müsse sich auf diese anrechnen lassen, „was er infolge der Befreiung von der Leistung erspart oder durch anderweitige Verwendung seiner Arbeitskraft erwirbt oder zu erwerben böswillig unterlässt" (so § 326 II 2; gleich oder entsprechend auch in anderen Vorschriften, etwa in § 615 S. 2). Das bedeutet eine **Anpassung der Gegenleistung** daran, dass der Schuldner weniger aufwenden musste oder einen geringeren Verlust hatte. So muss sich in dem **Beispiel** der Fahrlehrer wenigstens den Wert der ersparten Betriebskosten des Fahrschulwagens anrechnen lassen; wenn er den ausfallenden Unterricht einem anderen Fahrschüler erteilt, sogar die von diesem gezahlte Vergütung.

IV. Störungen der Geschäftsgrundlage

7 Ein Anpassungsrecht gibt es schließlich nach § 313 I bei Störungen der Geschäftsgrundlage (→ § 8 Rn. 3): In erster Linie soll der gestörte Vertrag nicht durch Rücktritt aufgelöst, sondern durch Anpassung an die wirklichen Umstände geändert werden. Maßstab für diese Anpassung muss nach Möglichkeit sein, was die Parteien selbst bei Kenntnis der wirklichen Umstände vereinbart hätten. So kann etwa eine wegen der Geldwertverschlechterung entwertete Geldleistungspflicht erhöht oder die ihr entsprechende Warenleistungspflicht vermindert werden. Die Leistungsanpassung voll-

zieht sich nicht von selbst, sondern auf ihre Vornahme besteht nach § 313 I ein Anspruch gegen den anderen Partner (näher *Medicus/Petersen* BürgerlR Rn. 168 f.).

§ 14 Vertragsansprüche Dritter und gegen Dritte

Regelmäßig stehen die Ansprüche und die Pflichten aus einem Vertrag den Vertragsparteien zu, also etwa der Anspruch auf Kaufpreiszahlung (§ 433 II) dem Verkäufer und der Anspruch auf Lieferung (§ 433 I 1) dem Käufer. Ausnahmsweise kann aber auch ein Dritter solche Ansprüche haben. Dabei lässt sich unterscheiden: Von vornherein einem Dritten zustehen können nur Ansprüche, aber nicht auch Pflichten; es gibt eben keinen Vertrag zulasten Dritter. Dagegen können durch spätere Übernahme sowohl Ansprüche wie auch Pflichten an einen Dritten gelangen. 1

I. Ursprüngliche Vertragsansprüche Dritter

Auch bei ursprünglichen, dh nicht erst durch einen besonderen Übertragungsakt zu erwerbenden Vertragsansprüchen Dritter gibt es wieder die Unterscheidung zwischen Primär- und Sekundäransprüchen. 2

1. Primäransprüche

Ansprüche auf die primär versprochene Leistung kann ein Dritter durch eine entsprechende Vereinbarung zwischen den Vertragsparteien erlangen. Das ist dann ein **echter Vertrag zugunsten Dritter,** § 328 I (genauer: ein Versprechen der Leistung an den Dritten). Ob und unter welchen Voraussetzungen der Dritte den Anspruch haben soll, ist im Zweifel durch Auslegung zu ermitteln, § 328 II; die §§ 329–331 geben hierfür Anhaltspunkte. Im Zweifel soll neben dem Dritten auch der Vertragspartner eigene Ansprüche haben, § 335. Regelmäßig ist der Anspruch des Dritten denselben Einwänden ausgesetzt wie der Anspruch des Vertragspartners, § 334. Diese Vorschrift wendet die Rechtsprechung entsprechend an auf den sogleich (→ § 14 Rn. 4) zu behandelnden Vertrag mit Schutzwirkung zugunsten Dritter (BGH JZ 1995, 306; dazu *Medicus/Petersen* BürgerlR Rn. 846 a). Dieser darf im Übrigen nicht mit dem Vertrag zugunsten Dritter verwechselt oder vermengt werden. Beim Vertrag zugunsten Dritter geht es um die **Drittwirkung von Leistungspflichten,** beim Vertrag mit Schutzwirkung zugunsten Dritter dagegen um die **Drittwirkung von Schutzpflichten.**

2. Sekundäransprüche

a) Sekundäransprüche eines Dritten können sich aus einer **Verletzung ihm zustehender Primäransprüche** ergeben. Es möge ein zu Wohlstand gelangter Sohn eine Wohnung zur Nutzung durch seine Mutter gemietet haben (echter Vertrag zugunsten Dritter). Dann hat die Mutter Schadensersatzansprüche, wenn der Vermieter ihr die Wohnung zu spät übergibt (§§ 280 II, 286 I) oder wenn sie sich infolge eines Mangels der Wohnung verletzt (§ 536 a I, aber gegebenenfalls § 536 c). Das ist nichts Besonderes. 3

b) Eine Besonderheit bildet dagegen der von der Rechtslehre geschaffene **Vertrag mit Schutzwirkung für Dritte.** Denn bei ihm hat der Dritte **Sekundäransprüche ohne einen Primäranspruch.** So haben die im Haushalt lebenden Kinder des Mieters keinen 4 eigenen Anspruch gegen den Vermieter auf Überlassung der Mietwohnung. Wohl aber werden ihnen eigene Schadensersatzansprüche aus dem Mietvertrag zuerkannt, wenn sie infolge eines Mangels der Wohnung eine Verletzung erleiden. Diese vertragliche Herleitung des Anspruchs bewirkt insbesondere, dass der Vermieter für seine Hilfspersonen nach § 278 (und nicht bloß nach § 831) einzustehen hat.

Eine solche Erweiterung des Schutzbereichs des Vertrags kann nach § 311 I unbedenklich *vereinbart* werden. Deutlich geschieht das aber nur ganz selten. Daher ist man im Wesentlichen auf **Auslegung** angewiesen. Dafür haben sich in der Rechtsprechung **zwei Fallgruppen** herausgebildet.

5 **aa)** In der ersten können eine mangelhafte Leistung oder eine Schutzpflichtverletzung außer dem Vertragsgläubiger selbst in etwa gleicher Weise auch andere Personen gefährden (wie zB die im Haushalt lebenden Kinder des Mieters). Das begründet das **Bedürfnis des Dritten** nach einem eigenen Vertragsschutz. Dieses Interesse allein reicht aber noch nicht aus. Hinzukommen muss vielmehr zweitens, dass auch der **Vertragsgläubiger am Schutz dieses Dritten interessiert** ist. Als Anhaltspunkt dafür findet sich die Formel, der Gläubiger müsse „sozusagen für das **Wohl und Wehe** des Dritten mitverantwortlich" sein. Das wird vor allem dann bejaht, wenn der Gläubiger dem Dritten zum Unterhalt (§§ 1601 ff.) oder aus einem Dienstvertrag zum Schutz verpflichtet ist (§ 618). Drittens endlich müssen Schutzbedürfnis und Schutzinteresse **dem Vertragsschuldner erkennbar** sein: Für ihn erhöht sich ja die Gefahr, aus einer Schlechtleistung ersatzpflichtig zu werden, mit jeder weiteren Person, auf die der Schutzbereich des Vertrags erstreckt wird (vgl. *Medicus/Petersen* BürgerlR Rn. 844 ff.).

Diese Fallgruppe der vertraglichen Schutzwirkung für Dritte liegt etwa beim **Mietvertrag** nahe: Der Mieter ist wegen seiner Unterhaltspflicht am Schutz seiner Familienangehörigen und wegen § 618 auch seines Hauspersonals interessiert, und das weiß der Vermieter typischerweise. Dagegen fehlt für bloß gelegentliche Besucher meist schon das intensive Schutzinteresse des Mieters. Zudem ist das Schutzbedürfnis dieser Besucher weniger ausgeprägt, weil sie nur für relativ kurze Zeit den Gefahren des Mietshauses ausgesetzt sind.

6 **bb)** Die **zweite Fallgruppe** betrifft nicht gleichgerichtete Interessen von Gläubiger und Drittem, sondern entgegengesetzte: Beide sitzen nicht im selben Boot, sondern in verschiedenen Booten. Daher fehlt das mit dem „Wohl und Wehe-Erfordernis" ausgedrückte besonders intensive Schutzinteresse des Vertragsgläubigers. So hat BGH JZ 1985, 951 eine unrichtige Mitteilung eines vom Eigentümer beauftragten Sachverständigen über den Wert eines Grundstücks an den dänischen Konsul ausreichen lassen, um eine Haftung dieses Sachverständigen gegenüber einer geschädigten dänischen Hypothekenbank zu begründen, die das Grundstück zu hoch beliehen hatte. BGHZ 127, 378 lässt einen Sachverständigen sogar dann gegenüber dem Käufer haften, wenn er den Grundstückswert wegen einer Täuschung durch seinen Auftraggeber, nämlich den Verkäufer, zu hoch angegeben hatte. Schon BGH JZ 1966, 141 hatte die Schutzwirkung eines Vertrags über eine Testamentserrichtung von der Schlechtleistung auf das Unmöglichwerden dieser Testamentserrichtung (durch den Tod des Erblassers) erstreckt; vgl. *Medicus/Petersen* BürgerlR Rn. 846a f.).

Der Grund dieser Entscheidungen liegt wohl darin, dass dort der **Schaden** – dem Vertragsgegner erkennbar – **überhaupt nur bei einem Dritten eintreten konnte.** Damit wird freilich der Vertrag mit Schutzwirkung für Dritte von der Risiko*häufung* auf Fälle der Risiko*verlagerung* erstreckt, die regelmäßig eine Domäne der Schadensliquidation im Drittinteresse (Drittschadensliquidation) ist (vgl. dazu *Medicus/Petersen* BürgerlR Rn. 841). Das hängt wohl mit einem auch sonst zu beobachtenden **Rückgang der Drittschadensliquidation** zusammen: Diese ist umständlich, weil sie den Ersatzanspruch nicht dem Geschädigten gibt, sondern dem Vertragsgläubiger. Der Anspruch muss dann erst durch Abtretung (die freilich oft verlangt werden kann, etwa aus § 285) zum Geschädigten gelangen. Einen ausbildungsrelevanten Fall zur DSL bildet aber BGH NJW 2016, 1089 (dazu *Medicus/Petersen* BürgerlR Rn. 841).

§ 311 III zeigt noch einen weiteren Weg zur Begründung von Ansprüchen des geschädigten Dritten: Aus Verschulden bei Vertragsverhandlungen kann auch haften, wer nicht Vertragspartei werden wollte, aber für sich selbst besonderes Vertrauen in Anspruch genommen und so fremde Vertragsverhandlungen wesentlich beeinflusst hat. Das kann etwa für den Experten zutreffen, der durch sein unrichtiges Gutachten bewirkt, dass der Kaufpreis für das zu begutachtende Grundstück zu hoch vereinbart wird. 7

II. Später erworbene Vertragsansprüche Dritter

1. Rechtsgeschäftliche Zession

Dem rechtsgeschäftlichen Erwerb eines Anspruchs dient die Forderungsabtretung (Zession), §§ 398ff. 8

a) Eine solche Zession vollzieht sich durch **Vertrag zwischen Alt- und Neugläubiger** (Zedent und Zessionar), § 398. Dieser Vertrag bedarf regelmäßig keiner Form; eine Ausnahme bestimmt insbesondere § 1154, wenn für die Forderung eine Hypothek besteht (Grund: Die Forderungsabtretung lässt nach § 1153 I auch die Hypothek übergehen, und hierüber sollen Grundbuch oder Brief Auskunft geben).

Da am Vertragsschluss der Schuldner als Dritter nicht beteiligt ist, benötigt er weithin Schutz: Vor allem bleiben seine Einwendungen gegen den Altgläubiger auch gegenüber dem Neugläubiger erhalten, § 404. Und wenn er über eine Abtretung nichts oder etwas Unrichtiges erfahren hat, schützen ihn die §§ 406ff. Hier finden sich die wichtigsten der oben (→ § 9 Rn. 1) erwähnten Vorschriften über die befreiende Leistung an einen Nichtberechtigten.

b) Mit einer Zession können **zwei verschiedene Ziele** verfolgt werden: Entweder soll die Forderung (und damit letztlich deren Gegenstand) **endgültig** an den Neugläubiger übertragen werden. So liegt es insbesondere, wenn der Neugläubiger die Forderung bezahlt, also beim Forderungskauf und auch beim Factoring. Oder aber die Übertragung soll nur der **Sicherung** einer anderen Forderung dienen. Bei einer solchen Sicherungszession darf der Neugläubiger (Sicherungsnehmer) die sichernde Forderung nur dann einziehen, wenn die zu sichernde Forderung nicht rechtzeitig bezahlt worden ist. Dagegen soll die sichernde Forderung nach der Erledigung dieses Sicherungszwecks wieder an den Altgläubiger (Sicherungsgeber) zurückübertragen werden; der Neugläubiger hat also nur eine **treuhänderische (fiduziarische) Stellung** (vgl. *Medicus/Petersen* BürgerlR Rn. 488ff.). Dem Drittschuldner wird eine Sicherungszession oft wenigstens vorerst nicht mitgeteilt; man spricht dann von einer **stillen Zession.** 9

Bei einer solchen stillen Zession läuft der Neugläubiger insbesondere Gefahr, dass der Schuldner nach § 407 I noch durch Leistung an den Altgläubiger frei wird. Mit der Annahme einer solchen Leistung kann der Altgläubiger den Sicherungsvertrag verletzen und wegen dieser Verletzung auf Schadensersatz haften. Zudem hat der Neugläubiger verschuldensunabhängig einen Bereicherungsanspruch auf das vom Altgläubiger Erlangte, § 816 II (→ § 28 Rn. 6).

10 c) Bei der Zession eines **Anspruchs aus einem gegenseitigen Vertrag** entsteht ein Spezialproblem: Ein solcher Anspruch ist ja regelmäßig über die §§ 320ff. mit dem Anspruch auf die Gegenleistung verbunden. Vor allem aus den §§ 323, 326 V kann sich dann ein Rücktrittsrecht als Gestaltungsrecht ergeben: Wer darf dieses ausüben? Wenn etwa der Schuldner einer abgetretenen Kaufpreisforderung nicht zahlt, kann dann die Nachfrist (§ 323 I) vom Alt- oder vom Neugläubiger gesetzt werden? Wem stehen der Anspruch auf Nacherfüllung (§ 439) und das Recht auf Rücktritt oder Minderung zu? Hier dürften der Nachbesserungsanspruch und die Gestaltungsrechte dem Neugläubiger zustehen, wenn sie nur diesen und nicht auch den Altgläubiger berühren. Dagegen sind die Gestaltungsrechte von Alt- und Neugläubiger gemeinsam auszuüben, wenn sie auch die Position des Altgläubigers betreffen.

2. Gesetzliche Zession (Legalzession)

11 Statt durch Vertrag kann ein Anspruch auch durch Gesetz übertragen werden. Auf eine solche Übertragung sind nach § 412 die meisten Vorschriften über die rechtsgeschäftliche Zession entsprechend anwendbar, insbesondere diejenigen über den Schuldnerschutz.

Solche Legalzessionen dienen vor allem dem **Rückgriff (Regress):** Bei einer Mehrheit von Schuldnern nimmt der Gläubiger einen Schuldner oft auf einen höheren Anteil in Anspruch, als dieser Schuldner gegenüber seinen Mitschuldnern zu tragen hat. So soll etwa bei der Bürgschaft im Innenverhältnis der Hauptschuldner und nicht der Bürge leisten. Wenn dennoch der Bürge in Anspruch genommen wird, lässt § 774 I den Anspruch des Gläubigers gegen den Hauptschuldner auf den Bürgen übergehen. Eine ähnliche Aufgabe erfüllt § 426 II zwischen Gesamtschuldnern: Derjenige, der mehr gezahlt hat, als er im Innenverhältnis tragen soll, erwirbt die Ansprüche des Gläubigers als Regressmittel (vgl. *Medicus/Petersen* BürgerlR Rn. 906, 909, 916ff.).

3. Eintritt in einen Vertrag

12 Die eben behandelte (rechtsgeschäftliche oder gesetzliche) Zession betrifft nur einen einzelnen Anspruch. Daneben gibt es auch die Möglichkeit des Eintritts in einen fremden Vertrag mit allen daraus folgenden Rechten und Pflichten. Auch ein solcher Eintritt kann sich rechtsgeschäftlich oder kraft Gesetzes vollziehen. Zudem kann man noch danach unterscheiden, ob der neue Vertragspartner neben den alten tritt (Vertragsbeitritt) oder diesen verdrängt (Vertragsübernahme).

a) Ein **rechtsgeschäftlicher Vertragsbeitritt** ist im BGB nicht eigens vorgesehen, aber nach § 311 I möglich. Nötig ist dazu das Einverständnis aller drei betroffener Personen: des alten und des beitretenden Vertragspartners sowie derjenigen Person, die auf der anderen Vertragsseite steht. Einen Anwendungsfall bildet es etwa, wenn der frisch verheiratete Ehemann dem Wohnungsmietvertrag seiner Frau beitreten will:

Hier ist außer dem Einverständnis der Eheleute auch dasjenige des Vermieters nötig (das der Vermieter beim Einzug des Lebenspartners allerdings regelmäßig erteilen muss, § 553 I 1). Denn dieser erhält ja nicht nur einen weiteren Schuldner, sondern auch einen weiteren Gläubiger.

b) Ähnliches gilt für die **rechtsgeschäftliche Vertragsübernahme,** die an die Stelle des alten Vertragspartners einen neuen setzt: Auch dieses nach § 311 I mögliche Geschäft bedarf des Einverständnisses aller drei Beteiligter (der dritte Beteiligte verliert ja seinen alten Schuldner). Ein solcher Fall ist etwa gegeben, wenn der Ehemann nach der Scheidung den allein von seiner Frau geschlossenen Mietvertrag übernehmen will. 13

c) **Kraft Gesetzes** kommt der Eintritt in einen fremden Vertrag vor allem in den §§ 566, 578, 613a vor: Nach § 566 geht der Mietvertrag über eine Wohnung oder Grundstücke und Räume (§ 578) auf den Erwerber der Mietsache über. Dass damit der Mieter den alten Vermieter als Vertragspartner verliert, wird dadurch ausgeglichen, dass dieser nach § 566 II als Bürge weiter haftet. Ähnliches gilt für den Übergang von Arbeitsverhältnissen bei einer Betriebsveräußerung nach § 613a II; allerdings wird hier eine gesamtschuldnerische Mithaftung des Veräußerers für Altverbindlichkeiten angeordnet. 14

III. Vertragliche Verbindlichkeiten Dritter

Dass ein Vertrag nur die Vertragsparteien selbst und nicht auch Dritte *verpflichten* kann, ist schon oben (→ § 14 Rn. 1) gesagt worden: Die Privatautonomie begründet eben nur ein Recht zur Selbst- und nicht auch zur Fremdbestimmung. Ursprüngliche Vertragspflichten Dritter gibt es daher nicht; die Problematik von → § 14 Rn. 2ff. findet also auf der Pflichtenseite keine Parallele. 15

1. Rechtsgeschäftliche Schuldübernahme

Wohl aber kann eine einzelne Schuld durch Rechtsgeschäft von einem Dritten übernommen werden. Allerdings genügt hierzu nicht etwa analog § 398 S. 1 ein Vertrag zwischen Alt- und Neuschuldner: Der Wert einer Forderung hängt eben entscheidend von der beim Schuldner vorhandenen Haftungsmasse ab; daher darf diese dem Gläubiger nicht ohne seinen Willen entzogen werden. Folglich muss der **Gläubiger entweder selbst den Übernahmevertrag mit dem Neuschuldner schließen** (§ 414), oder er muss **einen Übernahmevertrag** zwischen Alt- und Neuschuldner **genehmigen** (§ 415 I). Ohne diese Genehmigung kann nur der Altschuldner vom Neuschuldner die Befriedigung des Gläubigers verlangen, § 415 III (sog. **Erfüllungsübernahme**). Ergänzend verneint hier § 329 einen (echten) Vertrag zugunsten des Gläubigers.

Für den Sonderfall einer durch **Hypothek** (entsprechend anwendbar auf die **Sicherungsgrundschuld**) gesicherten Schuld erleichtert § 416 die Bejahung einer Genehmigung durch den Gläubiger: Diese wird aus einem halbjährigen Schweigen auf die Mitteilung von dem Übernahmevertrag zwischen Alt- und Neuschuldner gefolgert. Eine solche Bewertung des Schweigens (→ § 5 Rn. 8) ist hier angemessen, weil wegen der dinglichen Sicherung die Person des Schuldners meist kaum Bedeutung hat.

2. Rechtsgeschäftlicher Schuldbeitritt

16 Die Schuldübernahme nach den §§ 414ff. befreit den Altschuldner: Der Neuschuldner tritt *„an die Stelle* des bisherigen Schuldners", § 414 (sog. *privative* Schuldübernahme). Nach dem Grundsatz der Vertragsfreiheit von § 311 I ist aber auch ein *kumulativer* Schuldbeitritt möglich, bei dem der Neuschuldner *neben* den Altschuldner tritt. Diese Kumulation führt zu einem bürgschaftsähnlichen Sicherungsmittel: Dem Gläubiger haftet jetzt neben dem Altschuldner auch der Neuschuldner.

In der geschilderten **Bürgschaftsähnlichkeit** liegt aber auch das Hauptproblem des Schuldbeitritts: Für diesen genügt mangels einer gesetzlichen Formvorschrift ein formloser Vertrag zwischen Gläubiger und Beitretendem, während ein kein Handelsgeschäft darstellendes (§§ 350, 343 HGB) Bürgschaftsversprechen nach § 766 der Schriftform bedarf. Daher ist eine **Abgrenzung** nötig (ähnlich wie zwischen Bürgschaft und Garantievertrag → § 6 Rn. 7). Diese richtet sich nicht nach den von den Parteien verwendeten Worten, sondern nach der Interessenlage: Schuldbeitritt wird angenommen, wenn der neue Schuldner an der Kreditgewährung ein **eigenes, unmittelbares und wirtschaftliches Interesse** hat. Dagegen liegt Bürgschaft vor, wenn mangels eines solchen Interesses der zusätzliche Schuldner schutzbedürftiger ist.

3. Gesetzliche Verstrickung in fremde Verbindlichkeiten

17 a) **Kraft Gesetzes** muss jemand für fremde Verbindlichkeiten aufkommen, soweit der **Eintritt in einen fremden Vertrag** bestimmt ist (→ § 14 Rn. 12). So erwirbt bei § 566 der Erwerber des vermieteten Grundstücks nicht bloß die Ansprüche des veräußernden Vermieters (zB auf die Miete), sondern auch dessen Verbindlichkeiten aus dem Mietvertrag. Daher verlangt § 566 I, das Grundstück müsse dem Mieter bei der Veräußerung bereits überlassen gewesen sein: Da das Mietverhältnis im Grundbuch nicht erscheint, soll der Erwerber wenigstens durch den (unmittelbaren) Besitz des Mieters gewarnt werden.

18 b) Eine andere Verstrickung in fremde Verbindlichkeiten ergibt sich aus den §§ 25, 27, 28 HGB: In diesen Fällen geht es um die **Fortführung eines Handelsgeschäfts** durch den Erwerber unter Lebenden (§ 25 HGB), durch den Erben (§ 27 HGB) oder durch einen neuen Gesellschafter (§ 28 HGB). Unterschiede bestehen vor allem hinsichtlich des Erfordernisses der Fortführung der bisherigen Firma.

2. Abschnitt. Vertragsnahe Ansprüche

Gemeinsam ist den bisher erörterten Ansprüchen, dass sie ein wirksames Rechtsgeschäft – insbesondere einen Vertrag – voraussetzen. Das unterscheidet sie von allen im Folgenden zu behandelnden Ansprüchen. Diese beziehen ihre Legitimation also nicht aus dem Parteiwillen („der Schuldner haftet, weil er versprochen hat"), sondern aus dem Gesetz („der Schuldner haftet, weil das Gesetz dies für angemessen hält"). Daher redet man von **gesetzlichen Ansprüchen.** 1

Bei diesen kann man weiter unterscheiden: Zwei Gruppen von Ansprüchen stehen immerhin in der Nähe von vertraglichen. Denn die Ansprüche aus **culpa in contrahendo** (Verschulden bei Vertragsverhandlungen oder Vertragsanbahnung) hängen mit dem Zusammentreffen von Personen im Vorfeld eines Vertrags zusammen. Und die Ansprüche aus **Geschäftsführung ohne Auftrag** (GoA) führen unter bestimmten Voraussetzungen ins Auftragsrecht. Dagegen haben die übrigen gesetzlichen Ansprüche mit Verträgen nichts zu tun. Deshalb sollen zunächst (→ §§ 15, 16) die beiden vertragsnahen Gruppen von gesetzlichen Ansprüchen behandelt werden und erst dann alle übrigen. Das entspricht der zweckmäßigen Reihenfolge der Erörterung bei der Lösung von Fallaufgaben (→ § 2 Rn. 4).

§ 15 Ansprüche aus Verschulden bei Vertragsverhandlungen

Ein Verschulden bei Vertragsverhandlungen, häufig auch als culpa in contrahendo **(cic)** bezeichnet, führt zu Schadensersatzansprüchen aus §§ 280 I, 311 II. Diese können sich aber in ihrer Funktion wesentlich unterscheiden. Gerade durch die Entwicklung derart unterschiedlicher Ansprüche ist die cic in den letzten Jahrzehnten zu einer Art Mehrzweckinstrument mit gefährlich unbestimmtem Anwendungsbereich geworden. Zudem hat die Rechtsprechung eine Haftung auch solcher Personen bejaht, die zwar auf die Vertragsverhandlungen Einfluss genommen haben, aber nicht selbst Vertragspartei werden wollten, und § 311 III hat das mittlerweile übernommen (→ § 15 Rn. 14). Darum bedarf es in diesem Bereich besonders sorgsamer Unterscheidung. In § 311 II erscheint die wesentliche Differenzierung freilich nicht; dort wird nur nach dem Grund für die Entstehung der Pflichten und nicht nach ihrem Inhalt unterschieden. 2

I. Begleitschäden aus Vertragsverhandlungen

In einer ersten Fallgruppe erleidet ein Verhandlungspartner bei den Verhandlungen **Schäden, die mit einem späteren Vertragsschluss nichts zu tun haben.** So liegt es etwa in einem schon früh von RGZ 78, 239 entschiedenen Fall: Ein Gehilfe verletzt in einem Kaufhaus eine Kaufinteressentin durch eine umstürzende schwere Linoleumrolle. Hier ist eine schon durch den Eintritt in Vertragsverhandlungen entstandene Sonderverbindung zwischen der Kundin und dem Inhaber des Kaufhauses angenommen worden. Auf diese Weise hat sich ein Schadensersatzanspruch gegen den Inhaber mit § 278 begründen lassen, weil der Inhaber das Verschulden seines Gehilfen zu vertreten hatte. Dafür bleibt bedeutungslos, ob es später noch zu einem Vertragsschluss 3 gekommen ist. BGHZ 66, 51 hat die Schutzwirkung einer Vertragsanbahnung sogar auf bestimmte Dritte erstreckt (dort auf die Tochter, die ohne eigene Kaufabsicht nur ihre Mutter beim Einkauf begleitet hatte). Das bildet eine deutliche Parallele zu der Drittschutzwirkung von Verträgen (→ § 14 Rn. 5).

Im Ganzen ist die Bedeutung dieser Fallgruppe aber eher rückläufig: Bei einer Verletzung der in § 823 I genannten Schutzgüter hilft man heute weithin mit einer aus § 823 I selbst (statt aus § 831) abgeleiteten Haftung wegen Verletzung einer Verkehrssicherungspflicht (→ § 24 Rn. 4). Zudem hat die Rechtsprechung die Anforderungen an eine Entlastung (Exkulpation) nach § 831 I 2 verschärft: Der Geschäftsherr muss den Gehilfen ständig daraufhin überwachen, ob er den Anforderungen der ihm übertragenen Tätigkeit (noch) genügt (vgl. *Medicus/Petersen* BürgerlR Rn. 813). Daher ist das Ausweichen auf § 278 weniger nötig geworden.

II. Vertrauensschaden (negatives Interesse) bei Unwirksamkeit

4 In der zweiten Fallgruppe geht es überwiegend um das **Vertrauen in die Wirksamkeit einer Willenserklärung,** insbesondere eines daraus folgenden Vertragsschlusses: Die Enttäuschung dieses Vertrauens kann zum Ersatz des hierdurch entstehenden primären Vermögensschadens verpflichten; der Gläubiger ist also so zu stellen, als ob er nicht auf die Wirksamkeit der Willenserklärung vertraut hätte (→ § 11 Rn. 24).

1. Gesetzlich geregelte Fälle

Wenigstens in der Nähe dieser zweiten Fallgruppe stehen die wichtigsten im BGB geregelten Fälle von Ersatzpflichten wegen einer vertragsnahen Schädigung: § 122 (Scherzgeschäft und Irrtumsanfechtung) und § 179 II (der als Vertreter Auftretende kennt das Fehlen seiner Vertretungsmacht nicht). Hier ist allerdings bei den §§ 122, 179 II kein Verschulden nötig; die Haftung beruht vielmehr auf der Veranlassung des Vertrauens durch eine Willenserklärung. Nur eine vorvertragliche Pflicht bestimmt § 663, nämlich zur Ablehnung von Anträgen. Die Rechtsfolge ergibt sich hier aus den allgemeinen Regeln (Schadensersatz bei zu vertretender Pflichtverletzung, § 280 I). Einen Sonderfall bildet schließlich § 21 II AGG, der für Arbeitsverhältnisse in § 15 AGG konkretisiert und verschärft wird. Die haftungsbegründende Pflichtverletzung besteht hier freilich regelmäßig nicht in der Verweigerung eines Vertragsschlusses (vgl. § 15 VI AGG). Haftungsgrund bildet vielmehr die häufig nur vermutete (§ 22 AGG) Diskriminierung bei der Behandlung einer Bewerbung. Zusätzlich gewährt § 15 II AGG wegen des Nichtvermögensschadens eine „angemessene Entschädigung in Geld" (regelmäßig höchstens drei Monatsverdienste, vgl. Abs. 2).

Die §§ 122 I, 179 II begrenzen das zu ersetzende negative Interesse nach oben durch den Betrag des positiven Interesses: Der Gläubiger soll durch die Unwirksamkeit des Geschäfts nicht besser stehen, als er bei dessen Wirksamkeit stünde. Doch ist dies kein auf alle Fälle der cic zu verallgemeinerndes Prinzip (so etwa BGHZ 69, 53 [56]).

2. Ungeregelte Fälle

5 In Anlehnung an die gesetzlich geregelten Fälle hat sich in der Rechtsprechung spätestens seit RGZ 104, 265 der allgemeine Satz herausgebildet: Wer schuldhaft den An-

schein eines wirksamen Rechtsgeschäfts hervorruft, haftet dem darauf vertrauenden Partner auf den Ersatz seines negativen Interesses. Dies betrifft etwa den Dissens und andere Nichtigkeitsgründe. Problematisch ist allerdings, inwieweit ein Verhandlungspartner einseitig zum Hinweis auf besondere Wirksamkeitsvoraussetzungen verpflichtet ist (→ § 7 Rn. 16 zu Formgeboten). Bejahen darf man das wohl nur für denjenigen, der dem Verhandlungspartner aus besonderen Gründen Betreuung schuldet, weil er sich eigens dazu verpflichtet hat (etwa als „Baubetreuer"), oder weil die wirksamkeitshindernden Umstände allein aus seiner Sphäre stammen.

3. Der Abbruch von Vertragsverhandlungen

Solange die Vertragsverhandlungen noch laufen, muss regelmäßig damit gerechnet 6 werden, dass der Vertragsschluss unterbleibt: Jedem Beteiligten steht der Verhandlungsabbruch selbst dann noch frei, wenn die Verhandlungen schon zu einer Teileinigung geführt (vgl. § 154 I) oder Kosten verursacht haben. Doch lässt die Rechtsprechung vereinzelt denjenigen auf den Ersatz des Vertrauensinteresses haften, der weit fortgeschrittene Vertragsverhandlungen ohne wichtigen Grund abbricht. Voraussetzung soll sein, dass zuvor das Vertrauen des anderen Teils „geweckt oder genährt" worden ist, „der Vertrag werde mit Sicherheit zustande kommen" (BGH NJW 1970, 1840; BGHZ 71, 386 [395]).

Bei der Anwendung dieser Rechtsprechung ist jedoch Zurückhaltung nötig: Unser Recht kennt sowohl die Möglichkeit eines bindenden Antrags mit langer Annahmefrist (vgl. § 148) wie auch einen Vorvertrag. Wo sich nichts dergleichen feststellen lässt, wird der andere Teil nur unter ganz besonderen Voraussetzungen auf einen künftigen Vertragsschluss vertrauen dürfen. BGH VersR 2018, 245 verneint dies für einen Fall des Abbruchs von Vertragsverhandlungen vor notarieller Beurkundung.

III. Schaden durch die Bindung an einen ungünstigen Vertrag

1. Der Ausgangspunkt

Bei der dritten Fallgruppe liegt es umgekehrt wie bei der zweiten: Der Schaden ent- 7 steht nicht aus dem Fehlen eines (wirksamen) Vertrags, sondern durch die Bindung an einen (wirksamen) ungünstigen Vertrag. Hat der andere Teil diese Bindung durch arglistige Täuschung herbeigeführt, so kann der Getäuschte nach § 123 in den Fristen von § 124 seine Vertragsbindung beseitigen. Wenn dagegen die Bindung infolge bloßer Fahrlässigkeit zustande gekommen ist (etwa durch eine fahrlässig falsche Auskunft), versagt § 123. Hier sieht die hM Raum für einen Schadensersatzanspruch aus cic, nach § 249 I gerichtet auf die Lösung der ungünstigen Vertragsbindung oder auf eine Abänderung des Vertrags (insbesondere durch Herabsetzung der Gegenleistung; näher dazu *Medicus/Petersen* BürgerlR Rn. 150). BGHZ 211, 216 hält die Kausalitätsvermutung für Beratungsfehler selbst dann für anwendbar, wenn sich der Vertragspartner bei richtiger Information in einem Entscheidungskonflikt befunden hätte.

Auch der (mit § 453 nicht ohne Weiteres zu erfassende) **Unternehmenskauf** wird vielfach nach den genannten Regeln der cic behandelt (zB bei unzutreffenden Angaben des Verkäufers über den dauerhaft erzielbaren Umsatz des verkauften Unternehmens). Endlich passen zu der Konstruktion auch **alltägliche Geschäfte,** zB falsche Angaben eines Zahnarztes über die zu erwartenden Behandlungskosten und über deren Erstattungsfähigkeit durch die Krankenkasse.

2. Bedenken

8 Die Annahme eines Auflösungsanspruchs aus cic führt leicht zu **Wertungswidersprüchen.** Diese bestehen einmal zwischen den Fristen von § 124 und §§ 195, 199 I: Soll die Aufhebungsmöglichkeit aus der bloß Fahrlässigkeit erfordernden cic länger dauern als diejenige aus Arglist? Vor allem aber lässt die cic schon eine *fahrlässige* Täuschung genügen, während § 123 *Arglist* verlangt. Dieser Widerspruch wird umso stärker, je weiter man die aus § 242 abgeleiteten Aufklärungspflichten fasst: Die fahrlässige Täuschung kann sich dann auf ein fahrlässiges Nichtstun reduzieren (muss etwa der Zahnarzt von sich aus angeben, die Kosten würden von der Kasse nicht erstattet?). Nach BGH NJW 2017, 2403 besteht eine Aufklärungspflicht eines Kfz-Sachverständigen gegenüber dem Geschädigten eines Verkehrsunfalls hinsichtlich des Risikos teilweiser Nichterstattung seines Honorars durch den gegnerischen Kfz-Haftpflichtversicherer.

3. Abhilfen

9 **a)** Eine freilich nur einen Nebenpunkt betreffende Abhilfe würde erreicht, wenn man die **Verjährungsfrist** von §§ 195, 199 der Ausschlussfrist von § 124 angleicht. Das hat der BGH aber mehrfach abgelehnt (etwa BGH NJW 1997, 254).

10 **b)** Eine weitere, aber wieder nur eng begrenzte Abhilfe besteht in der **Zurückhaltung bei der Annahme von Aufklärungspflichten.** Dazu gibt es in der Tat Ansätze. So soll der Gläubiger den Bürgen (und andere Sicherungsgeber) in der Regel nicht über Risiken aufzuklären brauchen, die sich aus der Person des Hauptschuldners ergeben (etwa BGH ZIP 1990, 1545; 1997, 1058).

11 **c)** Eine prinzipiellere Abhilfe **unterscheidet zwischen dem Recht der Willenserklärung und dem Schadensersatzrecht.** Danach wäre die Vertragsauflösung insbesondere durch die Möglichkeiten zur Anfechtung von Willenserklärungen derart abschließend geregelt, dass für Schadensersatzansprüche aus cic mit gleichem Ziel kein Raum bleibt. Die cic könnte dann bei Aufrechterhaltung des Vertrags nur zum Ersatz des konkreten Vermögensschadens führen, den die Verletzung der Aufklärungspflicht verursacht hat: Selbst wenn etwa der irregeführte Anleger den Vertrag bei richtiger Aufklärung nachweislich nicht abgeschlossen hätte, könnte er nur die Vermögensminderung ersetzt verlangen, die ihm durch die Täuschung entstanden ist. In vielen Fällen wird dieser Ersatz auf eine Minderung des Erwerbspreises hinauslaufen. Die hM gewährt solche Ansprüche zwar ebenfalls, stellt sie aber weithin dem Gläubiger neben dem Auflösungsanspruch zur Wahl.

12 **d) BGH NJW 1998, 302** unterscheidet wie folgt: § 123 schütze die Entscheidungsfreiheit, der Ersatzanspruch aus Verschulden bei Vertragsverhandlungen dagegen das Vermögen. Daher sei dieser Anspruch nur gegeben, wenn die Belastung mit dem Vertrag einen Vermögensschaden bedeute. Aber auch das überzeugt nicht wirklich. Denn erstens ist die Bejahung eines Vermögensschadens vielfach problematisch: Genügt dafür schon, dass die Vertragspflichten den Schuldner in seiner Lebensführung beschränken? Und zweitens bedeutet die Aufhebung des belastenden Vertrags ja eine Naturalrestitu-

tion nach § 249 I; diese aber setzt gerade (anders als § 251) keinen Vermögensschaden voraus. Überzeugend behoben wird die Konkurrenzfrage damit also nicht (näher dazu *Medicus/Petersen* BürgerlR Rn. 150).

4. Erweiterungen

Insbesondere bei **schadensbringenden Anlageempfehlungen** geht die Praxis aber einen anderen Weg: Sie bejaht hinsichtlich der Kapitalanlage vielfach einen (konkludent geschlossenen) **Vertrag.** In dessen Rahmen fallen dann die Empfehlungen, sodass diese bei Unrichtigkeit eine Vertragspflicht verletzen. Bei bloßem Verschweigen wichtiger Umstände kommt auch die Verletzung einer **Aufklärungspflicht** in Betracht. Das für einen Ersatzanspruch aus § 280 I zusätzlich nötige Verschulden wird nach dieser Vorschrift sogar vermutet. 13

IV. Die Haftung Dritter

Regelmäßig haftet aus allen Anwendungsfällen der cic derjenige, der Vertragspartner werden will. Dabei hat er für seine Verhandlungsgehilfen nach § 278 einzustehen. Vor allem im Zusammenhang mit der dritten Fallgruppe (→ § 15 Rn. 7 ff.) lässt die Rechtsprechung jedoch nicht selten auch weitere an den Vertragsverhandlungen beteiligte Personen haften. § 311 III hat das übernommen. 14

Ein Dritter haftet aus seinem Eingriff in die fremden Vertragsverhandlungen insbesondere dann, wenn er Vertrauen nicht für einen der künftigen Vertragspartner (zB als dessen Vertreter) in Anspruch genommen hat, sondern für sich selbst, § 311 III. Ein Beispiel hierfür bildet der beabsichtigte **Beitritt zu einer Abschreibungsgesellschaft:** Der Vertrag soll allein mit dieser abgeschlossen werden. Doch vertraut der Anleger nicht auf *deren* Angaben (sie ist vielleicht noch gar nicht gegründet worden), sondern auf die Angaben der *Hintermänner* (Banken, Sachverständige, Initiatoren). Eine Haftung allein der Gesellschaft ginge vor allem dann ins Leere, wenn deren Gründung scheitert oder die Gesellschaft alsbald insolvent wird. Allgemein trifft die Dritthaftung danach diejenigen **Personen, die für sich selbst** (und nicht für den künftigen Vertragspartner) **Vertrauen in Anspruch nehmen.** Das können im Einzelfall auch besonders sachkundige Vertreter (zB Kfz-Händler) und regelmäßig die gesetzlichen Vertreter sein.

Daneben hat die Rechtsprechung eine Dritthaftung bisweilen auch dann bejaht, wenn der Dritte an dem Vertragsschluss **persönlich besonders interessiert** ist. Doch passt das wenig zu dem eben genannten Vertrauensargument: Die Angaben einer nicht neutralen, sondern selbst interessierten Person genießen eher weniger Vertrauen. Zudem darf der Gesichtspunkt des Eigeninteresses nicht die Haftungsschranken des Gesellschaftsrechts (zB § 13 II GmbHG) niederreißen: Etwa der Alleingesellschafter einer GmbH ist an deren Geschäften höchst interessiert, kann aber nicht schon deshalb persönlich in Anspruch genommen werden, auch wenn er (etwa als Geschäftsführer) die Vertragsverhandlungen geführt hat. Daher kommt das Eigeninteresse für die Haftungsbegründung allenfalls mit erheblichen Einschränkungen in Betracht. Das sagt auch BGHZ 126, 181, und in § 311 III wird das Eigeninteresse mit Absicht nicht genannt. Danach soll insbesondere nicht genügen, dass der Gesellschafter Sicherheiten für Gesellschaftsschulden aus seinem Privatvermögen bestellt hat: Das soll nicht den ungesicherten Gläubigern Ersatzansprüche verschaffen.

Möglich bleibt aber allemal eine **Vertrags- oder Deliktshaftung** der an den Vertragsverhandlungen Beteiligten: etwa soweit sie sich verbürgt, etwas garantiert, einen Auskunftsvertrag verletzt oder gar betrogen haben.

§ 16 Ansprüche aus Geschäftsführung ohne Auftrag

I. Abgrenzungen

1. Geschäfte und Zuständigkeiten

1 a) § 677 spricht davon, dass ein **Geschäft** besorgt wird. Dabei meint „Geschäft" nicht etwa bloß das Rechtsgeschäft. Vielmehr umfasst der Ausdruck hier auch alle tatsächlichen Handlungen von einiger Erheblichkeit (etwa die Hilfeleistung bei Unfällen). Die Geschäftsführung ohne Auftrag ist jedoch von der außerrechtlichen Gefälligkeit ohne Auftrag zu unterscheiden (vgl. BGHZ 206, 254; dazu auch *Medicus/Petersen* BürgerlR Rn. 405).

2 b) Andererseits beschränken sich die §§ 677ff. auf die Besorgung **fremder** Geschäfte. Dahinter steht die Vorstellung einer bestimmten Zuständigkeit für Geschäfte: „Fremd" ist ein Geschäft nämlich dann, wenn dafür ein anderer zuständig ist als derjenige, der es besorgt.

In der Tat gibt es vielfach solche Zuständigkeiten. Sie werden etwa durch die dinglichen Rechte begründet: So darf regelmäßig nur der Eigentümer seine Sache nutzen und veräußern; andererseits ist er aber auch für die Lasten der Sache zuständig. Wenn ein Unzuständiger solche Geschäfte besorgt, spricht man von einem für ihn **objektiv fremden Geschäft.**

Bei anderen Geschäften dagegen fehlt eine solche objektiv bestimmte Zuständigkeit. So kann jedermann Sachen erwerben oder sogar fremde Sachen verkaufen. Das geschieht bei jedem Beschaffungskauf, also wenn der Verkäufer sich die verkaufte Sache erst noch selbst beschaffen muss. Unzuständig ist der Verkäufer dann nur für die Übereignung an den Käufer, solange ihm die Sache nicht gehört. Hier handelt es sich um **objektiv neutrale Geschäfte.** Fremd werden können sie nur durch den Willen dessen, der sie besorgt: Wenn er nämlich nicht für sich selbst handeln (zB eine Sache erwerben) will, sondern für einen anderen. Man spricht dann von **subjektiv fremden Geschäften.**

3 c) Schwierigkeiten ergeben sich jedoch bei **mehrfacher objektiver Zuständigkeit.** Diese findet man nicht selten. So kann man das Löschen von Bränden der Feuerwehr zurechnen (dazu ist sie da), aber auch dem an der brennenden Sache Berechtigten (sein Interesse wird wahrgenommen). Weiter kommen in Betracht der als Brandstifter Verantwortliche oder sogar der Feuerversicherer (der von diesen Personen zu ersetzende Schaden wird durch das Löschen gering gehalten). Der BGH hat in vielen Entscheidungen bei solchen auch-fremden Geschäften einen Fremdgeschäftsführungswillen des Handelnden (im Beispiel der Feuerwehr) bejaht (→ § 16 Rn. 7) und dann das Geschäft wie ein im Ganzen fremdes behandelt. Die so begründeten Ansprüche auf Aufwendungsersatz sind jedoch vor allem dann bedenklich, wenn sie das Fehlen einer öffentlich-rechtlichen Gebührenregelung (zB für die Feuerwehr) überdecken sollen (vgl. *Medicus/Petersen* BürgerlR Rn. 410ff., vor allem Rn. 412).

2. Das Fehlen eines Rechtsverhältnisses

Wenn objektiv oder subjektiv fremde Geschäfte besorgt werden, liegt dem meist ein rechtsgeschäftliches oder gesetzliches **Rechtsverhältnis** zugrunde. So hat der Geschäftsführer einer GmbH einen Dienstvertrag; der Testamentsvollstrecker wird aufgrund einer testamentarischen Anordnung tätig (§ 2197); die Eltern verwalten das Kindesvermögen kraft Gesetzes (§ 1626 I 2). Soweit ein solches Rechtsverhältnis besteht, ergibt dieses die Folgen der Geschäftsführung (zB Ansprüche auf Vergütung, Aufwendungs- oder Schadensersatz). Für die §§ 677ff. bleibt dann kein Raum (daher der freilich zu enge Name „Geschäftsführung ohne Auftrag", wobei „Auftrag" nicht im engen Sinn der §§ 662ff. zu verstehen ist!). Vielmehr tritt die GoA erst bei Fehlen eines speziellen Rechtsverhältnisses als eine Art Notordnung ein (und ist daher auch erst zu erörtern, wenn dieses Fehlen feststeht → § 2 Rn. 4). 4

3. Der Fremdgeschäftsführungswille

Ein objektiv neutrales Geschäft wird zum fremden überhaupt erst durch den Willen, es als fremdes zu führen (→ § 16 Rn. 2). Aber auch bei objektiv fremden Geschäften hat dieser Wille in mehrfacher Hinsicht Bedeutung. 5

a) Bisweilen hält der Geschäftsführer das objektiv fremde Geschäft irrtümlich für ein eigenes. Es macht zB jemand Verwendungen auf eine Sache, die er zwar gutgläubig, aber weil sie gestohlen war (§ 935) dennoch unwirksam erworben hat. Bei solchen **vermeintlich eigenen Geschäften** scheitert die Anwendung der §§ 677ff. schon an § 677 („für einen anderen") und noch deutlicher an § 687 I. Geschäftsführungsrecht kann hier nur auf dem Umweg über § 994 II wegen notwendiger Verwendungen anwendbar werden.

Unbeachtlich ist dagegen nach § 686 ein Irrtum bloß über die **Person des Geschäftsherrn:** F möge ein ausgebrochenes Pferd einfangen, weil er glaubt, es gehöre seinem Nachbarn N, doch handelt es sich in Wahrheit um ein Pferd des G. Dann ist allein G Geschäftsherr, obwohl F nur für N handeln wollte.

b) Der Geschäftsführer kann aber auch umgekehrt die Fremdheit des Geschäfts kennen und dieses dennoch als eigenes und insbesondere zu eigenem Nutzen betreiben wollen: Es bewirtschaftet zB ein Bauer das brachliegende Nachbargrundstück. Auch bei solcher **Geschäftsanmaßung** passen die §§ 677ff. nicht, weil das Geschäft nicht „für einen anderen" besorgt wird. Vielmehr kommen hier vor allem Delikts- und Bereicherungsrecht in Betracht. Doch kann nach § 687 II der Geschäftsherr den Handelnden wie einen Geschäftsführer ohne Auftrag in Anspruch nehmen, also zB den Ertrag des Geschäfts herausverlangen. Allerdings wird der Geschäftsherr dadurch selbst zum Aufwendungsersatz verpflichtet, §§ 687 II 2, 684 S. 1: Diese technisch missglückte (vgl. *Medicus/Petersen* BürgerlR Rn. 419) Verweisung bedeutet eine Pflicht zum Aufwendungsersatz nach Bereicherungsrecht. 6

c) Dass nach der Rechtsprechung ein angeblich vorhandener Fremdgeschäftsführungswille das **auch-fremde Geschäft** zu einem ganz-fremden soll machen können, ist schon oben (→ § 16 Rn. 3) gesagt worden. 7

II. Ansprüche aus Geschäftsführung ohne Auftrag

1. Berechtigte und nichtberechtigte Geschäftsführung

8 a) Grundlegend für die Rechtsfolgen der GoA ist eine Unterscheidung, die nicht schon in § 677 deutlich wird, sondern erst in den §§ 683, 684 hervortritt: Ehe jemand die Besorgung eines fremden Geschäfts übernimmt, soll er sich fragen, ob sein **Eingreifen erwünscht** ist. Hierüber entscheidet der wirkliche und bei dessen Fehlen der mutmaßliche, aus dem Interesse zu erschließende Wille des Geschäftsherrn, § 683 S. 1 (die Rangfolge dieser Elemente ist str., vgl. *Medicus/Petersen* BürgerlR Rn. 422). So entspricht etwa das Entfernen eines unbefugt auf einem Privatgrundstück abgestellten Kfz dem objektiven Interesse und mutmaßlichen Willen des Fahrzeughalters (BGH NJW 2016, 2407). Dem Einverständnis des Geschäftsherrn bei Übernahme des Geschäfts steht es gleich, wenn dieser die Geschäftsführung nachträglich genehmigt, § 684 S. 2. Endlich bleibt ein entgegenstehender Wille des Geschäftsherrn unbeachtlich, soweit Pflichten im öffentlichen Interesse oder gesetzliche Unterhaltspflichten rechtzeitig erfüllt werden sollen, §§ 683 S. 2, 679. In den genannten drei Fallgruppen spricht man von **berechtigter GoA.**

9 b) In den übrigen Fällen liegt **nichtberechtigte GoA** vor. Dahin gehört insbesondere auch der Fall, dass der Geschäftsführer den maßgeblichen Willen des Geschäftsherrn unrichtig beurteilt (vgl. *Medicus/Petersen* BürgerlR Rn. 424, als Beispiel etwa: Jemand löst eine Nachnahmesendung für den abwesenden Nachbarn ein; dieser wollte aber die Sendung nicht). In diesem Sinn handelt der Geschäftsführer also auf eigenes Risiko. Das ist auch angemessen: Außer in Notfällen (dann kann § 680 helfen, str.) soll man sich im Zweifel von fremden Angelegenheiten fernhalten.

2. Ansprüche bei berechtigter Geschäftsführung ohne Auftrag

10 a) Der berechtigte **Geschäftsführer** kann nach § 683 S. 1 wie ein Beauftragter Ersatz seiner Aufwendungen verlangen, also nach § 670. Dazu gehört auch Ersatz der mit der Geschäftsführung eng zusammenhängenden Schäden, etwa bei → § 16 Rn. 5 durch eine Verletzung beim Einfangen des Pferdes (vgl. *Medicus/Petersen* BürgerlR Rn. 428 f.).

b) Umgekehrt hat aber auch der **Geschäftsherr** die Ansprüche eines Auftraggebers; das folgt aus der Verweisung in § 681 S. 2 insbesondere auf die Herausgabepflicht von § 667. Bei einer zu vertretenden (vgl. aber §§ 680, 682) Verletzung der in § 677 umschriebenen Ausführungspflicht schuldet der Geschäftsführer Schadensersatz nach allgemeinen Regeln (§§ 276 ff., 280).

3. Ansprüche bei nichtberechtigter Geschäftsführung ohne Auftrag

11 a) Der nichtberechtigte **Geschäftsführer** kann nach Bereicherungsrecht die Herausgabe dessen verlangen, was der Geschäftsherr durch die Geschäftsführung erlangt hat, § 684 S. 1. Wenn – wie häufig – eine Herausgabe des Geschäftsführungserfolgs in Natur unmöglich ist, richtet sich der Anspruch bloß auf Ersatz der den Geschäftsherrn bereichernden Aufwendungen des Geschäftsführers.

b) Der **Geschäftsherr** kann, wenn ihm die Geschäftsführung Schaden gebracht hat, dessen Ersatz verlangen, § 678. Diese Haftung ist gegenüber den allgemeinen Regeln (§ 276) noch dadurch verschärft, dass sich das Verschulden des Geschäftsführers bloß auf die dem Geschäftsherrn unerwünschte Übernahme des Geschäfts (und nicht auch auf eine mangelhafte Ausführung) zu beziehen braucht.

3. Abschnitt. Dingliche Ansprüche

§ 17 Dingliche Ansprüche und Leistungsstörungen

I. Der dingliche Anspruch

Als „dinglich" bezeichnet man Ansprüche, die dingliche Rechte oder den Besitz verwirklichen, nämlich gegen Dritte durchsetzen (vgl. *Medicus/Petersen* BürgerlR Rn. 436). Prototyp des dinglichen Rechts ist das **Eigentum.** Dingliche Ansprüche aus Eigentum sind also diejenigen, die einen Zustand anstreben, der dem Eigentümer die Ausübung seiner Befugnisse (§ 903) gestattet: nämlich ihm den Besitz verschafft (§ 985), ihn vor Störungen schützt (§ 1004) und insbesondere auch vor unberechtigter Zwangsvollstreckung (§ 771 ZPO), bei Grundeigentum schließlich auch die richtige Eintragung ins Grundbuch herbeiführt (§ 894). Insofern ähneln die dinglichen Ansprüche den vertraglichen Primäransprüchen (→ § 4 Rn. 1 ff.). 1

Eine Eigenart der dinglichen Ansprüche besteht aber darin, dass sie nicht durch **Abtretung** von ihrem dinglichen Stammrecht getrennt werden können (*Medicus/Petersen* BürgerlR Rn. 445 f.). Trotz des irreführenden Wortlauts von § 931 ist also der Herausgabeanspruch aus § 985 nicht abtretbar (etwa nach den §§ 413, 398). Vielmehr muss das Eigentum in anderer Weise übertragen werden (→ § 18 Rn. 15); der dingliche Herausgabeanspruch geht dann beim Veräußerer unter und entsteht beim Erwerber neu.

Der Durchsetzung von dinglichen Rechten dienen zwar in gewissem Sinn auch Schadensersatzansprüche aus § 823 I und Wertersatzansprüche aus Eingriffskondiktion (§§ 812 I 1 Alt. 2, 818 II → § 28 Rn. 7 ff.). Aber diese im **Schuldrecht** geregelten Ansprüche können ohne Weiteres abgetreten werden (also insbesondere auch ohne den Umweg über § 413); sie zählen daher nicht zu den dinglichen.

II. Störungen bei dinglichen Ansprüchen

Ähnlich wie vertragliche Primäransprüche können auch dingliche Ansprüche gestört werden: Die Herausgabe wird etwa trotz Mahnung schuldhaft zu spät geleistet oder vom Schuldner (zB durch Zerstörung oder Weggabe der Sache) unmöglich gemacht. Dann ergibt sich die (keineswegs einfache) Frage nach den Rechtsfolgen einer solchen Störung: Richten sich diese nach **Allgemeinem Schuldrecht** (§§ 275 ff.), obwohl doch die dinglichen Ansprüche außerhalb des Schuldrechts erst im dritten Buch des BGB geregelt sind? 2

1. Das Eigentümer-Besitzer-Verhältnis als Sonderordnung

a) Der Prototyp des dinglichen Anspruchs aus Eigentum ist die Vindikation, § 985. Für diesen Anspruch gibt es in den §§ 987 ff. eine **eigene Störungsregelung,** nämlich das sog. Eigentümer-Besitzer-Verhältnis (EBV, dazu ausführlich *Medicus/Petersen* BürgerlR Rn. 573 ff.). Dort ist insbesondere der Fall geregelt, dass infolge eines Verschuldens des Besitzers „die Sache verschlechtert wird, untergeht oder aus einem ande- 3 ren Grund nicht herausgegeben werden kann“ (§§ 989, 990 I). Danach haftet der Besitzer auf Schadensersatz aber nur unter bestimmten Voraussetzungen: Die Störung muss eingetreten sein erstens nach Rechtshängigkeit (§§ 253, 261 ZPO) des Herausgabeanspruchs (§ 989) oder zweitens, wenn der Besitzer bei der Besitzerlangung bösgläubig (also wenigstens grob fahrlässig, § 932 II) war oder wenn er später das Fehlen seines Besitzrechts erkannt hat (§ 990 I): Das ist der **unredliche Besitzer.** Dagegen haftet der **redliche Besitzer** vor Rechtshängigkeit regelmäßig nicht auf Schadensersatz, § 993 I am Ende. Ausnahmen gibt es freilich in § 991 II und in § 992. Eine entsprechende Unterscheidung je nach der Qualität des Besitzers findet sich auch für die Herausgabe von Nutzungen (§§ 987, 988, 990, 991 I) und den Ersatz von Verwendungen (§§ 994ff., 1000).

Im Geltungsbereich dieser Regelung soll das Allgemeine Schuldrecht nicht angewendet werden. Denn mit ihm käme man über die §§ 280, 281, 283, 276 I 1 zu einer Haftung auch des unverklagten und redlichen Herausgabeschuldners für jede Fahrlässigkeit. Gerade das wollte der Gesetzgeber aber vermeiden: Wer unverklagt und redlich ist, soll nicht ständig mit Schadensersatzansprüchen rechnen müssen, wenn er sich wie ein Eigentümer verhält (vgl. *Medicus/Petersen* BürgerlR Rn. 574). Nur der bösgläubige oder verklagte Besitzer haftet bei Nichterfüllung der Herausgabepflicht nach § 985 auf Schadensersatz statt der Leistung nach §§ 280 I, III, 281 I, II (BGHZ 209, 270).

4 **b)** Daraus kann aber nicht gefolgert werden, das Allgemeine Schuldrecht sei auch **im Übrigen** nicht auf dingliche Ansprüche anwendbar. Das zeigt schon § 990 II: Eine weitergehende Haftung des (unredlichen) Besitzers wegen Schuldnerverzugs soll unberührt bleiben. Hier wird also die Anwendbarkeit der §§ 280, 286f. wie selbstverständlich vorausgesetzt. Anwendbar ist auch § 278, weil durch die Vindikationslage eine Sonderverbindung zwischen Eigentümer und Besitzer besteht. Der verklagte Besitzer etwa haftet also auch dann nach § 989, wenn einer seiner für die herauszugebende Sache zuständigen Gehilfen diese zerstört hat.

2. Zweifelsfragen

5 **a)** Die eben geschilderte Uneinheitlichkeit bei der Anwendbarkeit des Allgemeinen Schuldrechts führt **bei § 985** zu einigen Zweifelsfragen. So ist § 285 nach hM unanwendbar (*Medicus/Petersen* BürgerlR Rn. 599).

Bei § 985 ist ein wesentlicher **Unterschied** zwischen einem Schuldverhältnis nach § 241 I und der Vindikationslage nach § 985 zu beachten: Wenn der *Schuldner* den geschuldeten Gegenstand an einen Dritten gibt, hat der schuldrechtliche Gläubiger gegen diesen regelmäßig keinen Anspruch (Ausnahme bloß § 826, vgl. *Medicus/Petersen* BürgerlR Rn. 625): Das Schuldverhältnis bindet eben nur den Schuldner. Dagegen besteht für den *Eigentümer* (also den „dinglichen Gläubiger“) ein solcher Anspruch, wenn der unberechtigte Besitz weitergegeben wird: Dann richtet sich § 985 gegen den neuen Besitzer, weil auch dieser das fremde Eigentum respektieren muss. Schon deshalb kann die Haftung des jeweiligen Besitzers milder sein als die eines schuldrechtlich Verpflichteten.

6 **b)** Noch zweifelhafter ist die Anwendbarkeit der **§§ 987ff.** bei denjenigen dinglichen Ansprüchen, bei denen diese Vorschriften **nicht direkt gelten,** etwa bei § 1004. Hier scheint zwar eine Verdrängung des Allgemeinen Schuldrechts durch eine Sonderrege-

lung auszuscheiden. Doch sind wohl einige Vorschriften aus dem EBV analog anzuwenden; insoweit muss dann auch das diesen Regeln widersprechende Allgemeine Schuldrecht verdrängt werden können (vgl. *Medicus/Petersen* BürgerlR Rn. 454).

III. Die Prüfung dinglicher Ansprüche

Da sich dingliche Ansprüche auf ein **dingliches Recht** (oder den Besitz) gründen, muss 7
zuerst dieses feststehen (ähnlich wie bei primären Vertragsansprüchen zunächst das Zustandekommen des Vertrags nötig ist). Dabei muss man insbesondere für das Eigentum zwischen beweglichen Sachen (Mobilien) und Grundstücken (Immobilien) unterscheiden: Zu prüfen sind dort jeweils die Vorschriften über den Erwerb und den Verlust des anspruchsbegründenden Rechts.

Neben dieser Erörterung der Gläubigerseite ist die **Schuldnerseite** zu prüfen: Auch dort müssen bestimmte Voraussetzungen erfüllt sein (etwa bei § 985 Besitz und bei § 1004 die Eigenschaft als Störer).

Weiter ist ein Anspruchsausschluss durch einen **Rechtfertigungsgrund** zu bedenken: ein Recht zum Besitz nach § 986 oder eine Duldungspflicht nach § 1004 II.

Endlich sind **Einreden** zu erörtern. Hierfür kommen insbesondere Zurückbehaltungsrechte in Betracht: speziell nach den §§ 1000ff. und allgemein nach den §§ 273f. (→ § 10 Rn. 4). Zu denken ist aber etwa auch an Verjährung (→ § 10 Rn. 2f.) außer im Anwendungsbereich der §§ 898, 902; beachte für Herausgabeansprüche aus Eigentum oder anderen dinglichen Rechten § 197 I Nr. 2.

§ 18 Der Erwerb von Mobiliareigentum

I. Arten des Eigentumserwerbs

Eigentum kann auf drei Arten erworben werden: durch Rechtsgeschäft, durch Gesetz 1
oder durch Staatsakt. Davon kommt weitaus am häufigsten der rechtsgeschäftliche Erwerb vor. Dieser wiederum kann danach unterschieden werden, ob der Veräußerer berechtigt oder nichtberechtigt ist. Dabei ist „berechtigt" derjenige Veräußerer, der selbst Eigentum hat. Nur wenn dem Berechtigten ausnahmsweise die Verfügungsbefugnis fehlt, kann der Erwerb an diesem Fehlen scheitern. Doch ist in manchen gesetzlich bestimmten Fällen (zB §§ 135 II, 161 III, 2113 III, 2211 II) gutgläubiger Erwerb von einem nichtverfügungsberechtigten Eigentümer ebenso möglich wie von einem Nichtberechtigten. Außerdem lässt die Rechtsprechung seit BGHZ 43, 174 einen Erwerb entgegen § 1365 I 2 zu, wenn der Erwerber nicht weiß, dass die veräußerte Sache (fast) das ganze Vermögen des veräußernden Ehegatten darstellt (vgl. *Medicus/Petersen* BürgerlR Rn. 536ff.).

II. Rechtsgeschäftlicher Erwerb vom Berechtigten mit Verfügungsbefugnis, §§ 929–931

1. Das Einigsein

2 **a)** Gemeinsames Erfordernis der §§ 929–931 ist, dass Veräußerer (= Eigentümer) und Erwerber „darüber einig sind, dass das Eigentum auf den Erwerber übergehen soll" (§ 929 S. 1). Diese Einigung ist ein **Rechtsgeschäft,** sodass auf sie alle Vorschriften über Rechtsgeschäfte anwendbar sind (§§ 104 ff.). Für den Veräußerer, der ja ein Recht verliert, ist dabei nach § 107 volle Geschäftsfähigkeit nötig; dagegen genügt für den Erwerber beschränkte Geschäftsfähigkeit (→ § 7 Rn. 6).

3 **b)** Zu den anwendbaren Vorschriften über Rechtsgeschäfte zählen auch die §§ 158 ff. über die **Bedingung.**

aa) Schon daraus ergibt sich die Möglichkeit, einen **Eigentumsvorbehalt** (EV) zu vereinbaren: Dann ist nach § 449 I im Zweifel die vollständige Kaufpreiszahlung aufschiebende Bedingung für die dingliche Einigung und damit, wenn die Übergabe schon vorliegt, auch für den Eigentumsübergang. Umgekehrt kommt auch eine *auflösende* Bedingung in Betracht, vor allem bei der **Sicherungsübereignung** (→ § 18 Rn. 14). Denn hier kann die Einigung durch die Erfüllung der zu sichernden Forderung auflösend bedingt werden. Wenn (wie meist) eine Pflicht zur Rückübereignung vereinbart worden ist, scheitert eine Auslegung im Sinne einer auflösenden Bedingung jedoch: Ein automatischer Rückfall des Eigentums wäre mit einer Pflicht zur Rückübereignung unvereinbar.

4 Ein eigenartiger EV ist im Zusammenhang mit dem **Flaschenpfand** diskutiert worden. Hier sind die Händler vertraglich verpflichtet, die besonders gekennzeichneten (und dadurch individualisierbaren) Pfandflaschen an den Abfüller zurückzugeben. Dieser bleibt kraft eines EV zunächst Eigentümer. BGHZ 173, 159 Rn. 14 verneint auch einen gutgläubigen Erwerb der Endabnehmer, sodass diesen nur der Inhalt der Flaschen übereignet werden soll (was sachenrechtlich möglich ist). Freilich ist der Abfüller verpflichtet, dafür zu sorgen, dass die Abnehmer die Flaschen gegen Erstattung des Pfandbetrags zurückgeben können (Einzelheiten in *Medicus/Petersen* BürgerlR Rn. 534; mit einem Pfandrecht nach §§ 1204 ff. hat das jedenfalls nichts zu tun).

5 **bb)** Beim EV lässt sich die Bedingung auch anders gestalten, als § 449 I das vorsieht. Das geschieht beim **erweiterten EV:** Dort soll die Bedingung erst eintreten und damit auch das Eigentum erst übergehen, wenn noch weitere Forderungen beglichen worden sind als bloß die Kaufpreisforderung für die unter Eigentumsvorbehalt gelieferte Sache. Diese Erweiterung kann sich etwa auf alle in ein Kontokorrent eingehenden Forderungen des Verkäufers gegen den Käufer beziehen **(Kontokorrentvorbehalt).** Der Kontokorrentvorbehalt kann vor allem in Allgemeinen Geschäftsbedingungen (§ 307) bedenklich sein: Die dingliche Rechtslage wird unklar, wenn sich der Eintritt einer derart komplizierten Bedingung nur schwer feststellen lässt.

6 **cc)** Vom erweiterten ist der in der Praxis sehr häufig vorkommende **verlängerte EV** zu unterscheiden. Er enthält folgende zusätzliche Abreden:

(1) Der Veräußerer **ermächtigt** (§ 185 I) den Erwerber, im ordentlichen Geschäftsgang (also insbesondere gegen ein vollwertiges Entgelt) schon vor Kaufpreiszahlung über die (noch dem Verkäufer gehörende) Sache zu verfügen. Damit wird der EV geschwächt.

(2) Zum Ausgleich wird die Berechtigung des Veräußerers auf die Entgeltforderung aus dem Geschäft erstreckt, das der Veräußerung zugrunde liegt (zB Kauf): Diese Forderung wird dem Veräußerer als Ersatz für sein verlorenes Eigentum im Voraus **abgetreten** (§ 398).

(3) Endlich wird der Erwerber ermächtigt, diese Forderung im eigenen Namen einzuziehen (**Einziehungsermächtigung,** vgl. *Medicus/Petersen* BürgerlR Rn. 30).

Im Ergebnis schützt der EV den Veräußerer hier nur für eine Übergangszeit; dann wird er durch die abgetretene Entgeltforderung ersetzt; schließlich (nämlich mit der Zahlung des Entgelts an den Käufer) erlischt der Schutz ganz. Wenn der Veräußerer diesen erhalten will, muss er die Ermächtigungen nach (1) und (3) widerrufen und den Letzterwerber unredlich machen.

Eine andere Art der Verlängerung erstreckt den EV auf die durch Verarbeitung der Vorbehaltsware entstandenen neuen Sachen **(Verarbeitungsklausel).** Probleme ergeben sich hier aus der regelmäßig zwingenden Vorschrift des § 950 (vgl. *Medicus/Petersen* BürgerlR Rn. 515 ff. und Rn. 273).

c) Keine Voraussetzung für eine wirksame Einigung ist regelmäßig die Wirksamkeit des Grundgeschäfts, also zB des Kaufs. Das ist das dem deutschen Recht eigene **Abstraktionsprinzip** (→ § 3 Rn. 15): Die Wirksamkeit der Übereignung bestimmt sich ebenso wie diejenige anderer Verfügungen unabhängig davon, ob diese Übereignung geschuldet wird. Das ohne Rechtsgrund geleistete Eigentum muss dann nach § 812 I 1 Alt. 1 mit der Leistungskondiktion zurückverlangt werden (→ § 27 Rn. 4). Abweichendes gilt aber, wenn die in dem EV enthaltene Bedingung nicht eintreten kann, weil die Kaufpreisforderung nicht besteht. Dann scheitert nämlich der Eigentumsübergang auf den Erwerber, sodass der Veräußerer vindizieren kann. 7

d) Strittig ist, ob bei den §§ 929 ff. die einmal erklärte **Einigung bindet,** oder ob sie auch über § 130 I 2 hinaus widerrufen werden kann. Nach der wohl hM sollen Veräußerer und Erwerber noch bei der Übergabe einig sein (vgl. den Wortlaut von § 929 S. 1); das bedeutet ein Widerrufsrecht des Veräußerers bis zur Übergabe (*Medicus/Petersen* BürgerlR Rn. 33 f.). Einen Anwendungsfall kann der sog. **nachgeschobene Eigentumsvorbehalt** bilden: Dieser wird erst nach dem Abschluss des obligatorischen Vertrags (etwa auf der Rechnung oder auf einem Lieferschein) und damit vertragswidrig erklärt. Darin liegt jedenfalls nach der Übergabe kein wirksamer Widerruf der Einigung; das Eigentum bleibt also beim Erwerber. Und ein gleichzeitig mit der Übergabe erklärter, im Kauf nicht vorgesehener EV muss rechtzeitig (also nicht erst nach der Übergabe) zur Kenntnis des Erwerbers gelangen. Ein Vermerk auf dem Lieferschein genügt danach häufig schon deshalb nicht, weil das Lagerpersonal des Erwerbers für diesen keine Empfangsvollmacht hat. 8

2. Die Übergabe und ihre Surrogate

Zu dem Einigsein muss regelmäßig noch ein weiterer Umstand treten. Er soll im Prinzip die Übereignung nach außen sichtbar machen und damit dem sachenrechtlichen **Publizitätsprinzip** Rechnung tragen: Danach sollen Veränderungen von Sachenrech- 9 ten (nicht diese Rechte selbst!) nach außen sichtbar sein. Doch ist das Prinzip im Mobiliarsachenrecht vor allem infolge der Übergabesurrogate nur noch wenig wirksam.

a) Nach § 929 S. 1 muss der Veräußerer dem Erwerber die Sache **übergeben.** Diese Übergabe bedeutet in erster Linie die **Übertragung des unmittelbaren Besitzes,** also der tatsächlichen Sachherrschaft. Übergeben werden kann nach § 854 I durch Tathandlung (Realakt) oder bei sog. offenem Besitz (die Sache ist dem Erwerber ohne Weiteres zugänglich, Schulbeispiel der Pflug auf dem Feld) nach § 854 II durch rechtsgeschäftliche Einigung. Insbesondere die Übergabe nach § 854 I wird aber stark erweitert.

10 aa) Das geschieht einmal durch § 855: Diese Vorschrift bewirkt die Unschädlichkeit der Einschaltung unselbstständiger Hilfspersonen, also von **Besitzdienern:** Da diese selbst keinen Besitz haben, werden die von ihnen vollzogenen Sachbewegungen voll dem Besitzherrn zugerechnet. Wenn etwa der Lagerarbeiter des A eine Sache an den Fahrer des B gibt, bedeutet das rechtlich eine Übergabe von A an B, obwohl beide die Sache nie in der Hand hatten. Kein Besitzdiener ist nach der Rechtsprechung der Kaufinteressent bei einer Probefahrt (BGH NJW 2020, 3711; str.).

11 bb) Ausreichend ist für § 929 S. 1 auch die **Verschaffung mittelbaren Besitzes,** wenn als Besitzmittler ein Dritter auftritt. Es möge etwa K einen Kran, den er von V gekauft hat, schon vor der Lieferung an M vermietet haben. Dann erwirbt K (mittelbaren) Besitz und folglich das Eigentum, wenn V den Kran direkt an M ausliefert.

12 cc) Noch darüber hinaus geht der überwiegend anerkannte sog. **Geheißerwerb** (vgl. *Medicus/Petersen* BürgerlR Rn. 563): Danach wird einer Person auch das Verhalten einer anderen Person zugerechnet, die nicht Besitzdiener ist, aber doch einem Geheiß in Bezug auf die Sache folgt. Es möge etwa V eine Sache an K verkauft und dieser sie alsbald an D weiterverkauft haben; dann möge K den V anweisen, direkt an D zu liefern (sog. Streckengeschäft). Wenn V das tut, wird er nicht Besitzdiener des K (es fehlen die Voraussetzungen von § 855). Aber die durch die Geheißbefolgung bewiesene **Besitzverschaffungsmacht** des K soll genügen, um diesem die Übergabe durch V zuzurechnen: Rechtlich steht diese Übergabe einer Übergabe durch K gleich.

Entsprechendes wird auch für das Verhältnis V–K angenommen: Dass die Übergabe auf Geheiß des K an D stattgefunden hat, steht einer Übergabe an K selbst gleich (auch wenn K dadurch noch nicht einmal mittelbaren Besitz erlangt hat). Rechtlich kann also eine zweifache Übergabe (von V an K und von K an D) bejaht werden. Bei Vorliegen der entsprechenden Einigungen finden folglich auch zwei Übereignungen statt. Wenn die Einigung K–D noch nicht wirkt (vielleicht weil in diesem Verhältnis ein EV vereinbart worden ist), bleibt das Eigentum freilich einstweilen bei K „hängen".

13 **b) Unnötig** ist nach § 929 S. 2 eine **Übergabe,** wenn der Erwerber bereits den Besitz hat, zB als Mieter oder Verwahrer. Für eine Übereignung an den Besitzdiener (der als solcher ja keinen Besitz hat, § 855) passt § 929 S. 2 nicht direkt; hier muss man annehmen, dass die Position des Besitzdieners zunächst in Besitz verwandelt wird.

14 c) Nach § 930 genügt es, dass der Veräußerer den unmittelbaren Besitz behält und dem Erwerber **mittelbaren Besitz verschafft.** Dazu bedarf es der rechtsgeschäftlichen Vereinbarung eines Besitzmittlungsverhältnisses (Besitzkonstituts) nach § 868.

Wichtigster Anwendungsfall des § 930 ist die **Sicherungsübereignung.** Bei dieser sollen zur Kreditsicherung Sachen dienen, deren unmittelbaren Besitz der Veräußerer

(= Sicherungsgeber) nicht entbehren kann (daran scheitert eine Verpfändung nach den §§ 1204 ff.). Hier braucht nach hM nicht eigens eines der in § 868 genannten Rechtsverhältnisse vereinbart zu werden (etwa Verwahrung oder Leihe, wie vielfach üblich). Vielmehr genügt die Bezeichnung als „Übereignung zur Sicherung“ oder ähnlich (sog. **abstraktes Besitzkonstitut**); die daraus folgenden Pflichten von Sicherungsnehmer und Sicherungsgeber sind durch die Verkehrssitte hinreichend deutlich. Unentbehrlich ist dagegen, dass die Parteien die zu übereignenden Sachen **eindeutig bestimmen** (Spezialitätsprinzip). Kritisch ist das etwa bei der Sicherungsübereignung von Warenlagern mit wechselndem Bestand: Hier muss sich feststellen lassen, auf welche konkreten Sachen sich die Übereignung bezieht (vgl. *Medicus/Petersen* BürgerlR Rn. 521 ff.).

d) Das letzte Übergabesurrogat findet sich in § 931: Wenn ein Dritter den (unmittelbaren) Sachbesitz hat, kann der Veräußerer seinen **Herausgabeanspruch** an den Erwerber **abtreten.** So können etwa vermietete oder bei einem Dritten hinterlegte (zB eingelagerte) Sachen übereignet werden. Dabei betrifft die Abtretung obligatorische Herausgabeansprüche, insbesondere diejenigen aus dem Besitzmittlungsverhältnis (vgl. § 870). Nicht gemeint ist dagegen der (für unabtretbar gehaltene → § 17 Rn. 1) dingliche Herausgabeanspruch aus § 985. Wenn der Eigentümer bloß den dinglichen Herausgabeanspruch hat oder wenn ihm auch dieser fehlt (Wrack auf dem Meeresgrund; entlaufener, aber noch nicht gefundener und daher vorerst besitzloser Hund), genügt sogar die bloße Einigung. 15

III. Rechtsgeschäftlicher Erwerb vom Nichtberechtigten, §§ 932–936

Bei den §§ 929 ff. bedarf es einer Einigung zwischen dem Eigentümer und dem Erwerber, § 929 S. 1. Beim Erwerb vom Nichtberechtigten dagegen „gehört die Sache nicht dem Veräußerer“, § 932 I 1; die §§ 929 ff. passen also nicht. Doch lässt sich die Nichtberechtigung dadurch ausgleichen, dass zusätzlich zu den Erfordernissen der §§ 929–931 noch einige weitere erfüllt werden. 16

1. Guter Glaube des Erwerbers

Bei allen Mobilien (auch bei Geld und Inhaberpapieren, für die bloß § 935 nicht gilt → § 18 Rn. 18; häufiger Fehler!) muss der Erwerber in einem bestimmten Zeitpunkt gutgläubig sein. Das bedeutet nach § 932 II: Ihm darf nicht bekannt oder nur infolge leichter Fahrlässigkeit unbekannt sein, dass die Sache nicht dem Veräußerer gehört. Solch guter Glaube fehlt insbesondere fast immer bei **Kraftfahrzeugen,** wenn sich der Veräußerer nicht durch den Kfz-Brief als berechtigt ausweisen kann.

Regelmäßig nicht geschützt wird dagegen der gute Glaube an die **Verfügungsbefugnis** des Veräußerers. Ausnahmen sind § 366 I HGB (Erwerb von einem Kaufmann im Betrieb von dessen Handelsgewerbe) sowie diejenigen Fälle, in denen das BGB den Mangel der Verfügungsbefugnis der Nichtberechtigung gleichstellt (§ 135 II usw. → § 18 Rn. 1). Für den guten Glauben an die **Vertretungsmacht** gelten nach vorzugswürdiger, aber bestrittener Ansicht nur die Regeln über die Duldungs- und die Anscheinsvollmacht (→ § 5 Rn. 17). Der gute Glaube an die **Geschäftsfähigkeit** wird überhaupt nicht geschützt.

2. Nichtabhandengekommensein

17 **a)** Der gutgläubige Erwerb entzieht dem Alteigentümer sein Eigentum. Das BGB hält das regelmäßig (Ausnahme § 935 II) nur für gerechtfertigt, wenn der Alteigentümer die Sache zuvor **willentlich selbst aus der Hand gegeben** hat (etwa ein Kfz zum Zwecke einer Probefahrt: BGH NJW 2020, 3711). Denn damit beteiligt er sich an der Erzeugung des unrichtigen Rechtsscheins, der durch den Besitz des nichtberechtigten Veräußerers hervorgerufen wird. § 935 formuliert das negativ, um die Beweislast dem vindizierenden Alteigentümer zuzuteilen: Gutgläubiger Erwerb soll ausgeschlossen sein, wenn die Sache dem Eigentümer abhandengekommen ist, nämlich wenn dieser **den unmittelbaren Besitz ohne seinen Willen verloren** hat.

Die beiden Hauptfälle nennt § 935 I 1: **Diebstahl** und **Verlieren** der Sache. Andere Fälle bilden die Weggabe auf eine **Drohung** hin (vgl. §§ 253, 255 StGB) oder ohne ausreichende **Urteilsfähigkeit.** Dabei ist jedoch zu bedenken, dass die Weggabe einen Realakt und kein Rechtsgeschäft darstellt; daher passen die §§ 104ff. nicht direkt. Vielmehr verlangt man für § 935 I lediglich die Fähigkeit, die Bedeutung der Weggabe zu beurteilen. Diese Fähigkeit soll freilich bei Geschäftsunfähigen allemal fehlen; bei beschränkt Geschäftsfähigen wird sie regelmäßig vorliegen.

Die nicht durch den Willen des Eigentümers gedeckte **Weggabe durch einen Besitzdiener** genügt für § 935, wenn dieser nicht Vertretungsmacht hat (str.). Ausreichend ist auch der unfreiwillige Verlust des nach § 857 erworbenen **Erbenbesitzes** (der Schutz des Erben durch Anwendung von § 935 ist sogar der Hauptzweck von § 857!). Auch der offene Besitz (→ § 18 Rn. 9) kann unfreiwillig verloren gehen. Dagegen genügt Verlust des **mittelbaren Besitzes** nur, wenn die Sache dem unmittelbaren Besitzer selbst abhandenkommt, § 935 I 2. Str. ist der durch den Wortlaut der Vorschrift nicht gedeckte Fall des Abhandenkommens bei einer Person, die dem Eigentümer keinen Besitz mittelt (zB der Täter einer Unterschlagung wird bestohlen). Doch sollte auch hier Abhandenkommen bejaht werden. Kein Abhandenkommen liegt vor, wenn ein Alleineigentümer Mitbesitzer ist und den unmittelbaren Besitz freiwillig ohne den Willen seines Mitbesitzers aufgibt, der Nichteigentümer ist (BGH NJW 2014, 1524).

18 **b)** Eine **Ausnahme** von § 935 gilt nach dessen Abs. 2 für Geld, Inhaberpapiere und Sachen, die in öffentlicher Versteigerung erworben werden (vgl. § 383 III). Dies dient dem hier besonders nötigen Schutz des Rechtsverkehrs. Bei einzelnen **Geldzeichen** scheidet eine Vindikation zudem meist schon deshalb aus, weil sie von dem die Herausgabe Fordernden nicht individuell bezeichnet werden können: Bei Münzen gelingt das überhaupt kaum, und bei Scheinen ist die Nummer meist unbekannt (Ausnahmen möglich zB bei Lösegeldzahlungen). Hier bleibt dann nur der Weg über einen echten Zahlungsanspruch nach den §§ 948, 947 (dazu → § 18 Rn. 30) oder direkt nach § 812. Kein Geld iSd § 935 II sind nach BGH NJW 2013, 2888 Sammlermünzen ohne Zahlungsfunktion.

3. Andere allgemeine Erfordernisse

19 Dass ein Erwerb vom Nichtberechtigten nur durch Rechtsgeschäft möglich ist, ergibt sich aus den §§ 932ff.; eine (wohl bloß scheinbare) Ausnahme findet sich in § 898 ZPO (vgl. *Medicus/Petersen* BürgerlR Rn. 547). Darüber hinaus muss es sich um ein **Verkehrsgeschäft** handeln, weil der gutgläubige Erwerb gerade den Rechtsverkehr schüt-

zen will (vgl. *Medicus/Petersen* BürgerlR Rn. 548f.). Daran fehlt es bei Rechtsgeschäften zur Vorwegnahme einer Erbfolge (Hofübergabe usw): Hier könnte ja auch die ersetzte Erbfolge keinen gutgläubigen Erwerb vermitteln.

Außerdem muss auf der Erwerberseite mindestens eine Person stehen, die nicht zugleich auch als Veräußerer auftritt. Daher kann zB eine OHG von einem Gesellschafter gutgläubig erwerben (hier steht ja noch mindestens ein weiterer Gesellschafter auf der Erwerberseite), nicht aber umgekehrt ein Gesellschafter von der OHG (dieser ist ja zugleich Veräußerer).

4. Übergabe und Übergabeersatz

Zusätzlich zu den bisher genannten Erfordernissen des gutgläubigen Erwerbs vom 20
Nichtberechtigten verschärfen die §§ 932ff. gegenüber den §§ 929ff. die Anforderungen an die Besitzverschaffung durch den Veräußerer.

a) Das gilt zwar nach § 932 I 1 noch nicht für den Fall von **§ 929 S. 1** (→ § 18 Rn. 9ff.): Hier verschafft ja der Veräußerer selbst (oder seine Geheißperson) dem Erwerber (oder seiner Geheißperson) Besitz und behält für sich selbst keinen Rest von Besitz mehr zurück. Das genügt für seinen Ausweis als Berechtigter.

b) Nicht hinreichend als Eigentümer ausgewiesen ist der Veräußerer dagegen im Fall 21
von **§ 929 S. 2** (→ § 18 Rn. 13): Hier kann der Erwerber den Besitz ja auch unabhängig von einem Geheiß des Veräußerers durch einen Dritten erhalten haben, sodass der Veräußerer nie Besitz oder Besitzverschaffungsmacht gehabt haben muss. Daher verlangt § 932 I 2, der Erwerber müsse den Besitz gerade vom Veräußerer erlangt haben.

c) Die wichtigste Verschärfung gilt für den Fall von **§ 930** (→ § 18 Rn. 14): Hier muss 22
nach § 933 die Sache dem Erwerber übergeben werden, und bei dieser Übergabe muss der gute Glaube noch fortbestehen. Für die **Sicherungsübereignung** bedeutet das: Wenn das Sicherungsgut nicht dem Sicherungsgeber gehört, erwirbt der Sicherungsnehmer kein Eigentum, solange sich das Sicherungsgut noch kraft des Besitzkonstituts beim Sicherungsgeber befindet. Erst bei der Herausgabe an den Sicherungsnehmer kommt Eigentumserwerb in Betracht, doch muss der gute Glaube dann andauern (woran es meist fehlt).

Ein Problem entsteht, wenn der Sicherungsgeber zwar noch kein Eigentum, aber doch schon ein **Anwartschaftsrecht** hat (weil er selbst die Sache unter EV erworben, aber noch nicht voll bezahlt hat (vgl. *Medicus/Petersen* BürgerlR Rn. 458, 462ff.). Dann kann dieses Anwartschaftsrecht als (freilich wenig verlässliches) Sicherungsmittel verwendet werden. Dabei sind zwei Fälle zu unterscheiden:

(1) Der Sicherungsgeber hat sich wahrheitsgemäß als bloß Anwartschaftsberechtigter zu erkennen gegeben. Dann kann er sein Anwartschaftsrecht analog den §§ 929ff. als Berechtigter auf den Sicherungsnehmer übertragen; dieser wird dann bei Restkaufpreiszahlung Eigentümer.

(2) Der Sicherungsgeber gibt sich schon vor der Restkaufpreiszahlung zu Unrecht als Eigentümer aus. Dann ist eine Sicherungsübertragung des Anwartschaftsrechts nicht erklärt worden. In Betracht kommt daher nur, die erklärte Sicherungs*übereignung* in eine Sicherungsübertragung des Anwartschaftsrechts umzudeuten (§ 140). Wenn man das mit der hM bejaht, erwirbt der Sicherungsnehmer das Anwartschaftsrecht analog

§ 930 (insoweit war der Veräußerer ja Berechtigter!). Eigentümer wird er aber erst, wenn durch Zahlung des Kaufpreisrestes das Anwartschaftsrecht zum Vollrecht erstarkt.

23 **d)** Im Fall von **§ 931** (→ § 18 Rn. 15) bestimmt § 934 eine Unterscheidung: Wenn der Veräußerer mittelbaren Besitz hat, genügt wie bei § 931 die Anspruchsabtretung. Andernfalls dagegen muss der Erwerber – abweichend von § 931 – erst den Sachbesitz von dem dritten Besitzer erhalten und zu dieser Zeit noch gutgläubig sein. Diese Unterscheidung hat zu der Frage geführt, ob und wie der mittelbare Besitz des Veräußerers dadurch beendet werden kann, dass dessen untreuer Besitzmittler seinen Willen zur Besitzmittlung aufgibt. Das ist deshalb zweifelhaft, weil der Besitzmittler diese Willensänderung vor seinem Oberbesitzer meist geheim hält. Denn er tritt vielfach zugleich gegenüber dem alten und dem neuen Oberbesitzer als Besitzmittler auf. Damit gelangt man zu der umstrittenen Frage des **Nebenbesitzes** (dazu ausführlich *Medicus/Petersen* BürgerlR Rn. 558 ff.). Die hM bejaht einen Besitzverlust des alten mittelbaren Besitzers und verneint daher einen Nebenbesitz, weil dieser dem Gesetz unbekannt sei.

5. Lastenfreier Erwerb, § 936

24 Die eben behandelten §§ 932–935 regeln den gutgläubigen Erwerb vom Nichteigentümer. Demgegenüber betrifft § 936 den Erwerb (meist vom Eigentümer), wenn die Sache mit dem Recht eines Dritten belastet ist (Nießbrauch oder Pfandrecht): Dann soll im Wesentlichen analog den §§ 932 ff. gutgläubig Freiheit von dieser Belastung erworben werden können. Obwohl § 935 systematisch vor § 936 steht, ist er nach hM auch auf diesen anwendbar.

Eine spezielle Bedeutung hat § 936 III für den **Erwerb des Eigentums selbst:** V möge eine Sache unter EV an K übereignet und sie ihm übergeben haben. Danach möge V dieselbe Sache unbedingt an D übereignen (nach § 931). Dann könnte man denken, das Anwartschaftsrecht des K (→ § 18 Rn. 22) sei bei gutem Glauben des D nach §§ 161 III, 934, 931 erloschen. Dies hindert der analog anzuwendende § 936 III jedoch, wenn K selbst Sachbesitzer ist: K behält also sein Anwartschaftsrecht und kann noch durch Zahlung des Kaufpreisrestes Eigentümer werden (vgl. dazu *Medicus/Petersen* BürgerlR Rn. 462).

IV. Gesetzlicher Erwerb

1. Durch Erbgang, § 1922 I

25 Der Erwerb von Eigentum (wie auch von allen übrigen Rechten) durch Erbgang steht gewissermaßen zwischen Gesetz und Rechtsgeschäft: Einerseits geht nach § 1922 I der Nachlass mit dem Erbfall kraft Gesetzes auf den oder die Erben über. Andererseits kann der Erblasser aber durch Rechtsgeschäft bestimmen, wer Erbe werden soll (Testament § 1937, Erbvertrag § 1941). Dafür gelten freilich vielfach Abweichungen von den allgemeinen Vorschriften über Rechtsgeschäfte. Das gilt etwa hinsichtlich von Irrtümern (§§ 2078 ff.), der Testierfähigkeit (§ 2229) und der Schriftform (§ 2247); auch ist Stellvertretung weithin ausgeschlossen.

Hinsichtlich des Eigentumserwerbs selbst bestehen aber keine wesentlichen Probleme: Der Erbe rückt in diejenige Rechtsposition ein, die der Erblasser hatte, also auch in die etwa bestehenden Verfügungsbeschränkungen. Allerdings können für den Erben solche Beschränkungen zusätzlich entstehen, insbesondere durch die Anordnung einer Nacherbschaft (§§ 2113 ff.) oder Testamentsvollstreckung (§§ 2205 ff.).

2. Durch Ersitzung, §§ 937 ff.

Der Eigentumserwerb vom Nichtberechtigten kann trotz guten Glaubens des Erwerbers scheitern: etwa an § 935 I oder an einem Mangel der Geschäftsfähigkeit des Veräußerers. Das dadurch entstehende Auseinanderfallen von Schein und Recht wird „repariert" durch den (freilich selten praktisch werdenden) § 937: Zehnjähriger Eigenbesitz führt zu gesetzlichem Eigentumserwerb. Freilich muss der Erwerber beim Erwerb des Eigenbesitzes gutgläubig gewesen sein, und er darf nicht später positiv von seiner Nichtberechtigung erfahren haben. 26

3. Durch Verbindung, §§ 946, 947

a) Nach § 946 erstreckt sich **Grundstückseigentum** auf eine mit dem Grundstück als wesentlicher Bestandteil verbundene bewegliche Sache. Damit wird auf die §§ 93 f. verwiesen, die den wesentlichen Bestandteil umschreiben: Da dieser „nicht Gegenstand besonderer Rechte sein" kann (§ 93), hört die bewegliche Sache mit der Verbindung auf, ein eigenes Rechtsobjekt zu sein; sie geht gewissermaßen notwendig in dem Grundstück auf. Insbesondere aus § 94 folgt, dass ein EV an Baumaterial mit dessen Einbau meist erlischt. Eine notdürftige Sicherung des vorleistenden Unternehmers bringt § 650 e, eine etwas bessere § 650 f. Der bereicherungsrechtliche Ausgleich für einen Rechtsverlust vollzieht sich nach § 951 → § 28 Rn. 10 ff. 27

b) Anders behandelt § 947 die Verbindung **mehrerer beweglicher Sachen** miteinander: Wenn diese wesentliche Bestandteile einer einheitlichen Sache werden, erwerben die Teileigentümer regelmäßig Miteigentum an der Gesamtsache nach den Wertanteilen ihrer verbundenen Sachen. 28

Hierbei ist jedoch die **Abweichung des § 93 vom allgemeinen Sprachgebrauch** zu beachten: Im Gegensatz zu diesem stellt § 93 nicht darauf ab, ob *die Gesamtsache* durch die Trennung zerstört oder wesentlich verändert wird. Erheblich ist vielmehr die Zerstörung oder wesentliche Veränderung der **Bestandteile.** So sind Räder und Motor nach § 93 regelmäßig nicht wesentliche Bestandteile des Kfz, mit dem sie verbunden sind: Auch nach der Ablösung bleiben sie ja als Räder und Motor brauchbar. Daher kann derjenige sie noch vindizieren, der sie unter EV geliefert hat. § 947 hat also praktisch eine viel geringere Bedeutung, als man auf den ersten Blick annehmen könnte. Doch sollte man wenigstens § 948 II bei § 947 entsprechend anwenden: Wesentliche Bestandteile einer einheitlichen Sache entstehen auch, wenn eine Trennung unverhältnismäßig teuer käme (zB das Herausdrehen der unter EV gelieferten Schrauben aus einer Maschine).

4. Durch Vermischung und Vermengung, § 948

a) Durch Vermischung (von Gasen und Flüssigkeiten) oder Vermengung (von festen Körpern) kann die Identität der Teile verloren gehen: Wenn zB Heizöl des A in den halbgefüllten Tank des B gelangt, lässt sich (wenigstens mit zumutbarem Aufwand, vgl. § 948 II) nicht mehr feststellen, welche Moleküle dem A und welche dem B gehört 29 haben. Eigentum ist aber immer nur an bestimmten Sachen möglich (→ § 3 Rn. 13). Daher verweist § 948 I auf § 947: Regelmäßig soll **Miteigentum** nach dem Verhältnis des Wertes der eingebrachten Teilmengen entstehen, ausnahmsweise Alleineigentum des Eigentümers der Hauptsache mit einem Bereicherungsausgleich nach den §§ 951, 812.

30 **b)** Ein Sonderfall der Vermischung liegt vor, wenn **Geld in eine fremde Kasse** (oder Brieftasche) gerät und ein Eigentumserwerb scheitert, etwa weil der Zahlende nicht geschäftsfähig war oder bei Nichtberechtigung des Zahlenden der gute Glaube des Erwerbers fehlt. Wenn dieses unwirksam übereignete Geld nicht ausnahmsweise identifizierbar bleibt, tritt also eine der beiden Rechtsfolgen von § 947 ein. Dabei empfiehlt es sich, regelmäßig nach § 947 II **Alleineigentum des Kasseninhabers** anzunehmen: Andernfalls entstehen ganz unübersichtliche Eigentumsverhältnisse, wenn weitere Zahlungen in die Kasse gelangen oder aus der Kasse geleistet werden. Dem Zahlenden bleiben Bereicherungsansprüche nach den §§ 951, 812 (→ § 27 Rn. 4). Dagegen nimmt BGH NJW 2010, 3578 Rn. 13 anteiliges Miteigentum an und leitet daraus im Insolvenzfall ein Aussonderungsrecht nach § 47 InsO ab.

5. Durch Verarbeitung, § 950

31 In einer arbeitsteiligen Wirtschaft liegen zwischen dem Rohstoff (zB Eisenerz) und dem Endprodukt (zB Kfz) oft viele Stationen (zB Grube – Hütte – Walzwerk – Automobilfabrik). Wenn alle diese Stationen in einer Hand sind oder wenn zwischen ihnen wirksam übereignet worden ist, entstehen keine Probleme. Anders liegt es aber bei Fehlen einer wirksamen Übereignung, insbesondere wegen eines **Eigentumsvorbehalts:** „Überlebt" dann das vorbehaltene Eigentum des Lieferanten die Verarbeitung, sodass es sich an den gelieferten Teilen der neuen Sache fortsetzt?

§ 950 verneint das, wenn die Verarbeitung eine neue Sache schafft und der Wert der Verarbeitung nicht erheblich geringer ist als der Wert des Stoffes (zB aus einem Stück Stahlblech wird eine Kühlerhaube). Diese Zuordnung begünstigt aber letztlich nicht den zum Eigentümer werdenden Verarbeiter, der ja nach wie vor den Kaufpreis schuldet. Den Vorteil haben vielmehr *dessen Gläubiger:* Diese können jetzt in die neue Sache vollstrecken, ohne durch § 771 ZPO gehindert zu sein. Auf einzelne Arbeiter in dem verarbeitenden Unternehmen wird § 950 ohnehin nicht für anwendbar gehalten (sie sind nicht „Verarbeiter"). Über Versuche, den EV durch Klauseln „verarbeitungsbeständig" zu machen, vgl. *Medicus/Petersen* BürgerlR Rn. 515 ff. und Rn. 248.

6. Durch Forderungserwerb, § 952

32 An Schuldscheinen und ähnlichen Urkunden (insbesondere Hypotheken- und Grundschuldbriefen, § 952 II) wird das Eigentum nach § 952 I nicht durch Einigung und Übergabe erworben. Vielmehr steht es (zwingend) dem jeweiligen Gläubiger des „verbrieften" Rechts zu. Wird dieses übertragen (zB eine durch Hypothek gesicherte Forderung nach §§ 1154, 398 abgetreten), so geht das Eigentum an der Urkunde kraft Gesetzes über: Der Neugläubiger kann dann vom Altgläubiger (und von jedem Dritten) nach § 985 Herausgabe fordern. Weitere wichtige Anwendungsfälle von § 952 sind das **Sparkassenbuch** und (entsprechend) der **Kraftfahrzeugbrief:** Dieser gehört also dem jeweiligen Eigentümer des Kraftfahrzeugs.

Anspruchsgrundlage für die Herausgabe eines Sparbuchs ist zwar § 985, doch darf der Eigentumserwerb keinesfalls nach §§ 929ff. geprüft werden. Vielmehr kommt es wegen § 952 nur darauf an, wer Gläubiger der darin verbrieften Forderung ist. Diese kann nach § 398 übertragen werden, wobei an § 405 zu denken ist.

7. Erwerb von Erzeugnissen und sonstigen Bestandteilen, §§ 953ff.

a) Erzeugnisse (zB das Kalb der Kuh oder die Steine eines Steinbruchs) und sonstige 33 Bestandteile einer Sache (der „Muttersache") gehören vor der Trennung zu dieser. Folglich erstreckt sich das Eigentum an der Muttersache auch auf die nicht getrennten Erzeugnisse und Bestandteile. Dagegen bedarf es *nach der Trennung* einer selbstständigen Zuordnung: Wem gehört etwa nach der Geburt das Kalb? Diese Frage beantworten die §§ 953ff.: Sie begründen eine **Rangordnung der Erwerbsberechtigten** derart, dass die früher Genannten (zB der Eigentümer, § 953) durch die später Genannten (zB durch den Pächter, § 956) verdrängt werden.

Heftig umstritten ist die in den §§ 956, 957 geregelte **Erwerbsgestattung** (zB der Grundeigentümer erlaubt seinem Nachbarn, die Äpfel von einem ihm – dem Grundeigentümer – gehörenden Baum zu pflücken). Die sog. „Übertragungstheorie" sieht in dieser Gestattung nur einen Anwendungsfall der §§ 929ff., nämlich einen Spezialfall der rechtsgeschäftlichen Übereignung künftiger Sachen. Dagegen versteht die – wohl vorzugswürdige – „Aneignungstheorie" die Gestattung als Verfügung über das gegenwärtige Erwerbsrecht des Gestattenden. Jedenfalls fließen auch hier **rechtsgeschäftliche Elemente** ein. Daher ist ein Erwerb kraft guten Glaubens vom Nichtberechtigten nach den §§ 955, 957 möglich.

b) Die Zuordnung des Eigentums durch die §§ 953ff. besagt nicht, wem die Erzeug- 34 nisse oder Bestandteile **letztlich gebühren.** Vielmehr gibt es nicht selten Pflichten zur Übertragung des nach den §§ 953ff. erworbenen Eigentums. Das gilt etwa für § 988: Der redliche Eigenbesitzer wird zwar regelmäßig nach § 955 Eigentümer der Erzeugnisse, muss diese aber bei unentgeltlichem Erwerb der Muttersache an deren Eigentümer übereignen.

8. Erwerb auf andere Weise

Neben den eben genannten Gründen für einen gesetzlichen Erwerb des Mobiliareigen- 35 tums gibt es noch einige weitere: etwa die Einverleibung in ein Inventar (§ 582a II 2), die Aneignung einer herrenlosen Sache (§ 958), den Fund (§§ 973f.) und den Schatzfund (§ 984). Größere Bedeutung hat die an mehreren Stellen vorkommende **dingliche Surrogation:** An die Stelle einer verlorenen oder veräußerten Sache tritt kraft Gesetzes eine andere. Das gilt etwa nach § 1646 für bewegliche Sachen, die von den Eltern mit Mitteln ihres Kindes erworben werden, oder nach § 2019 I für den Erwerb des Erbschaftsbesitzers mit Mitteln der Erbschaft. Diese Vorschriften sollen sichern, dass ein Vermögen durch die Einbeziehung der Surrogate ungeschmälert bleibt.

V. Erwerb durch Staatsakt

Im Zusammenhang mit dem Privatrecht werden bewegliche Sachen durch Staatsakt 36 nach § 90 II ZVG durch Zuschlag in der **Immobiliarzwangsversteigerung** erworben, nämlich soweit sich die Versteigerung auf diese Sachen erstreckt (zB Grundstückszubehör, § 55 II ZVG). Ob auch in der **Mobiliarzwangsversteigerung** die Ablieferung der zugeschlagenen Sache (§ 817 II ZPO) Eigentum durch Staatsakt verschafft, ist heftig umstritten, vgl. BGHZ 119, 75 (76f.): Die wohl hM bejaht es ohne überzeugende Gründe. Nicht hierhin gehört sicher der Erwerb in öffentlicher Versteigerung nach § 383 III: Dieser vollzieht sich unzweifelhaft rechtsgeschäftlich nach den §§ 929ff.; § 935 I ist aber wegen dessen Abs. 2 ausgeschlossen.

§ 19 Der Erwerb von Grundeigentum

1 Auch beim Erwerb von Grundeigentum findet sich die Dreiteilung in Rechtsgeschäft – Gesetz – Staatsakt (→ § 18 Rn. 1). Doch überwiegt hier die Bedeutung des rechtsgeschäftlichen Erwerbs noch stärker.

I. Rechtsgeschäftlicher Erwerb vom Berechtigten mit Verfügungsbefugnis, §§ 873, 925

1. Einigung (Auflassung)

a) Für Verfügungen über Grundstücke und Grundstücksrechte verlangt § 873 I allgemein Einigung und Eintragung ins Grundbuch. Für den Sonderfall der Übertragung von Grundstückseigentum heißt die Einigung nach § 925 I 1 Auflassung. Sie ist (anders als nach § 873) **formbedürftig** und muss regelmäßig vor einem Notar erklärt werden, § 925 I 1 (→ § 19 Rn. 3). Bei dieser Erklärung soll die Urkunde über das obligatorische Grundgeschäft (etwa Kauf, vgl. § 311b I) vorliegen, § 925a; das ist aber keine Wirksamkeitsvoraussetzung.

2 b) Die Auflassung verträgt nach § 925 II **keine Bedingung oder Befristung:** Die Eigentumslage soll sich allein aus dem Grundbuch ergeben, ohne dass zB erst Eintritt oder Ausfall einer Bedingung festgestellt werden müssten. Daher ist ein **Eigentumsvorbehalt** im Grundstücksrecht **ausgeschlossen.** Eine dem EV ähnliche Wirkung lässt sich aber erreichen, indem für die noch offene Kaufpreisschuld für den Verkäufer eine Hypothek oder Grundschuld eingetragen wird: Diese Belastungen hindern ja als besitzlose Pfandrechte anders als ein Mobiliarpfandrecht (§ 1205) die Übergabe an den Käufer nicht. Auch mit der Vormerkung kann das Fehlen eines EV ausgeglichen werden (→ § 19 Rn. 6f.): Der Grundstücksveräußerer behält zunächst das Eigentum, verschafft dem Erwerber aber einen gegen Dritte geschützten Übereignungsanspruch.

3 c) Die bei § 929 umstrittene **Bindung an die Einigung** (→ § 18 Rn. 8) ist für das Immobiliarsachenrecht in § 873 II gesetzlich geregelt (dazu BGH VersR 2020, 852). Von den dort genannten Bindungsvoraussetzungen wird bei der Auflassung die notarielle Beurkundung stets erfüllt sein. Zwar verlangt § 925 I 1 keine notarielle Beurkundung, sondern nur die *Erklärung vor einem Notar* (ähnlich bei der Eheschließung, § 1310 I 1). Aber dieser wird die Erklärung schon deshalb stets beurkunden, weil das für den Nachweis nach § 29 GBO nötig ist (→ § 19 Rn. 5).

Zusätzlich zu der Bindung bestimmt § 878 die Unabhängigkeit der Erklärung von später eintretenden **Verfügungsbeschränkungen.** Doch muss hierfür nicht bloß die Bindung nach § 873 II eingetreten, sondern auch der Eintragungsantrag schon gestellt worden sein.

2. Eintragung

a) Zweite Voraussetzung für den Eigentumserwerb ist die Eintragung des Erwerbers ins Grundbuch, § 873 I. Sie spielt eine vergleichbare Rolle wie bei beweglichen Sachen die Übergabe; insbesondere wird mit ihr (wirksamer als mit der Übergabe) dem sachenrechtlichen **Publizitätsprinzip** genügt. Den Übergabesurrogaten vergleichbare Eintragungssurrogate gibt es nicht. 4

b) Während das BGB die materiell-rechtlichen Wirkungen der Eintragung bestimmt, sind ihre **verfahrensrechtlichen Voraussetzungen** in der **Grundbuchordnung** geregelt. Besonders wichtig sind hieraus die folgenden Vorschriften: 5

Eintragungen bedürfen regelmäßig eines **Antrags,** § 13 GBO. Diesen kann sowohl der Erwerber wie der Veräußerer stellen, doch kommt der Antrag meist (zumindest auch) vom Erwerber. Außerdem ist nach § 19 GBO eine **Bewilligung** des in seinem Recht Betroffenen nötig. Diese muss nach § 29 I 1 GBO durch öffentliche oder öffentlich beglaubigte Urkunden **nachgewiesen** werden. Endlich muss der durch die Eintragung in seinem Recht Betroffene **voreingetragen** sein, § 39 I GBO (Ausnahmen § 40 GBO).

Dem Grundbuchamt genügt regelmäßig der nach dem eben Gesagten durch Antrag und Bewilligung hergestellte sog. **formelle Konsens.** Eine Ausnahme gilt aber nach § 20 GBO gerade für die Auflassung: Diese soll dem Grundbuchamt nachgewiesen werden, sodass hier der in der Auflassung enthaltene sog. **materielle Konsens** geprüft wird.

3. Die Rolle der Vormerkung

a) Neben den gerade genannten Eintragungsvoraussetzungen müssen nach öffentlichem Recht noch einige weitere erfüllt sein, insbesondere die Zahlung der Grunderwerbsteuer und die Nichtausübung von Vorkaufsrechten der öffentlichen Hand. Bis das nachgewiesen ist, können viele Monate vergehen. Solange sind also die Eintragung und mit ihr der Eigentumserwerb aufgeschoben. 6

In der Zwischenzeit kann der Veräußerer zwar wegen § 873 II seine Auflassungserklärung nicht mehr widerrufen. Wohl aber besteht die **Gefahr von Zwischenverfügungen:** Der Veräußerer könnte das Grundstück an einen Dritten übereignen; auch könnten er oder in der Zwangsvollstreckung seine Gläubiger das Grundstück belasten. Einen gewissen Schutz hiergegen bildet **§ 17 GBO:** Mehrere dasselbe Recht betreffende Anträge sind in der Reihenfolge ihres Eingangs zu erledigen. Danach müsste also der Erwerbsaspirant, der seine Eintragung zuerst beantragt hat, vor allen späteren Antragstellern eingetragen werden.

Wenn diese Reihenfolge eingehalten wird, kommt es zu den späteren Eintragungen sogar überhaupt nicht mehr: Die Bewilligungen stammen ja vom Veräußerer (oder gegen diesen richtet sich der Titel, aus dem die Zwangsvollstreckung betrieben wird). Wenn inzwischen statt seiner der Erwerber eingetragen worden ist, genügen die weiteren Bewilligungen nicht mehr dem § 19 GBO: Sie stammen nicht von demjenigen, dessen Recht durch die weiteren Eintragungen betroffen wird.

Aber **zuverlässig ist** der Schutz des früheren Antragstellers **durch § 17 GBO nicht.** Denn erstens wirkt eine Missachtung dieser Verfahrensvorschrift nicht materiell-rechtlich: Auch der ordnungswidrig zuerst eingetragene spätere Antragsteller erwirbt sein Recht. Und zweitens kann ein Antrag nach § 18 GBO auch dadurch „erledigt" werden, dass er zurückgewiesen wird (etwa weil die nötigen Nachweise nicht erbracht worden sind).

7 **b)** In diese Lücke tritt die **Vormerkung.** Sie bedeutet nach § 883 I eine gewisse dingliche Sicherung für den obligatorischen Anspruch auf den Rechtserwerb. Daraus folgt die Abhängigkeit der Vormerkung von dem zu sichernden Anspruch (die sog. Akzessorietät der Vormerkung; vgl. BGHZ 200, 179): Wenn der Anspruch nicht besteht, ist in gleicher Weise die Vormerkung unwirksam (*Medicus/Petersen* BürgerlR Rn. 469, 552).

Doch führt auch die wirksame Vormerkung nicht zu einer **Grundbuchsperre.** Es können also (und müssen sogar) nach ihrer Eintragung noch Anträge erledigt werden, die dem vorgemerkten Rechtserwerb widersprechen. Dass ein Anspruch auf Eigentumserwerb vorgemerkt ist, steht also der Eintragung eines dritten Erwerbers nicht im Wege. Wohl aber wirkt die Vormerkung gem. den §§ 883 II, 888: Die nach Eintragung der Vormerkung getroffene Verfügung (auch durch Zwangsvollstreckung) ist **unwirksam,** soweit sie den vorgemerkten Anspruch vereiteln oder beeinträchtigen würde. Der Gläubiger des vorgemerkten Anspruchs kann dann von dem dritten Erwerber die **Zustimmung** zu der Eintragung oder Löschung verlangen, durch die dieser Anspruch verwirklicht wird (§ 888). Gerät der vormerkungswidrig Eingetragene mit der Zustimmung in Verzug, so haftet er auf Ersatz des Verzögerungsschadens gem. §§ 280 I, II, 286 und gem. § 288 (BGHZ 208, 133). Im Ergebnis setzt sich also der vorgemerkte Anspruch gegen ein später begründetes Recht durch (zum Ausnahmefall des gutgläubigen Zweiterwerbs einer Vormerkung vgl. etwa BGHZ 235, 277).

Beispiel: V verkauft ein Grundstück an K und bewilligt ihm eine Vormerkung; diese wird eingetragen. Danach übereignet V das Grundstück an D. Jetzt kann K von V weiterhin aus dem Kauf die Auflassung und die Eintragungsbewilligung für das Eigentum verlangen. Diese Bewilligung allein würde dem K aber nichts nützen, weil ja inzwischen das Eigentum des D betroffen wird (§ 19 GBO). Daher muss D der Eintragung des K nach §§ 883 II, 888 zustimmen.

Wegen dieser dinglichen Wirkung kann der vorgemerkte Käufer auch einigermaßen unbesorgt schon vor seiner Eintragung als Eigentümer den Kaufpreis zahlen: Solange dem vorgemerkten Anspruch nichts zustößt (etwa Vernichtung durch eine Anfechtung des Kaufvertrags oder durch einen Rücktritt von diesem), ist dem Käufer der Eigentumserwerb sicher.

Allgemein: Der Anspruch des vormerkungsberechtigten Käufers auf Übereignung des Grundstücks ist aus dem Kaufvertrag gem. § 433 I 1 begründet. Dieser Anspruch ist durch die Weiterveräußerung an den Dritten nicht nach § 275 I untergegangen, weil diese Verfügung nach § 883 II gegenüber dem Käufer, daher „relativ", unwirksam ist. So wird der Primäranspruch aufrechterhalten. Danach ist gegen den Dritten der unselbstständige Hilfsanspruch aus § 888 zu prüfen und regelmäßig zu bejahen (zur Verweigerung der Zustimmung bei Verjährung des gesicherten Anspruchs BGH NJW 2022, 1167). Dieselbe Prüfungsreihenfolge (§ 433 I 1 – § 275 – § 883 II) gilt über die Verweisungsnorm des § 1098 II auch für das dingliche Vorkaufsrecht. Dort ist zusätzlich die Anspruchsgrundlage des § 1100 S. 2 zu berücksichtigen.

II. Rechtsgeschäftlicher Erwerb vom Nichtberechtigten, § 892

1. Die Unterschiede zu den §§ 932ff.

Das Grundbuch gibt über die Rechtslage viel zuverlässiger Auskunft als bei beweglichen Sachen der Besitz. Daher kann § 892 den Erwerb vom Nichtberechtigten großzügiger zulassen, als das die §§ 932ff. tun. Vor allem zeigen sich die folgenden Unterschiede. 8

(1) Im Grundstücksrecht schadet – anders als nach § 932 II – nicht schon grobe Fahrlässigkeit des Erwerbers. Vielmehr muss dieser nach § 892 I 1 die Unrichtigkeit des Grundbuchs **positiv kennen** (oder es muss ein Widerspruch gegen die Richtigkeit eingetragen sein → § 19 Rn. 9). Dabei verlangt die hM für die Redlichkeit nicht einmal, dass der Erwerber das Grundbuch überhaupt eingesehen hat: Es genügt schon das bloße Vorhandensein der den Rechtsschein erzeugenden Eintragung.

(2) Bei **Verfügungsbeschränkungen** zugunsten einer bestimmten Person (sog. relativen Verfügungsbeschränkungen) greift § 892 I 2 ein: Solche Beschränkungen müssen entweder eingetragen oder dem Erwerber bekannt sein; sonst bleiben sie diesem gegenüber unwirksam. Anders als es die §§ 932ff. tun, erfasst § 892 also direkt auch den Erwerb von einem in seiner Verfügungsmacht beschränkten Berechtigten.

(3) **Besitz oder Übergabe** spielen – anders als bei den §§ 932ff. – für den Grundstückserwerb keine Rolle. Daher gibt es auch keine dem § 935 entsprechende Vorschrift.

2. Der Widerspruch

Wegen der eben geschilderten Leichtigkeit des Immobiliarerwerbs vom Nichtberechtigten bedeutet das unrichtige Grundbuch für den nicht oder nicht richtig eingetragenen Berechtigten eine ständige Gefahr: Die eingetragene unrichtige Rechtslage kann zum redlichen Erwerb eines Dritten führen. Hiergegen hilft endgültig die nach § 894 zu verlangende **Grundbuchberichtigung** (→ § 21 Rn. 9). Aber die Durchsetzung (nach § 894 ZPO) dieses Anspruchs mag lange dauern. Bis dahin kann der Berechtigte nach § 899 die Eintragung eines Widerspruchs verlangen, und zwar auch durch einstweilige Verfügung (nach den §§ 935ff. ZPO). Dieser schließt dann nach § 892 I 1 einen redlichen Erwerb zulasten des Widerspruchsberechtigten aus (zu Einzelheiten des Widerspruchs vgl. *Medicus/Petersen* BürgerlR Rn. 550ff.). 9

III. Die Grenze zwischen Mobiliar- und Immobiliarerwerb

Regelmäßig lassen sich bewegliche Sachen klar von Grundstücken und deren wesentlichen Bestandteilen unterscheiden. Schwierigkeiten können sich jedoch bei den sog. **Scheinbestandteilen** ergeben: Nach § 95 I sind solche Sachen nicht Grundstücksbestandteile, die mit dem Grund und Boden nur zu einem vorübergehenden Zweck oder in Ausübung eines Grundstücksrechts (insbesondere einer Dienstbarkeit) verbunden sind. Hierhin gehören etwa Hochspannungsmasten oder Rohrleitungen, aber uU auch ein Jagdhaus (BGH NJW 2017, 2099: Windkraftanlagen als Scheinbestandteile; s. auch BGH MDR 2020, 722) oder Freiland-Photovoltaikanlagen (vgl. BGH BeckRS 2021, 33343). Die Voraussetzungen des § 95 I brauchen weder nach außen her- 10 vorzutreten noch aus dem Grundbuch ersichtlich zu sein. Trotzdem richtet sich die Übertragung dieser (als beweglich angesehenen) Sachen dann nach den §§ 929ff.

Eine Ausnahme gilt jedoch nach § 926 I für **Grundstückszubehör** (vgl. §§ 97f.): Wenn dieses dem Veräußerer gehört, wird es nach Grundstücksrecht übertragen; der Erwerber eines Bauernhofes etwa erwirbt also den Traktor und das Vieh regelmäßig durch Auflassung und Eintragung! Gehören die Zubehörstücke dagegen nicht dem Veräußerer, so gelten nach § 926 II die §§ 932ff.: Hier schaden also insbesondere schon grobe Fahrlässigkeit des Erwerbers sowie das Abhandenkommen, auch ist Übergabe oder ein Surrogat für diese nötig. Zubehör spielt im Hypothekenrecht eine wichtige Rolle, da sich die Hypothek nach § 1120 auch darauf erstreckt (zu den schwierigen Einzelheiten *Medicus/Petersen* BürgerlR Rn. 484).

IV. Gesetzlicher Erwerb von Grundeigentum

11 Kraft Gesetzes wird Grundeigentum ebenso wie Mobiliareigentum durch **Erbgang** erworben. Als weiteren gesetzlichen Erwerbsgrund gibt es ohne große praktische Bedeutung noch die **Ersitzung:** Sie muss sich nach § 900 auf das Grundbuch stützen (sog. **Tabularersitzung**). Wer nicht eingetragen ist, aber schon dreißig Jahre lang Eigenbesitz hatte, kann nach § 927 unter bestimmten weiteren Voraussetzungen ein Ausschlussurteil gegen den Eigentümer erwirken und sich dann selbst als Eigentümer eintragen lassen (sog. **Kontratabularersitzung**). Hier erfolgt der Erwerb aber streng genommen nicht durch Gesetz, sondern durch Urteil.

V. Erwerb von Grundeigentum durch Staatsakt

12 Im Rahmen des Privatrechts kann Grundeigentum noch durch Zuschlag in der Zwangsversteigerung erworben werden, § 90 I ZVG. Dieser Erwerb vollzieht sich unabhängig von einer Redlichkeit des Erwerbers auch dann, wenn der Vollstreckungsschuldner nicht Eigentümer war.

§ 20 Die weiteren Voraussetzungen der Vindikation

1 Die problematischste Voraussetzung für einen Herausgabeanspruch aus § 985 bildet regelmäßig das Eigentum des Anspruchstellers (vor Gericht: Klägers). Vom Eigentums*erwerb* war jetzt schon oben (→ § 18 Rn. 1) ausführlich die Rede. Ein Eigentums*verlust* beruht fast immer darauf, dass ein anderer Eigentum erwirbt; der Verlust ist hier bloß die Kehrseite des Erwerbs. Andere Verlustgründe sind selten: bei Mobilien etwa die §§ 959, 960 II, 961, bei Grundstücken § 928 I.

Doch gelten außer dem Eigentum des Klägers für § 985 noch einige weitere Voraussetzungen.

I. Besitz des Beklagten

Der Beklagte muss bei Erhebung der Herausgabeklage (= Rechtshängigkeit, §§ 253, 261 ZPO) Besitzer gewesen sein. Dass eine spätere Besitzübertragung die Herausgabeklage nicht unbegründet macht, folgt aus § 265 II 1 ZPO: Das Urteil wirkt dann gegen den Besitznachfolger, § 325 I ZPO. Eine Ausnahme gilt freilich nach § 325 II ZPO, wenn der Nachfolger beim Besitzerwerb hinsichtlich der Rechtshängigkeit redlich war: Dann wirkt also nach den §§ 932 ff., 892 die Rechtskraft nicht gegen die redlichen Besitznachfolger. Ins Grundbuch kann aber ein **Rechtshängigkeitsvermerk** eingetragen werden. 2

Statt den Herausgabeanspruch weiter zu verfolgen, kann der Kläger aber auch bei Verschulden des Beklagten auf den **Schadensersatzanspruch** aus § 989 übergehen (vgl. § 264 Nr. 3 ZPO). Hatte der Herausgabeschuldner den Besitz schon vor Rechtshängigkeit verloren, ergibt sich der Schadensersatzanspruch aus § 990.

Für § 985 genügt wenigstens regelmäßig auch **mittelbarer Besitz** (zu Einzelheiten vgl. *Medicus/Petersen* BürgerlR Rn. 448). Ein **Mitbesitzer** schuldet die Übertragung seines Besitzanteils. Nicht Herausgabeschuldner ist dagegen der bloße **Besitzdiener** (§ 855); hier muss der Besitzherr in Anspruch genommen werden.

II. Kein Besitzrecht des Besitzers

Nach § 986 I 1 soll der Besitzer die Herausgabe verweigern können, wenn ihm ein Recht zum Besitz zur Seite steht. Das klingt zwar nach einer Einrede („kann verweigern"), meint aber – wie es der rechtsähnliche § 1004 II deutlicher ausdrückt – einen **Anspruchsausschluss:** Die Klage wird also ohne Weiteres (auch bei Säumnis des Beklagten, vgl. § 331 ZPO) abgewiesen. Für die Rechte zum Besitz ist zu unterscheiden. 3

1. Dingliche Rechte

Ein dingliches Besitzrecht wirkt **gegen jedermann.** Bei ihm braucht also nicht gefragt zu werden, ob es gerade gegenüber dem die Herausgabe verlangenden Eigentümer wirkt. Hierhin gehört insbesondere das **Mobiliarpfandrecht** nach den §§ 1204 ff. und als gesetzliches Pfandrecht vor allem das **Unternehmerpfandrecht,** § 647. Nach dieser Vorschrift entsteht es freilich nur an Sachen im Eigentum *des Bestellers.* Ob es nach § 1207 gutgläubig auch an bestellerfremden Sachen erworben werden kann, ist str. Die hM und insbesondere die Rechtsprechung verneinen das unter Hinweis auf § 1257: Danach sollen ja die §§ 1204 ff. nur auf ein kraft Gesetzes *entstandenes* Pfandrecht entsprechend anwendbar sein und nicht schon für dessen Entstehung gelten. Dieser Streit entstand vor allem bei Kraftfahrzeugreparaturen, wenn der Reparaturauftrag von einem Nichteigentümer stammt (zB einem Käufer unter Eigentumsvorbehalt). Das Kraftfahrzeugreparaturgewerbe hat daher in seine Allgemeinen Geschäftsbedingungen eine **Verpfändungsklausel** aufgenommen: Dadurch sollte aus dem *gesetzlichen* Pfandrecht des § 647 eine *rechtsgeschäftliche* Verpfändung durch den Besteller der Reparatur (mit der Folge der Anwendbarkeit von §§ 1207, 932) werden. Dieser Kunstgriff ist freilich von manchen als sittenwidrig (§ 138 I) beanstandet worden, weil er allein einen Pfandrechtserwerb an bestellerfremden Sachen ermöglichen solle. Doch lässt die Rechtsprechung die Verpfändungsklausel gelten. Damit ist eine früher gewählte, viel 4 umstrittene Konstruktion nahezu entbehrlich geworden: Der Unternehmer habe wegen seiner Reparaturaufwendungen ein Zurückbehaltungsrecht aus § 1000 gegen den mit dem Besteller nicht identischen Eigentümer (vgl. ausführlich *Medicus/Petersen* BürgerlR Rn. 587ff.).

2. Obligatorische Rechte

5 a) Viele Schuldverträge sollen der einen Partei ein Recht zum Besitz verschaffen, vor allem Miete, Pacht und Leihe. Dieses Besitzrecht wirkt aber regelmäßig **nur gegenüber dem Vertragspartner.** Wenn also etwa V an M vermietet hat, wird allein durch das hieraus entstandene Besitzrecht M–V die Vindikation eines dritten Eigentümers E noch nicht gehindert. Anders ist es dagegen, wenn V seinerseits von E gemietet hat und zur Untervermietung berechtigt war: Dann ist zwischen M und E eine (zweiteilige) **Besitzrechtsbrücke** M–V–E entstanden.

Allerdings schützt diese den M nur, solange beide Brückenglieder intakt sind: Wenn der Mietvertrag E–V endet, kann E auch von M vindizieren (und hat daneben noch den Anspruch aus § 546 II). Endet dagegen nur der Mietvertrag V–M, so hat V den obligatorischen Rückgabeanspruch aus § 546 I. War endlich V nicht zur Untervermietung berechtigt, so gilt § 986 I 2: E kann von M regelmäßig nur Herausgabe an V verlangen; Herausgabe an sich selbst dagegen nur, wenn V die Mietsache nicht übernehmen will.

6 b) Die **Relativität** obligatorischer Besitzrechte wird allerdings durch § 986 II **gelockert:** Wenn eine (bewegliche) Sache nach § 931 veräußert wird, wirkt das gegen den Veräußerer begründete Recht des Besitzers auch gegen den Erwerber. Bei Grundstücken gilt § 986 II nicht, und er wird dort auch nicht benötigt: Für eine Drittwirkung der Miete nach Besitzüberlassung ist ja schon durch die §§ 566, 578 gesorgt, weil der Erwerber in den Mietvertrag eintritt (→ § 14 Rn. 17 und *Medicus/Petersen* BürgerlR Rn. 445).

7 c) Ein Recht zum Besitz hat auch der **Käufer** an der ihm übergebenen Kaufsache schon vor Eigentumserwerb, und zwar unabhängig vom Bestehen eines Anwartschaftsrechts. Dieses Besitzrecht endet nicht schon, wenn der Käufer mit den Kaufpreisraten in Verzug gerät oder die Kaufsache vertragswidrig behandelt. Vielmehr muss der Verkäufer deswegen zunächst vom Vertrag zurücktreten (§§ 323, 449 II). Doch kann der Verkäufer nach § 216 II 2 auch dann zurücktreten, wenn die Kaufpreisforderung verjährt ist: Das vorbehaltene Eigentum soll ja die Kaufpreisforderung sichern, sodass deren Verjährung dem Verkäufer entsprechend § 216 I die Befriedigung aus der Sache nicht soll verwehren dürfen.

III. Keine andere Verteidigung des Besitzers

1. Das Zurückbehaltungsrecht aus § 1000

8 Speziell auf die Vindikation bezieht sich das Zurückbehaltungsrecht wegen Verwendungen aus § 1000: Deren Ersatzfähigkeit richtet sich danach, ob der Besitzer bei der Vornahme unredlich oder verklagt oder aber redlich und unverklagt war: Im ersten Fall gilt bloß § 994 II mit § 995, im zweiten gelten die §§ 994 I, 995, 996 (zu Einzelheiten vgl. *Medicus/Petersen* BürgerlR Rn. 890, 895ff.). Doch tritt neben das Zurück-

behaltungsrecht ein eigener Ersatzanspruch des Besitzers nur unter den besonderen Voraussetzungen des § 1001. Sonst dagegen ist der Besitzer allein auf das Zurückbehaltungsrecht aus § 1000 angewiesen (wenn er nicht das Wegnahmerecht nach § 997 bevorzugt). Nach § 1003 kann dieses Zurückbehaltungsrecht sogar zu einem Verwertungsrecht führen.

Ein **Recht zum Besitz** folgt aus § 1000 aber nach richtiger Ansicht ebenso wenig wie aus § 273. Denn ein Recht zum Besitz führt zur Klageabweisung (der Herausgabeanspruch besteht nicht). Dagegen kommt es bei einem Zurückbehaltungsrecht bloß zur Verurteilung zur Herausgabe Zug um Zug gegen den Verwendungsersatz.

2. Weitere Verteidigungsmittel

Überdies kann der Herausgabeschuldner auch andere, allgemeinere Verteidigungsmittel geltend machen. Dazu gehören der eben erwähnte § 273 und im Handelsrecht § 369 HGB, sowie nach 30 Jahren (§ 197 I Nr. 2) die Verjährung des Herausgabeanspruchs (außer gegen den eingetragenen Grundstücksberechtigten, § 902). § 242 kommt insbesondere als Verteidigungsmittel dann in Betracht, wenn der Eigentümer die herauszugebende Sache alsbald an den Besitzer zurückgeben müsste. 9

§ 21 Andere dingliche Ansprüche aus dem Eigentum

Neben der Vindikation gibt es noch einige weitere dingliche Ansprüche, die sich – zumindest in erster Linie – auf Eigentum gründen. 1

I. Die negatorischen Ansprüche, § 1004

1. Die Beeinträchtigung

§ 1004 setzt voraus, dass der Eigentümer „in anderer Weise als durch Entziehung oder Vorenthaltung des Besitzes beeinträchtigt" wird. Damit erscheint § 1004 als Ergänzung zu dem die Vorenthaltung des Besitzes betreffenden § 985 (→ § 17 Rn. 1). Unter § 1004 fallen mannigfache Eingriffe in die Befugnisse des Eigentümers aus § 903, insbesondere in die Grundstücksnutzung. Beeinträchtigt wird der Eigentümer aber etwa auch durch das Bestreiten seines Eigentums.

Der Name der Klage „actio negatoria" stammt von ihrem Ursprung im römischen Recht: Dort verneinte sie ein von dem Beklagten behauptetes Recht an der Sache, das mit der Störung ausgeübt werden sollte (zB ein Wegerecht).

2. Der Störer

Die Ansprüche aus § 1004 richten sich gegen den Störer. Das ist derjenige, von dem die Beeinträchtigung ausgeht. Dabei unterscheidet man üblicherweise zwischen dem Handlungs- und dem Zustandsstörer, ähnlich wie es auch das öffentliche Recht tut. 2

a) **Handlungsstörer** ist zB, wer selbst Lärm erzeugt, über ein fremdes Grundstück geht oder fährt, dort Abfälle ablädt. Hierhin gehört aber etwa auch, wer auf dem eigenen Grundstück ein Bauwerk errichtet, welches das Nachbargrundstück gefährdet (vgl. § 907), oder sein Grundstück in einer für das Nachbargrundstück gefährlichen

Weise ausschachtet (vgl. § 909). Zu sog. ideellen Störungen (etwa durch einen hässlichen Anblick, zB Schrottplatz neben Hotelgrundstück) *Medicus/Petersen* BürgerlR Rn. 442: Sie genügen für § 1004 gewöhnlich nicht.

3 **b)** Schwerer zu umschreiben ist der **Zustandsstörer:** Er ist für einen Zustand verantwortlich, von dem eine Beeinträchtigung fremden Eigentums ausgeht. Die Problematik liegt hier in dem Wort „verantwortlich": Wenn etwa ein Hang ins Rutschen gerät und das Haus des unten angrenzenden Nachbarn bedroht, woraus kann dann die Verantwortlichkeit des Eigentümers oder Besitzers des rutschenden Hanggrundstücks hergeleitet werden? Regelmäßig nicht verantwortlich ist man für *natürliche Einwirkungen:* Gegen den nicht durch menschliche Eingriffe gestörten, bloß durch einen besonders starken Regen abrutschenden Hang gibt es also keinen Abwehranspruch; hier verwirklicht sich für den Unterlieger eine seinem Grundstück von vornherein innewohnende Gefahr. Ist aber der Hang durch *menschliche Eingriffe* (zB einen Straßenbau) instabil geworden, so haftet nicht bloß der Straßenbauer als Handlungsstörer. Vielmehr ist als Zustandsstörer auch der Eigentümer (sogar der spätere Erwerber) des von der Straße überquerten abrutschenden Grundstücks verantwortlich.

Freilich kann gerade diese Zustandshaftung zu **überaus harten Ergebnissen** führen: Es mögen etwa Unbekannte auf einem fremden Grundstück unerlaubt Giftmüll abgelagert haben, der die Nachbargrundstücke gefährdet. Dann ist es nach privatem (wie auch nach öffentlichem) Recht kaum mit der Billigkeit zu vereinbaren, den schuldlosen Eigentümer des „Müllgrundstücks" mit den vielleicht sehr hohen Kosten einer Beseitigung zu belasten. In solchen Fällen sollte der Eigentümer nur zur **Duldung der Beseitigung** durch andere Verantwortliche (insbesondere durch den Handlungsstörer) verpflichtet sein (aber anders die hM).

3. Anspruchsausschluss

4 Nach § 1004 II sind Ansprüche ausgeschlossen, wenn der Eigentümer zur Duldung verpflichtet ist (zu § 906 etwa BGHZ 223, 155). Das bedeutet (ebenso wie nach richtiger Ansicht § 986) eine Einwendung; nach hM meint § 1004 II die Rechtfertigung des Eingriffs (aber str.).

a) Eine solche Duldungspflicht kann aus **Rechtsgeschäft** stammen (ähnlich wie das Recht zum Besitz des § 986): Wer eine vertragliche Erlaubnis oder gar ein dingliches Recht (vor allem eine Dienstbarkeit, §§ 1018ff.) hat, die ihm die Beeinträchtigung erlauben, kann nicht gehindert werden. **Gesetzliche** Duldungspflichten bestehen gegenüber Notstandshandlungen nach § 904 (zB Betreten fremder Grundstücke zur Bekämpfung eines Brandes auf dem Nachbargrundstück). Spezieller sind der entschuldigte Überbau (§ 912 I) und der Notweg nach § 917. Zu diesem Anspruch auf Duldung BGH NJW 2020, 1360; NJW-RR 2021, 738; 2022, 522.

5 **b)** Noch wichtiger ist die **allgemeine nachbarrechtliche Duldungspflicht** aus § 906. Diese Vorschrift beruht auf folgendem Gedanken: Fast jede Nutzung wirkt irgendwie über die Grundstücksgrenzen hinaus, etwa dadurch, dass sie auch auf dem Nachbargrundstück zu hören ist. Könnte sie deshalb untersagt werden, so wären viele Grundstücke (und womöglich auch dasjenige des Untersagenden selbst) weitgehend unbenutzbar. Daher soll jeder Nachbar schon im eigenen Interesse bestimmte Störungen hinnehmen müssen: nämlich diejenigen, die ihn nur **unwesentlich** beeinträchtigen

(§ 906 I) sowie diejenigen, die **ortsüblich** sind und sich nicht durch wirtschaftlich zumutbare Maßnahmen verhindern lassen (§ 906 II 1).

Die zuletzt genannten Störungen, die erst durch ihre Ortsüblichkeit und Unvermeidbarkeit gerechtfertigt sind, beeinträchtigen den Nachbarn also wesentlich. Das hat sich 6
etwa an den Emissionen von ortsüblichen Industrieanlagen gezeigt: Durch sie konnte der landwirtschaftliche Ertrag der umliegenden Felder erheblich verschlechtert werden. Für solche Fälle besteht ein Ausgleichsanspruch nach § 906 II 2. Man kann darüber streiten, ob er (ebenso wie § 904 S. 2) einen zivilrechtlichen Aufopferungsanspruch darstellt: Genau passt das wohl nicht, aber es besteht doch eine starke Ähnlichkeit (vgl. BGHZ 72, 289). In neuerer Zeit wird § 906 II 2 auf Fälle erstreckt, in denen die Beeinträchtigung zwar hätte verboten werden können, aber eine wirksame Abwehr nicht möglich war, etwa aus Zeitgründen (BGH NJW 2018, 1542: übergreifender Brand auf Nachbargrundstück und faktische Duldungspflicht; nicht aber bei schicksalhafter Explosion eines Blindgängers auf dem Grundstück: BGH VersR 2020, 180). § 906 II 2 führt also zu einem **verschuldensunabhängigen Ausgleichsanspruch.**

4. Rechtsfolgen

a) Nach § 1004 I 1 kann der rechtswidrig Gestörte die **Beseitigung** der Beeinträchti- 7
gung verlangen: Es muss also zB der unbefugt abgelagerte Müll wieder abgefahren werden. Schwierig ist freilich vielfach die Abgrenzung von dem nur als Schadensersatz (also regelmäßig bloß bei Verschulden) zu leistenden Naturalersatz (§ 249; vgl. dazu *Medicus/Petersen* BürgerlR Rn. 629). Grob kann man sagen: Die Beseitigung bezieht sich nur auf die Zukunft, dagegen erfasst der Schadensersatz auch die Vergangenheit (er bringt zB über § 252 auch Ersatz für entgangenen Gewinn). Zudem scheidet die Beseitigung bei Unmöglichkeit aus, ohne dass – wie beim Schadensersatz nach § 251 – der Anspruch allemal in einen solchen auf Geldersatz überginge. BGH NJW 2023, 3722 lehnt auch eine entsprechende Anwendung des § 281 auf § 1004 ab und verneint zudem außerhalb von § 887 II ZPO einen Anspruch des Gestörten auf Kostenvorschuss für die Beseitigung.

b) Nach § 1004 I 2 kann **Unterlassung** der Störung verlangt werden, wenn „weitere 8
Beeinträchtigungen zu besorgen“ sind. Dieser Anspruch (er ist praktisch wichtiger als der Beseitigungsanspruch) wird über den Gesetzeswortlaut hinaus sogar schon gegen die erste Störung gegeben; dass bereits eine Störung stattgefunden hat, bildet also lediglich ein Indiz für die Gefahr weiterer Störungen. Daher ist es genauer, von der „Begehungsgefahr“ statt (wie üblich) von der „Wiederholungsgefahr“ zu sprechen.

II. Der Grundbuchberichtigungsanspruch, § 894

a) Wenn ein eintragungsfähiges Grundstücksrecht nicht oder nicht richtig eingetragen 9
ist, besteht die Gefahr, dass es durch redlichen Dritterwerb nach § 892 beeinträchtigt wird oder sogar erlischt. Umgekehrt kann ein fälschlich eingetragenes, in Wahrheit nicht bestehendes „Buchrecht“ durch redlichen Erwerb wirksam werden. Hiergegen hilft vorläufig ein Widerspruch nach § 899 (→ § 19 Rn. 9). Das genügt aber vielfach nicht. So ermöglicht der Widerspruch zB dem nicht eingetragenen Eigentümer noch keine Verfügung; für diese bedarf er vielmehr einer sachlich zutreffenden Grundbucheintragung.

Eine solche kann auf einer **Bewilligung** des zu Unrecht Eingetragenen beruhen: Es bewilligt etwa der eingetragene Gläubiger die Löschung der durch Kreditrückzahlung erledigten Hypothek. Wenn aber eine solche Bewilligung verweigert wird, hilft § 894: Der nicht oder nicht richtig Eingetragene kann von dem in seinem Buchrecht Betroffenen die **Zustimmung zu der Berichtigung** verlangen. Dabei bedeutet die Unrichtigkeit des Grundbuchs einen speziell geregelten Fall der Störung, der sonst unter § 1004 oder vergleichbare Vorschriften fiele; diese werden also durch § 894 verdrängt. Nötigenfalls muss sich der Verpflichtete vorher erst selbst eintragen lassen, § 895. Eine analoge Anwendung des § 894 hat der BGH wiederholt abgelehnt (BGH NJW 2005, 2983; MDR 2018, 269).

10 **b)** Neben diesem dinglichen gibt es auch einen **obligatorischen Berichtigungsanspruch** aus § 812: Hat zB ein eingetragener Nichtberechtigter sein Buchrecht ohne Rechtsgrund übertragen, so kann er diese Leistung eines „etwas" nach § 812 I 1 Alt. 1 zurückverlangen. Dagegen versagt § 894 in solchen Fällen, weil er nur dem materiell Berechtigten zusteht.

III. Die Drittwiderspruchs(-interventions)klage, § 771 ZPO

11 Einen Spezialfall der Störung bildet die **unberechtigte Zwangsvollstreckung** in schuldnerfremdes Vermögen: Dem Gläubiger haftet nur das Schuldnervermögen, sodass der Drittberechtigte solche Vollstreckungsmaßnahmen muss abwehren können. Dazu bedarf es einer besonderen Anspruchsgrundlage – eben des § 771 ZPO –, weil die Störung hier durch einen Staatsakt bewirkt wird und also nicht nach § 1004 abgewehrt werden kann.

Zu einer Zwangsvollstreckung in schuldnerfremde Sachen kommt es vor allem dann, wenn sich die Sache des Eigentümers im unmittelbaren Besitz des Vollstreckungsschuldners befindet: An diesem äußerlich erkennbaren „Gewahrsam" (§ 808 I ZPO) orientiert sich der Gerichtsvollzieher bei der Vollstreckung. Dass an der Sache ein „die Veräußerung hinderndes Recht" (§ 771 ZPO) eines Dritten besteht, ist dann nachträglich mit der Klage aus § 771 ZPO geltend zu machen. Unter diese Vorschrift fällt nach hM auch das bloße **Sicherungseigentum,** sogar wenn es auflösend bedingt ist; man gelangt hier also nicht bloß zu dem für Pfandrechte bestimmten Recht auf vorrangige Befriedigung nach § 805 ZPO.

Eheleute könnten den § 771 ZPO missbrauchen, indem jeweils derjenige Gatte Eigentümer zu sein behauptet (und sich das vom anderen bestätigen lässt), der nicht Schuldner der titulierten Forderung ist. Dagegen hilft in bestimmtem Umfang schon § 1357, indem er die Ehegatten aus Geschäften zur Deckung des Lebensbedarfs zu Gesamtschuldnern macht (§ 427). Noch weiter reicht § 1362 I 1: Zugunsten des Gläubigers wird derjenige Ehegatte als Eigentümer vermutet, gegen den sich die Zwangsvollstreckung richtet. Ergänzt wird das durch die Gewahrsamsvermutung des § 739 ZPO: Diese erschwert auch eine Erinnerung (§ 766 ZPO) des nicht schuldenden Ehegatten, die darauf gestützt ist, die Sache habe sich in seinem (Mit)Gewahrsam befunden und hätte daher nicht gepfändet werden dürfen. Eine dem § 1362 entsprechende Vermutung findet sich in § 8 I LPartG. Zweifelhaft ist, ob § 1362 I 1 BGB, § 739 ZPO analog auch für die nichteheliche Lebensgemeinschaft gelten, verneinend noch BGH NJW 2007, 992.

§ 22 Ansprüche aus Besitz

Herausgabeansprüche und bei § 862 auch Beseitigungs- und Unterlassungsansprüche können statt auf Eigentum des Klägers auch auf dessen entzogenen oder gestörten Besitz gestützt werden. Dabei unterscheiden sich die §§ 861, 862 einerseits und § 1007 andererseits (*Medicus/Petersen* BürgerlR Rn. 607). 1

I. Die beiden Arten von Ansprüchen aus Besitz

1. Possessorische Ansprüche

Die Ansprüche aus den §§ 861, 862 nennt man possessorisch: Sie stützen sich auf den Besitz (lat. *possessio*), und zwar regelmäßig (Ausnahmen §§ 861 II, 862 II) ohne Rücksicht auf dessen Qualität und insbesondere auf ein Recht zum Besitz (§ 863). Voraussetzung ist vielmehr allein, dass der abzuwehrende Eingriff in den Besitz eine verbotene Eigenmacht darstellt (→ § 22 Rn. 3): Deren Folgen sollen zunächst rückgängig gemacht werden. Andererseits soll die Besitzberechtigung aber nicht endgültig wirkungslos bleiben. Daher schaffen die §§ 861, 862 zwischen den Beteiligten bloß eine **vorläufige Regelung.** Für einen späteren Streit um das Recht zum Besitz werden damit nur die Parteirollen festgelegt, nämlich insbesondere, wer die günstigere Beklagtenrolle haben soll.

Beispiel: A und B streiten um das Eigentum an einem Fahrrad. Dieses befindet sich zunächst bei A, doch nimmt B es heimlich an sich. Hierdurch könnte B seine Rechtsposition verbessern, wenn sich die Eigentumslage nicht klären lässt und daher A nicht mit Aussicht auf Erfolg zu vindizieren (§ 985) vermag. Demgegenüber bewirkt § 861, dass B das Fahrrad zunächst ohne Rücksicht auf die Eigentumslage an A zurückgeben muss. Dieser kann jetzt abwarten, dass B vindiziert und dabei sein Eigentum beweist.

2. Petitorische Ansprüche

Im Gegensatz zu § 861 verteilt § 1007 den Besitz zwischen den Parteien **endgültig,** wie 2
das auch bei der Vindikation (dem *petitorium*) geschieht. Diese Verteilung beruht auf zweifelhaften Gründen → § 22 Rn. 11.

II. Die possessorischen Ansprüche

1. Verbotene Eigenmacht

In § 861 und § 862 wird als Anspruchsgrund übereinstimmend die verbotene Eigen- 3
macht genannt (*Medicus/Petersen* BürgerlR Rn. 2, 438). Damit ist die den Rechtsfrieden störende private Gewaltausübung gemeint. Sie ist nur ausnahmsweise erlaubt (§ 229 Selbsthilfe, weitergehend § 562 b I Vermieterpfandrecht); regelmäßig dagegen sollen Ansprüche gerichtlich durchgesetzt werden. Die dennoch geübte Eigenmacht ist verboten und darf ihrerseits gewaltsam abgewehrt werden, § 859 I. Der durch verbotene Eigenmacht erlangte Besitz ist fehlerhaft, § 858 II 1. Verbotene Eigenmacht liegt also beispielsweise beim vertragswidrigen Abstellen eines Kfz vor (BGH NJW 2016, 863). Diese Fehlerhaftigkeit wirkt auch gegen Nachfolger in den Besitz, die Erben sind oder beim Besitzerwerb die Fehlerhaftigkeit gekannt haben, § 858 II 2.

2. Die Ansprüche aus verbotener Eigenmacht

4 Gegen verbotene Eigenmacht gibt es die Selbsthilferechte des § 859; diese stellen Rechtfertigungsgründe dar. Daneben gibt es aber auch zwei gerichtlich durchzusetzende Ansprüche, für den mittelbaren Besitzer allerdings nur im Rahmen des § 869.

a) Nach **§ 861 I** kann der frühere Besitzer, gegen den verbotene Eigenmacht begangen worden ist, die Wiedereinräumung des Besitzes von demjenigen verlangen, der ihm gegenüber fehlerhaft besitzt. Das sind außer dem Täter der verbotenen Eigenmacht auch die in § 858 II 2 genannten Besitznachfolger, also zB sowohl der Erbe wie auch der Hehler (zu den Besitzverhältnissen an einem Kfz bei nach Reparatur erfolgter Probefahrt in Anwesenheit des Werkunternehmers, BGH NJW-RR 2017, 818).

5 b) Nach **§ 862 I** hat der Besitzer Beseitigungs- und Unterlassungsansprüche gegen einen eigenmächtigen Störer. Dabei ist „Störung“ im Wesentlichen ebenso zu verstehen wie bei § 1004 I (→ § 21 Rn. 2f.). Auch die digitale Einwirkung auf die gemietete Sache kann eine Besitzstörung darstellen (vgl. BGH NJW 2022, 3575 zu § 862 I bei Fernsperrung einer gemieteten Autobatterie durch den Vermieter). Ein Unterschied besteht jedoch darin, dass der Besitz nicht durch ein Bestreiten *des Eigentums* gestört werden kann.

3. Die mögliche Verteidigung

6 a) Die schon oben (→ § 22 Rn. 1) geschilderte Eigenart der possessorischen Ansprüche besteht in den **Einschränkungen der Verteidigung** des Beklagten: Dieser kann nach § 863 nur geltend machen, die eigenmächtige Entziehung oder Störung des Besitzes sei erlaubt (etwa durch § 229). Dagegen bleibt ein Recht auf den Besitz oder auf die Störung regelmäßig unbeachtlich: Dieses Recht allein gibt eben nicht auch die Erlaubnis zu eigenmächtiger Durchsetzung.

> **Beispiel:** S möge wegen einer Schuld dem G ein Kfz zur Sicherung übereignet haben (§ 930). Dann hat G bei Fälligkeit aus dem Sicherungsvertrag regelmäßig einen Anspruch auf Herausgabe des Kfz zur Verwertung. Holt G sich das Fahrzeug eigenmächtig, so kann S aus § 861 I Rückgabe verlangen; der Herausgabeanspruch aus dem Sicherungsvertrag nützt dem G als Verteidigungsmittel ebenso wenig wie sein Sicherungseigentum.

7 b) Das ändert sich freilich nach § 864 II: Die Besitzschutzansprüche erlöschen, wenn für den Angreifer sein Recht auf den durch den Angriff bewirkten Zustand **rechtskräftig festgestellt** worden ist: Die Sicherheit der Rechtslage lässt dann ihr zuwiderlaufende Ansprüche als sinnlos erscheinen. In dem Beispiel kann S also nicht mehr Rückgabe fordern, wenn G gegen ihn einen rechtskräftigen Titel auf Feststellung seines Besitzrechts erlangt hat. Streitig ist, ob die Ansprüche auch dann ausscheiden, wenn die in § 864 II vorausgesetzte Reihenfolge umgekehrt wird.

8 c) **Weitere Ausschlussgründe** finden sich in § 864 I (Ablauf einer Jahresfrist seit der Eigenmacht) und in den §§ 861 II, 862 II: Wer gegen den anderen Teil binnen des letzten Jahres selbst verbotene Eigenmacht begangen hat, kann sich gegen diesen nicht possessorisch wehren. Wenn S in dem Beispiel von oben (→ § 22 Rn. 6) das zunächst von G weggenommene Fahrzeug eigenmächtig zurückholt, hat G also keinen Anspruch aus § 861 I (wohl aber aus dem Sicherungsvertrag und aus § 985: Hierfür muss G aber als Anspruchsvoraussetzung sein Recht auf den Besitz und nicht bloß die eigenmächtige Wegnahme beweisen).

III. Der petitorische Anspruch

9 Während der Herausgabeanspruch aus § 861 ziemlich einfach geregelt (und anzuwenden) ist, trifft das auf den nur für bewegliche Sachen geltenden § 1007 nicht zu: Hinter den beiden ersten Absätzen der Vorschrift verbergen sich nämlich zwei verschiedene Ansprüche. Weitere Voraussetzungen für diese Ansprüche finden sich zudem in Abs. 3. Dieser komplizierte Aufbau soll die Beweislast regeln; er ist aber im Ganzen misslungen.

1. Der Anspruch nach Abs. 1

Nach § 1007 I ist **Herausgabeschuldner** der gegenwärtige Besitzer, der beim Besitzerwerb nicht in gutem Glauben war, also den Mangel seines Besitzrechts kannte oder nur wegen grober Fahrlässigkeit nicht kannte (vgl. § 932 II). **Gläubiger** ist der frühere Besitzer, der seinen Besitz gutgläubig erworben und nicht wieder freiwillig aufgegeben hatte, Abs. 3 S. 1. **Verteidigen** kann der Schuldner sich nach den §§ 1007 III 2, 986, 1000, also mit einem Recht zum Besitz (wie bei § 985 → § 20 Rn. 3 ff.) oder einem Zurückbehaltungsrecht wegen ersatzfähiger Verwendungen (→ § 20 Rn. 8). Überdies muss der Schuldner auch bei Abs. 1 geltend machen können, er sei Eigentümer (das steht fälschlich nur in Abs. 2 S. 1). Endlich hat er noch die allgemeinen Verteidigungsmittel wie § 273 oder Verjährung (Geltung von § 197 I Nr. 2 hier fraglich: Ist der qualifizierte Besitz des § 1007 ein „anderes dingliches *Recht*"?).

2. Der Anspruch nach Abs. 2

10 Nach § 1007 II ist **Schuldner** der gegenwärtige Besitzer auch dann, wenn er seinen Besitz gutgläubig erworben hat. Zum Ausgleich muss der **Gläubiger** strengere Voraussetzungen erfüllen: Er muss nicht bloß bei seinem früheren Besitzerwerb gutgläubig gewesen (Abs. 3 S. 1), sondern ihm muss die Sache abhandengekommen sein (vgl. § 935 I und → § 18 Rn. 16). Die **Verteidigungsmittel** des Schuldners entsprechen denen gegen einen Anspruch nach Abs. 1 (→ § 22 Rn. 9). Zusätzlich kann er aber geltend machen, die Sache sei ihm selbst noch früher abhandengekommen (Abs. 2 S. 1 am Ende). Bei Geld und Inhaberpapieren versagt der Anspruch aus Abs. 2 völlig, Abs. 2 S. 2: Auf diese Sachen ist ja auch § 935 I unanwendbar.

3. Sinn und Anwendung des § 1007

11 a) Über den Sinn des § 1007 wird selbst heute, also mehr als 100 Jahre nach der Abfassung des BGB, noch immer gestritten. Denn der Gläubiger hat kein Recht zum Besitz im üblichen Sinn: Er muss ja beim Erwerb bloß gutgläubig gewesen sein, sodass ein Recht nicht wirklich bestanden zu haben braucht. Verständlich ist noch, dass nach **Abs. 1** die Position eines beim Erwerb Gutgläubigen stärker sein soll als diejenige eines Bösgläubigen. Dagegen lässt sich **Abs. 2** nur aus dem Zusammenhang mit den §§ 1006 I 2, 935 erklären: Derjenige, dem etwas abhandengekommen ist, kann sein Eigentum regelmäßig nicht durch gutgläubigen Erwerb eines Dritten verlieren. Weil er also mit größerer Wahrscheinlichkeit Eigentümer ist als der jetzige Besitzer, soll er die Sache herausverlangen können. Gerade dieser **Zusammenhang mit der Eigentumsvermutung von § 1006** macht aber die Anwendung des § 1007 weithin entbehrlich. Denn wer sich auch auf § 1006 berufen kann, wird gleich als (vermuteter) Eigentümer

aus § 985 klagen. So passt § 1007 zwar in ziemlich vielen Fällen; wirklich benötigt wird er neben den §§ 985, 861 aber nur ganz selten. Auch die Rechtsprechung verwendet ihn fast überhaupt nicht.

b) Bei der **Lösung von Fällen** sollte man daher den komplizierten und leicht verwirrenden § 1007 unter den dinglichen Herausgabeansprüchen erst an letzter Stelle prüfen. Wenn schon ein Anspruch aus § 985 bejaht worden ist, kann man bei Zeitmangel auf § 1007 am ehesten auch ganz verzichten (besser noch: ihn bei Zeitmangel bloß kurz erwähnen).

4. Abschnitt. Ersatzansprüche aus Delikt und Gefährdung

§ 23 Unterscheidungen und Konkurrenzen

Schadensersatzansprüche aus Delikt und Gefährdung kommen in der Ausbildung wie auch in der Praxis (Verkehrsunfälle!) überaus häufig vor. Daher ist es nützlich, sich zunächst einige Grundlagen zu vergegenwärtigen. 1

I. Unterscheidungen nach dem Anspruchsgrund

1. Unrecht und Gefährdung

Die Titelüberschrift vor § 823 lautet „Unerlaubte Handlungen". Was unerlaubt ist, bedeutet Unrecht. Wirklich stammen denn auch die meisten der in den §§ 823 ff. geregelten Ansprüche aus unerlaubtem *Verhalten.* Doch trifft das für einen dieser Ansprüche nicht zu: Der Halter eines „Luxushaustiers", das nicht unter § 833 S. 2 fällt, haftet nach § 833 S. 1 schlechthin auf Ersatz der von dem Tier angerichteten Personen- und Sachschäden. Das Halten des Tieres ist aber nicht rechtswidrig, und auf die Schädigung selbst braucht der Halter keinen weiteren Einfluss genommen zu haben (zB durch Hetzen des Hundes). Hier wird also nicht eigentlich aus „unerlaubter Handlung" gehaftet, sondern aus einem erlaubten, aber gefährlichen *Zustand.*

Solche **Gefährdungshaftungen** haben sich stark ausgebreitet: Die wichtigsten betreffen den Kfz-Halter (§ 7 StVG), den Betreiber von Eisenbahnen und Leitungen (§§ 1, 2 HPflG) sowie Personen, die in bestimmter Weise auf die Umwelt einwirken (§ 89 WHG, §§ 1, 2 UmweltHG). Die Gefährdungshaftung will den Nutznießer eines gefährlichen, aber erlaubten Verhaltens mit dessen Risiken belasten: Er soll die Erlaubnis zu dem Verhalten gleichsam mit der Pflicht bezahlen müssen, die dadurch bei anderen Personen entstehenden Schäden ohne Weiteres zu ersetzen.

2. Unrecht und Verschulden

Soweit für Gefährdung gehaftet wird, gelangt man erst gar nicht zu der Frage nach einem Verschulden: Wer sich rechtmäßig verhält, kann nicht schuldhaft handeln (ebenso wie in Sonderverbindungen für ein pflichtgemäßes Verhalten die Frage nach dem Vertretenmüssen nicht auftaucht). Dagegen kann rechtswidriges Verhalten verschuldet oder unverschuldet sein. Dabei verlangt das BGB im Deliktsrecht ebenso wie im Recht der Sonderverbindungen (§ 280 I 2) für eine Haftung auf Schadensersatz regelmäßig Verschulden: so etwa §§ 823 I, II 2, 826; das ist das sog. **Verschuldensprinzip.** Dieses dient im Gegensatz zum **Verursachungsprinzip** der allgemeinen Handlungsfreiheit: Wer sich sorgsam verhält, soll nicht mit Ersatzpflichten rechnen müssen. Eine Ausnahme findet sich im BGB aber etwa in § 231: Dort ist Schadensersatz auch bei schuldlos irriger Annahme eines Rechtfertigungsgrundes zu leisten; die Selbsthilfe (§ 229) soll riskant gemacht und damit zurückgedrängt werden. 2

3. Der Beweis des Verschuldens

3 **a)** Für eine Haftung aus verschuldetem Unrecht muss regelmäßig (Ausnahme etwa § 280 I 2) **der Geschädigte** das Verschulden des Schädigers **beweisen:** Dieses gehört zu den Anspruchsvoraussetzungen, und für solche liegt die Beweislast allgemein beim Kläger. Das gilt etwa für die §§ 823 I und II, 826. Durch den in der Rechtsprechung vielfach gebräuchlichen **prima facie-(Anscheins)Beweis** wird diese Beweislast nicht umgekehrt, sondern nur erleichtert: Bei typischen Abläufen werden bis zum Nachweis einer anderen Möglichkeit die typischen Ursachen angenommen.

> **Beispiel:** A fährt mit seinem Rennrad auf den Wagen seines Vordermanns B auf; dabei wird der Wagen des B beschädigt. Für den Anspruch des B gegen A auf Schadensersatz aus § 823 I muss B das Verschulden des A beweisen. Dabei hilft ihm aber die Erfahrungsregel, dass sich ein Auffahren mit der erforderlichen Sorgfalt vermeiden lässt. Kann A freilich die Möglichkeit eines ungewöhnlichen Ablaufs dartun (zB ein unverschuldetes Versagen der Bremsen), liegt die Beweislast wieder bei B: Er muss die Ursächlichkeit des Bremsversagens ausschließen.

4 **b)** Abweichend hiervon wird jedoch in wichtigen Fällen die Beweislast für das Verschulden ganz **auf den Schädiger verlagert:** Dieser soll seine Schuldlosigkeit beweisen (sich exkulpieren) müssen. Das gilt vor allem für § 831 I 2 BGB, § 18 StVG, aber etwa auch für die §§ 832 I 2, 833 S. 2, 834, 836–838. Außerhalb gesetzlicher Vorschriften hat der BGH seit dem Hühnerpestfall von BGHZ 51, 91 dem **Produzenten** weithin die Beweislast dafür auferlegt, dass ihn an einem Fehler seiner Produkte kein Verschulden trifft (zu Einzelheiten → § 25 Rn. 11 und *Medicus/Petersen* BürgerlR Rn. 650ff.).

Diese **Verteilung der Beweislast** entscheidet bei Unaufklärbarkeit des Verschuldens praktisch über den Prozessausgang; sie ist daher überaus wichtig. Umso unrichtiger ist der bei Studenten verbreitete Irrglaube, § 831 sei „wegen der Exkulpationsmöglichkeit" eine minderwertige Anspruchsgrundlage, die man vernachlässigen dürfe. Auch darf man nicht einfach das Gelingen einer Exkulpation unterstellen. Durch eine solche Praxis wird der Wille des Gesetzes, den Geschädigten durch die Verschuldensvermutung gegenüber § 823 *zu begünstigen,* ins Gegenteil verkehrt. Richtigerweise darf ein **Gelingen der Exkulpation** nur angenommen werden, wenn die Aufgabe dafür konkrete Anhaltspunkte liefert. Dabei ist überdies zu bedenken, ob der Geschäftsherr nicht nur den Gehilfen sorgfältig auszuwählen, sondern auch noch seine Tätigkeit zu überwachen hatte. Alternativ kann der Geschäftsherr freilich auch nachweisen, es fehle der (gleichfalls vermutete) Kausalzusammenhang zwischen dem Auswahl- oder Überwachungsfehler und der Schadenszufügung (→ § 24 Rn. 7).

II. Unterschiede beim Haftungsumfang

5 Die eben dargestellte Verschiedenheit der Haftungsgründe hat wichtige Auswirkungen auf den Haftungsumfang; bisweilen weicht der Umfang des aus Delikt geschuldeten Schadensersatzes überhaupt vom allgemeinen Schadensersatzrecht ab.

1. Regelmäßiger Umfang

Soweit keine Sondervorschriften eingreifen, gelten auch für die gesetzlichen Schadensersatzansprüche zunächst die §§ 249–254 (→ § 11 Rn. 21ff.): Der Schädiger schuldet **Totalersatz in Form der Naturalherstellung.** Dazu bilden die §§ 842, 843 für Deliktsansprüche nur eine Ergänzung, ohne dass eine sachliche Änderung beabsichtigt wäre.

2. Ansprüche Dritter

a) Eine solche Änderung für den deliktischen Schadensersatzanspruch bringen dagegen die **§§ 844–846.** Dahinter steht folgendes Sachproblem: Schadensersatzansprüche aus einer Sonderverbindung hat nur der Gläubiger; aus Verträgen kann sich freilich ausnahmsweise eine Schutzwirkung auch für bestimmte Dritte ergeben (→ § 13 Rn. 2f.). Ähnlich hat bei Delikten Schadensersatzansprüche regelmäßig nur derjenige, dessen durch die deliktische Anspruchsnorm geschützten Güter verletzt worden sind. Insbesondere bei § 823 I kann also Schadensersatz in der Regel nur verlangen, wer selbst getötet (hier natürlich der Erbe!), körperlich verletzt oder an seinem Eigentum geschädigt worden ist (zu sog. „Schockschäden" → § 11 Rn. 23). Demgegenüber wird durch die §§ 844, 845 der Kreis der Ersatzberechtigten auf Personen erweitert, die eine **bloße Vermögensverletzung** erlitten haben: durch die Belastung mit den Bestattungskosten (§ 844 I) oder durch den Verlust gesetzlicher Ansprüche auf Unterhalt (§ 844 II) oder Dienste (§ 845). Bei einer Tötung sind dies sogar die hauptsächlichen Schadensposten (s. zu § 844 III → § 11 Rn. 23): Der Erbe als solcher hat neben ererbten, noch beim Erblasser entstandenen Ansprüchen (zB auf Schmerzensgeld und den Ersatz der Kosten einer vergeblich versuchten Heilung) meist nur den Anspruch aus § 844 I, weil er nach § 1968 regelmäßig die Bestattungskosten trägt. 6

Ähnliche Vorschriften finden sich ausnahmsweise im Dienstvertragsrecht (§ 618 III) sowie in den meisten haftungsrechtlichen Sondergesetzen, etwa in den §§ 10f. StVG. Dass dort in § 10 I 1 StVG zusätzlich die „Kosten einer versuchten Heilung" genannt werden, bedeutet gegenüber dem allgemeinen Schadensersatzrecht keine Abweichung: Diese Kosten werden auch von § 249 II erfasst.

b) Ein Unterschied zu den §§ 844, 845 besteht freilich darin, dass in den Sondergesetzen eine dem § 845 entsprechende Vorschrift fehlt. Doch ist die **Bedeutung des § 845** ohnehin durch die Gleichberechtigung der Frau stark vermindert worden: Bei der „Leistung von Diensten in Hauswesen oder Gewerbe" hatte das BGB ursprünglich vor allem an die Hausfrau gedacht: Wenn deren Dienste entfielen, sollte der als geschädigt vorgestellte Ehemann Ersatz verlangen können. Jetzt aber passen unter § 845 nur noch diejenigen Dienste, die Kinder ihren Eltern nach § 1619 schulden. Dagegen bedeutet die Haushaltsführung durch einen Ehegatten nach § 1360 S. 2 dessen Beitrag zum Familienunterhalt. Daher entsteht bei der Tötung dieses Ehegatten für die betreuten Angehörigen ein Unterhaltsschaden nach § 844 II. Und bei bloßer Verletzung wird ein unter § 843 fallender Erwerbsschaden des verletzten Ehegatten selbst angenommen (vgl. zu den Einzelheiten *Medicus/Petersen* BürgerlR Rn. 836). Entsprechendes muss für gleichgeschlechtliche Lebenspartner wegen der gesetzlichen Unterhaltspflicht nach § 5 LPartG gelten. 7

3. Höchstbeträge

Nach dem BGB sind Schadensersatzansprüche aller Art nicht durch Höchstbeträge beschränkt. Hiervon weichen die meisten Sondergesetze ab: Sie bestimmen eine summenmäßige Begrenzung (etwa §§ 12ff. StVG, § 10 ProdHaftG, dort in § 11 zudem ein Selbstbehalt). Diese de lege lata geltende Einschränkung ist keineswegs notwendig, wie 8 sich auch hier wieder an dem unbegrenzt haftenden Halter eines Luxustiers (§ 833 S. 1) zeigt. Immerhin bilden die Höchstsummen (neben den §§ 844f. → § 23 Rn. 7) einen weiteren Grund für die Notwendigkeit zur Prüfung von mit Vertragsansprüchen konkurrierenden Ansprüchen aus den §§ 823ff.

III. Zusammentreffen mit anderen Anspruchsgrundlagen

1. Die Häufung von Schadensersatzansprüchen

9 Deliktische Schadensersatzansprüche können mit solchen aus anderen Grundlagen zusammentreffen. Insbesondere können Ansprüche aus verschuldetem Unrecht neben solchen aus Vertrag oder Gefährdungshaftung stehen.

> **Beispiel:** Durch die Unvorsichtigkeit eines angestellten Taxifahrers wird ein Fahrgast verletzt. Dann hat dieser Schadensersatzansprüche gegen den Taxiunternehmer aus Schutzpflichtverletzung (§§ 280 I, 241 II) iVm § 278. Daneben haftet der Unternehmer aus § 7 StVG als Fahrzeughalter und zusätzlich für seinen Verrichtungsgehilfen nach § 831 I. Der Fahrer selbst haftet aus § 823 I und § 18 StVG, womöglich auch aus § 823 II in Verbindung mit einer Vorschrift der StVO als Schutzgesetz sowie mit § 229 StGB.

Nach herrschender und vorzugswürdiger Ansicht bestehen alle diese Ansprüche nebeneinander: Es herrscht **Anspruchskonkurrenz.** Da sich aber alle Ansprüche auf Ersatz desselben Schadens richten, kann der Geschädigte Ersatz insgesamt nur einmal verlangen. Die Leistung des Schuldners tilgt also alle gegen ihn gerichteten Ersatzansprüche. Und mehrere Schuldner (im **Beispiel** der Unternehmer und der Fahrer) sind gegenüber dem Geschädigten nach § 840 I Gesamtschuldner; die Leistung durch einen Schuldner hat daher nach den §§ 421, 422 Gesamtwirkung auch für den anderen (vorbehaltlich eines Ausgleichs im Innenverhältnis: §§ 840 II f., 426) → § 25 Rn. 20.

2. Wechselseitige Beeinflussung?

10 Regelmäßig beeinflussen sich die konkurrierenden Ansprüche nicht; Voraussetzungen, Umfang und Grenzen jedes Anspruchs richten sich also nach den gerade für diesen geltenden Normen. Doch gibt es davon Ausnahmen. Insbesondere gelten die aus einer Sonderverbindung stammenden **Haftungsmilderungen** (etwa §§ 680, 690) häufig auch für konkurrierende Deliktsansprüche. Dagegen soll eine kürzere vertragliche **Verjährung** (etwa nach den §§ 437 Nr. 3, 438) nur ausnahmsweise auch konkurrierende Deliktsansprüche erfassen (zB bei § 548 I). Gerade hier ist aber vieles zweifelhaft (vgl. *Medicus/Petersen* BürgerlR Rn. 210 f.; 639 f.).

§ 24 Die allgemeinen Voraussetzungen von Deliktsansprüchen

I. Die Haftung aus verschuldetem Unrecht

1 Die Haftung mit den strengsten Voraussetzungen ist diejenige aus verschuldetem Unrecht. Von ihr soll daher zunächst die Rede sein. Die hierher gehörenden Vorschriften (zB § 823 I) ähneln in ihrem Aufbau den Strafrechtsnormen. Sie sind daher auch in ähnlicher Weise zu prüfen.

1. Objektiver Tatbestand

An erster Stelle steht der objektive Tatbestand. Er umfasst zB **bei § 823 I** die Verletzung von Leben (= Tötung), Körper, Gesundheit (= Krankmachen), Freiheit (= Einsperren), Eigentum und sonstigen Rechten (→ § 25 Rn. 4ff.). **Bei § 823 II** gehört zum objektiven Tatbestand der Verstoß gegen das Schutzgesetz; dessen Voraussetzungen müssen in jeder Hinsicht erfüllt sein (ausgenommen nur das Erfordernis eines Strafantrags). Erfüllt sein muss insbesondere auch der subjektive Tatbestand des Schutzgesetzes: zB bei der Sachbeschädigung nach § 303 StGB muss also strafrechtlicher Vorsatz vorliegen (häufiger Fehler!). Bei **§ 826** bildet den objektiven Tatbestand die sittenwidrige Vermögensschädigung (lehrreich zum Anspruch wegen einer „Abschalteinrichtung" eines Kfz BGHZ 225, 316).

2. Rechtswidrigkeit

Ein rechtswidriges menschliches Verhalten ist Voraussetzung jeder Unrechtshaftung 2 (anders bei der Gefährdungshaftung → § 23 Rn. 1). Für die Prüfung der Rechtswidrigkeit empfiehlt es sich, zwei Arten der Verletzung zu unterscheiden (doch ist hier vieles str.).

a) In der einfacheren Fallgruppe bildet die (auf ihre Rechtswidrigkeit zu prüfende) menschliche Handlung eine Einheit mit dem Eintritt des Verletzungserfolgs; man kann hier von einer **unmittelbaren Verletzung** sprechen. Angesichts dieser Einheit oder Unmittelbarkeit schließt man aus der Erfolgsverursachung auf die Rechtswidrigkeit: Man sagt, die Rechtswidrigkeit sei durch den eng mit ihr zusammenhängenden missbilligten Erfolg **indiziert.** So liegt es etwa, wenn ein Kraftfahrer einen Fußgänger oder einen fremden Gartenzaun anfährt. Gefragt werden muss dann, ob diese Indikation durch besondere Rechtfertigungsgründe aufgehoben ist. Dafür kommt zB bei dem Gartenzaun § 904 S. 1 in Betracht, wenn der Fahrer einem Kind ausweichen wollte.

aa) Diese **Rechtfertigungsgründe** sind dieselben wie im Strafrecht, weil die Rechtsordnung über das Erlaubt- oder Verbotensein einer Handlung nur einheitlich entscheiden darf. Im BGB (und teils auch im StGB) geregelt sind zB die Notwehr (§ 227), der rechtfertigende Notstand (§§ 228, 904) und die erlaubte Selbsthilfe (§§ 229, 230). Außerdem sind als Rechtfertigungsgründe etwa anerkannt die berechtigte Geschäftsführung ohne Auftrag (→ § 16 Rn. 8) und die Einwilligung des Verletzten. Doch muss diese sich wirklich auf die Verletzung und nicht bloß auf die Gefährdung beziehen (→ § 11 Rn. 19).

bb) Ein wichtiger Spezialfall der **Einwilligung** begegnet im Zivilrecht bei der **Arzthaftung.** Die hierzu kraft Richterrechts längst anerkannten Grundsätze wurden inzwischen in §§ 630a ff. kodifiziert: Da nach hM auch der von einer Heilungsabsicht getragene Eingriff in Körper oder Gesundheit des Patienten unter den objektiven Tatbestand von § 823 I fällt, bedarf er der Rechtfertigung durch die Einwilligung (§ 630d) des Betroffenen. Seit BGHZ 29, 33 wird diese Einwilligung auch im Zivilrecht nicht als Rechtsgeschäft verstanden. Daher ist für sie keine Geschäftsfähigkeit nötig, vielmehr genügt die sog. **Einwilligungsfähigkeit,** also das natürliche Einsichtsvermögen des Patienten. Andererseits muss der Einwilligende aber „die Bedeutung und Tragweite des Eingriffs und seiner Gestattung" erkennen können (BGHZ 29, 33 [36]). 3

Das setzt regelmäßig eine **ärztliche Aufklärung** nach Maßgabe von §§ 630d III, 630e voraus: Zu dieser ist der Arzt also nicht bloß aus dem Behandlungsvertrag verpflichtet, sondern er bedarf ihrer auch zur Rechtfertigung von Eingriffen.

Über Umfang und Einzelheiten dieser Aufklärungspflicht gibt es in der Praxis trotz der vergleichsweise ausführlichen Regelung des § 630e viele Zweifel. Typisch für den Streit hierüber ist die folgende Situation: Eine ärztliche Behandlung führt nicht zu der erhofften Besserung, sondern zu einer Verschlechterung. Daher meint der Patient, falsch behandelt worden zu sein, und verlangt deshalb Schadensersatz (einschließlich eines Schmerzensgeldes). Doch misslingt der Beweis eines ärztlichen Kunstfehlers oder wenigstens eines Verschuldens. Dann wird der *Vorwurf* gegen den Arzt gleichsam *vorverlegt:* Wenn schon die Erfolgsaussichten der gewählten Behandlung nicht gut gewesen seien oder die Gefahr schädlicher Nebenwirkungen bestanden habe, hätte der Arzt hierüber aufklären müssen. Da diese Aufklärung unterblieben sei – sie ist vom Arzt nach § 630h II 1 zu beweisen (dazu BGH NJW-RR 2022, 462) –, fehle eine wirksame Einwilligung. Deshalb sei schon die Behandlung rechtswidrig und zudem schuldhaft gewesen; zumindest deswegen hafte der Arzt für alle Schadensfolgen.

Hier ist einmal zu bedenken, dass eine Aufklärung auch über sehr fernliegende Risiken den Patienten leicht in Verwirrung und Ratlosigkeit treiben kann (man denke an die Beipackzettel von Medikamenten!). Aber auch beim Unterbleiben einer vernünftig begrenzten Aufklärung wird man oft zweifeln müssen, ob der aufgeklärte Patient nicht die Risiken in Kauf genommen hätte, sodass der Aufklärungsfehler letztlich nicht kausal für den Schaden ist. Hierzu gibt es eine umfangreiche und nicht immer einheitliche Rechtsprechung, die dem Arzt aber jedenfalls die Beweislast dafür auferlegt, dass sich der Patient nach ordnungsgemäßer Aufklärung nicht „aufklärungsrichtig“ verhalten hätte (BGHZ 89, 95).

4 **b)** Die zweite Fallgruppe zur Rechtswidrigkeit ist gekennzeichnet durch einen gewissen Abstand zwischen dem menschlichen Verhalten und dem durch dieses verursachten Verletzungserfolg: Man spricht dann von einer bloß **mittelbaren Verletzung.** Solche Fälle sind in einer technisierten und arbeitsteiligen Wirtschaft überaus häufig. Man denke etwa an die Versäumung von Streu-, Beleuchtungs- oder Organisationspflichten, wo überall **ein Unterlassen** infrage steht. Beispiele für ein **positives Tun** bilden aber auch das Inverkehrbringen eines fehlerhaften Produkts bei der Produzentenhaftung oder die Haftung für Verrichtungsgehilfen nach § 831: Hier überall ist das menschliche Verhalten, aus dem eine Unrechtshaftung hergeleitet werden soll, oft zeitlich und räumlich weit von dem Verletzungserfolg entfernt. Denn das Verhalten hat zunächst nur **die Gefahr** eines Verletzungserfolgs geschaffen; dieser tritt oft erst durch eine eigene Mitwirkung des Geschädigten ein.

In solchen Fällen kann man die kausale Verbindung zwischen dem Verhalten und dem Verletzungserfolg allein nicht für eine Indikation der Rechtswidrigkeit genügen lassen. Vielmehr muss diese positiv begründet werden. Dazu dienen die **Verkehrs(sicherungs)pflichten:** Erst deren Verletzung begründet das Urteil der Rechtswidrigkeit des Handelns oder Unterlassens. Wer dagegen ohne eine solche Pflichtverletzung, also etwa durch eine dem Stand von Wissenschaft und Technik entsprechende Produktion eine entfernte Schädigung verursacht hat, bei dem fehlt zumindest die Rechtswidrigkeit, wohl aber sogar schon die Tatbestandsmäßigkeit: Wer zB nach den Umständen des Einzelfalles nicht streupflichtig ist (vgl. nur BGH NJW-RR 2019, 1304), von dem kann man kaum sagen, er habe einen bei Glätte Gestürzten „verletzt“. Jedenfalls bedarf es hier keines besonderen Rechtfertigungsgrundes.

Grund der Verkehrs(sicherungs)pflicht war ursprünglich die Eröffnung eines Verkehrs; heute lässt man genügen, dass eine Gefahr (regelmäßig für eine Mehrzahl von Personen) geschaffen oder ausgeweitet wird. Dann müssen die zur Abwehr und zum Ausgleich nötigen und zumutbaren Maßnahmen getroffen werden (BGH NJW 2018, 2956 Rn. 18; vgl. ausführlich *Medicus/Petersen* BürgerlR Rn. 641 ff.).

3. Verschulden

Drittes Erfordernis ist das Verschulden. Zu ihm gehört ebenso wie zum Vertretenmüssen in Sonderverbindungen (§ 276 I → § 11 Rn. 10 ff.) zweierlei: erstens die nach den §§ 827, 828 zu beurteilende Verschuldensfähigkeit (hier auch **Deliktsfähigkeit** genannt). Und zweitens muss ein **konkretes Verschulden** vorliegen. Ob dazu schon leichte Fahrlässigkeit genügt (wie bei §§ 823 I, 823 II 2, 824 I) oder ob mehr erforderlich ist, bestimmt die einzelne Anspruchsnorm: So verlangen die §§ 824 II, 826 Vorsatz; bei § 823 II 1 ergibt sich die Notwendigkeit eines qualifizierten Verschuldens häufig aus dem angewendeten Schutzgesetz (insbesondere ist bei vielen Strafrechtsnormen Vorsatz nötig, auch kennt nur das Strafrecht die subjektiv bestimmte, die persönliche Leistungsfähigkeit erfordernde Fahrlässigkeit). 5

4. Schaden

Weiter ist für jeden Schadensersatzanspruch ein ersatzfähiger Schaden erforderlich. Zur Ersatzfähigkeit gehört insbesondere, dass der Schaden im **Schutzbereich der Anspruchsnorm** liegt. Einschränkungen dieses Schutzbereichs ergeben sich vor allem aus einem eingeschränkten Schutzzweck des bei § 823 II angewendeten Schutzgesetzes oder der bei § 839 verletzten Amtspflicht. Vgl. hierzu und zu dem ganz unwahrscheinliche Schadensverläufe ausschließenden **Adäquanzerfordernis** → § 11 Rn. 26. 6

5. Haftungsbegründende Kausalität

a) Endlich müssen die bisher genannten Erfordernisse durch einen **Zurechnungszusammenhang** miteinander verbunden sein, den man die haftungsbegründende Kausalität nennt. Ein Beispiel für diese erscheint am Ende von § 831 I 2: Möglicherweise ist ein Verrichtungsgehilfe zwar ohne Sorgfalt angestellt worden (oder der Geschäftsherr kann die Sorgfalt nicht beweisen). Doch braucht dieser Sorgfaltsmangel nicht die maßgebliche Ursache für die rechtswidrige Schädigung durch den Gehilfen gewesen zu sein: Vielleicht hätte sich ja auch ein sorgfältig ausgesuchter (und gegebenenfalls zudem überwachter → § 23 Rn. 4) Gehilfe nicht anders verhalten. Das kann vor allem dann zutreffen, wenn das Verhalten des Gehilfen zwar rechtswidrig war, aber nicht schuldhaft (vgl. dazu *Medicus/Petersen* BürgerlR Rn. 782). Bei § 831 I 2 wird ausnahmsweise auch diese haftungsbegründende Kausalität vermutet; regelmäßig dagegen muss der Geschädigte sie beweisen. 7

b) Eine spezielle Gruppe im Zusammenhang mit der haftungsbegründenden Kausalität bilden die sog. **Herausforderungsfälle:** Es flieht etwa ein wegen einer Ordnungswidrigkeit aufgefallener Kraftfahrer mit hoher Geschwindigkeit, weil er keine Fahrerlaubnis hat; der ihn verfolgende Polizeiwagen verunglückt (vgl. BGH NJW 2012, 1951). 8

Hier ist zu entscheiden, unter welchen Voraussetzungen man dem Verfolgten die Schäden des Verfolgers zurechnen kann. Hierfür wird auf eine „Herausforderung" der Verfolgung abgestellt, letztlich also auf deren Vernünftigkeit. Man spricht hier von **psychisch vermittelter Kausalität** (richtiger: Zurechnung), weil der Schaden auf einem eigenen Entschluss des Geschädigten beruht. Manche Entscheidungen hierzu sind aber zweifelhaft (vgl. *Medicus/Petersen* BürgerlR Rn. 653 ff. zu BGHZ 58, 162; 63, 189).

9 c) Ob die haftungsbegründende Kausalität auch die **Schadensentstehung** umfassen muss, lässt sich nur nach der Eigenart der Anspruchsnorm entscheiden. Zu verneinen ist das etwa für § 823 I, der sich mit der Verletzung bestimmter Schutzgüter begnügt und einen Schaden erst bei der Rechtsfolge (Schadensersatzanspruch) erwähnt. Anders verhält es sich bei § 826, wo der Schaden schon im Tatbestand auftaucht. Für die Einzelheiten des Schadensverlaufs ist dagegen allemal die sog. **haftungsausfüllende,** also die Ersatzfähigkeit einzelner Schadensposten betreffende **Kausalität** zuständig.

II. Abweichungen bei verschuldensunabhängiger Haftung

10 Bei einer Haftung unabhängig von einem Verschulden (→ § 23 Rn. 2) entfallen einzelne Teile des eben geschilderten vollen Verschuldenstatbestandes. So ist schon **bei § 829** die Verschuldensfähigkeit unnötig; dagegen wird hier immerhin ein „natürliches" Verschulden gefordert. So haftet zB ein Fünfjähriger auch bei Vorliegen aller weiterer Erfordernisse nicht aus § 829, wenn er trotz äußerlich sorgfältigem Verhalten eine rechtswidrige Verletzung herbeigeführt hat. Für die Ersatzpflicht nach dem **ProdHaftG** braucht nur ein schadensursächlicher, nach dem Stand von Wissenschaft und Technik im Zeitpunkt des Inverkehrbringens erkennbarer Fehler des Produkts vorzuliegen; ein individuelles Verschulden des Produzenten ist unnötig.

Insbesondere bei der **Gefährdungshaftung** (→ § 23 Rn. 1) kommt es weder auf Rechtswidrigkeit noch auf Verschulden an. Zu prüfen bleiben also nur der Haftungstatbestand, der ersatzfähige Schaden und die haftungsbegründende Kausalität. Diese zeigt sich bei der Gefährdungshaftung vor allem darin, dass vielfach die Verletzung „beim Betrieb" (etwa eines Kfz, § 7 I StVG) vorgefallen sein muss (vgl. dazu BGH NJW 2019, 2227; *Medicus/Petersen* BürgerlR Rn. 633). Zudem sind Ausnahmen zu prüfen, etwa „höhere Gewalt" (§ 7 II StVG) oder Einschränkungen des sachlichen oder persönlichen Schutzbereichs (§ 8 StVG, etwa für langsame Fahrzeuge oder für den Fahrer, § 8 Nr. 1 und 2).

III. Aufbauhinweise

11 Mehrere der eben genannten Haftungsvoraussetzungen stehen untereinander in einem **logischen Rangverhältnis.** Insbesondere können die Rechtswidrigkeit nicht vor der Erfüllung des objektiven Tatbestandes und das Verschulden nicht vor der Rechtswidrigkeit *bejaht* werden. Dies ist beim Aufbau zu beachten. Dagegen ist eine *Verneinung* ohne Rücksicht auf die Rangfolge möglich: Man darf etwa systematisch einwandfrei einen Anspruch aus § 823 I ohne Prüfung von objektivem Tatbestand und Rechtswidrigkeit ablehnen, weil es jedenfalls am Verschulden oder an einem ersatzfähigen Schaden fehlt. In Übungsarbeiten empfiehlt sich ein solches Vorgehen aber nur, wenn sonst aus Zeitmangel wichtigere Fragen zu kurz kämen.

§ 25 Einzelne Probleme des Deliktsrechts

I. Eigentumsverletzung

Besonders häufig kommt § 823 I wegen einer Verletzung des Eigentums vor. Dieser Tatbestand ist schwieriger, als er auf den ersten Blick erscheinen mag. 1

1. Vorrang der §§ 989ff.

§ 823 I ist auf eine Eigentumsverletzung nur anwendbar, wenn er nicht durch die Spezialregelung in den §§ 989ff. verdrängt wird, § 993 I am Ende. Die §§ 989ff. kennen eine Schadensersatzpflicht regelmäßig bloß für den verklagten (§ 989) und den unredlichen Besitzer (§ 990). Bei einer **Eigentumsverletzung durch einen unrechtmäßigen Besitzer** sind also zunächst die §§ 989ff. zu prüfen (das wird oft übersehen!). Sie eröffnen den Weg zu § 823 I nur, wenn

(1) der Besitz durch **verbotene Eigenmacht** (§ 858) oder eine (sich gegen das Eigentum richtende) **Straftat** erlangt worden ist, § 992; oder

(2) der Besitzer **einem Oberbesitzer verantwortlich** ist, § 991 II. So haftet etwa der Mieter M dem Eigentümer E ebenso wie seinem Vermieter V: Soweit M etwas tut, was er nach dem Mietvertrag nicht tun darf, muss er ja ohnehin mit einer Haftung rechnen; § 991 II lässt dann als Gläubiger des Schadensersatzanspruchs den E neben den V oder an dessen Stelle treten.

(3) Der eben genannte Gedanke wird erweitert auf **alle Fremdbesitzer im Exzess,** die also ihr vermeintliches Besitzrecht überschreiten: Die Haftung des M gegenüber E besteht folglich auch dann, wenn der Mietvertrag V–M unwirksam ist und daher keine Haftung des M gegenüber V begründen kann.

2. Arten der Eigentumsverletzung

a) **Unzweifelhaft** kann fremdes Eigentum auf folgende Arten verletzt werden: 2

(1) durch Eingriffe in **das Recht selbst,** etwa durch Entziehung oder Belastung mit einem Pfandrecht;

(2) durch Eingriffe in **die Sachsubstanz,** also durch Zerstörung oder Beschädigung der Sache, und

(3) durch Entziehung **des Besitzes.**

b) **Zweifelhaft** ist dagegen die bloße Beeinträchtigung **der Nutzungsmöglichkeit** (vgl. *Medicus/Petersen* BürgerlR Rn. 613): Ein Kraftwagen wird durch „Zuparken“ an der Wegfahrt gehindert; ein elektrisches Gerät wird durch Unterbrechung der Stromzufuhr unbenutzbar; ein Grundstück kann wegen einer Sperrung der Zufahrt nicht mehr erreicht oder verlassen werden. Hier überall bleiben das Eigentumsrecht und die Sachsubstanz unberührt; auch der Besitz wird regelmäßig nicht entzogen. Die Rechtsprechung hierzu ist nicht ganz einheitlich, verneint aber in der Mehrzahl der Fälle eine Eigentumsverletzung. 3

Diese Verneinung trifft jedenfalls dann zu, wenn sich die Störung gegen die Person des Nutzungsberechtigten und nicht gegen die Sache richtet. So kann die Verletzung des

Eigentümers bewirken, dass er sein Kfz und seine Wohnung zeitweise nicht zu benutzen vermag, weil er im Krankenhaus liegt; trotzdem bedeutet das keine Verletzung des Eigentums an Fahrzeug oder Wohnung. Weiter soll das Eigentum nicht verletzt sein, wenn die Nutzung bloß eingeschränkt und nicht (wenigstens vorübergehend) ganz aufgehoben wird; das ist wenig klar und lässt sich kaum durchhalten.

II. Die „sonstigen Rechte" des § 823 I

4 § 823 I nennt neben den „Lebensgütern" Leben, Körper, Gesundheit und Freiheit sowie neben dem Eigentum noch die „sonstigen Rechte". Wie weit diese „kleine Generalklausel" reicht, kann zweifelhaft sein.

1. Eigentumsähnliche Rechte

a) Das „sonstige Recht" steht in § 823 I hinter dem einzigen anderen dort genannten wirklichen Recht, nämlich hinter dem Eigentum. Darum kommt als „sonstiges Recht" nicht jedes subjektive Recht in Betracht (→ § 3 Rn. 17). Vielmehr bedarf es einer **Ähnlichkeit zum Eigentum.** Dieses ist nach § 903 dadurch gekennzeichnet, dass es seinem Inhaber *gegenüber jeder anderen Person* bestimmte Befugnisse an der Sache zuweist. Damit scheiden die bloß relativ wirkenden Schuldrechte (Forderungen) aus; die Forderungsverletzung fällt also nicht unter § 823 I (str. für Eingriffe in die Zuordnung der Forderung). Unzweifelhaft erfasst werden dagegen die **beschränkten dinglichen Rechte** wie etwa die Pfandrechte; sie können vor allem durch eine Beschädigung des Gegenstandes verletzt werden, auf den sie sich beziehen: beispielsweise wenn das Gebäude auf dem mit einer Hypothek belasteten Grundstück eingerissen wird. Auch die **dinglichen Anwartschaftsrechte** werden von § 823 I erfasst. Nicht ohne Weiteres passt die Vorschrift dagegen für den **Besitz:** Dieser allein gewährt ja seinem Inhaber nur Abwehrrechte (§§ 859ff.) und weist ihm keine Befugnisse zu. Das geschieht vielmehr erst durch ein Recht zum Besitz oder über eine anders begründete Nutzungsbefugnis. Daher fällt wohl im Wesentlichen nur der berechtigte Besitz unter § 823 I. Im Einzelnen ist hier manches zweifelhaft (vgl. *Medicus/Petersen* BürgerlR Rn. 607ff.).

5 b) Gegen jedermann wirken auch **Familienrechte,** etwa das Recht der Eltern zur Sorge für ihre Kinder, § 1626. Eingriffe in dieses Recht, beispielsweise durch Entführung des Kindes, verpflichten also gegenüber den Eltern nach § 823 I zum Schadensersatz (etwa wegen der zur Auffindung des Kindes gemachten Aufwendungen). Gegen jeden Dritten wirkt auch das Recht der Ehegatten auf eheliche Verbundenheit, vgl. § 1353 I 2. Allerdings gewährt die Rechtsprechung bei einer Verletzung dieses Rechts (etwa durch Ehebruch) keine Schadensersatzansprüche aus § 823 I: Insoweit seien die Rechtsfolgen spezialgesetzlich abschließend geregelt; das Deliktsrecht eigne sich hier nicht. Zudem muss man zweifeln, ob die Ehe wirklich „Befugnisse" zuweist (vgl. dazu *Medicus/Petersen* BürgerlR Rn. 616ff.).

2. Rahmenrechte

6 Weiter wird § 823 I noch auf zwei Rechtspositionen angewendet, bei denen man von Eigentumsähnlichkeit kaum sprechen kann: Diese ziehen nämlich nur einen Rahmen, innerhalb dessen sich Tatbestandsmäßigkeit und Rechtswidrigkeit erst durch eine Ab-

wägung gegenüber anderen Positionen feststellen lassen. Daher spricht man von „Rahmenrechten".

a) Dabei handelt es sich erstens um das **Recht am eingerichteten und ausgeübten Gewerbebetrieb.** Dieses besteht unabhängig davon, ob der Betriebsinhaber Eigentum oder berechtigten Besitz an den Betriebsmitteln hat. Denn der „Betrieb" beruht insbesondere auch auf den geschäftlichen Verbindungen zu den Lieferanten und Kunden. So kann die Störung dieser Beziehungen durch einen Boykott nach § 823 I zum Schadensersatz verpflichten, ohne dass Eigentum oder Besitz des Unternehmers verletzt sind. 7

Allerdings passt das Recht am eingerichteten und ausgeübten Gewerbebetrieb allenfalls mit erheblichen Einschränkungen unter § 823 I. Folglich wendet die Rechtsprechung die Vorschrift für Schädigungen im Wettbewerb überhaupt nicht an; insoweit sei § 823 I durch die Sonderregeln verdrängt. Und in anderen Bereichen wird verlangt, der Eingriff müsse „unmittelbar" oder „betriebsbezogen" sein. Daran soll es zB fehlen, wenn ein Gewerbebetrieb durch eine (versehentliche) Unterbrechung der Stromzufuhr vorübergehend stillgelegt wird (etwa BGHZ 29, 65, auch BGHZ 66, 388). Endlich soll die Haftung wegen einer Verletzung des Gewerbebetriebs überhaupt nur subsidiär sein. Im Ganzen bleibt hier freilich vieles unklar (vgl. dazu *Medicus/Petersen* BürgerlR Rn. 611 ff.).

b) Zweitens geht es um das sog. **allgemeine Persönlichkeitsrecht.** Das Privatrecht kennt und schützt zwar mehrere *besondere* Persönlichkeitsrechte wie das Namensrecht (§ 12), das Urheberrecht (UrhG) oder das Recht am eigenen Bild (§ 22 KunstUrhG). Dagegen war ein *allgemeines* Persönlichkeitsrecht, das dem Schutz der persönlichen Ehre und der Intimsphäre dienen konnte, ursprünglich nicht vorgesehen. Es ist dann erstmals im Jahr 1954 durch BGHZ 13, 334 („Leserbrief") bejaht worden: Der Schutz der Menschenwürde und des Rechtes auf freie Entfaltung der Persönlichkeit durch die Art. 1, 2 GG erfordere die Anerkennung eines allgemeinen Persönlichkeitsrechts. Zudem wird seit BGHZ 26, 349 („Herrenreiter") bei erheblichen Verletzungen des Persönlichkeitsrechts entgegen § 253 I als „Genugtuung" auch ein Geldersatz für Nichtvermögensschäden gewährt. 8

Die Unbestimmtheit des allgemeinen Persönlichkeitsrechts ergibt sich aber daraus, dass dieses Recht vielfach *mit fremden Rechten in Konflikt* gerät. Ein solcher Konflikt kann sich mit den Persönlichkeitsrechten anderer Personen ergeben: Wer seine Persönlichkeit durch laute Musik entfalten will, beeinträchtigt vielleicht die Entfaltung des benachbarten, auf Ruhe angewiesenen Forschers. In Betracht kommt aber auch ein Konflikt des Persönlichkeitsrechts mit andersartigen Rechtspositionen: So kann das Recht auf Wahrung der Intimsphäre mit den Rechten auf Presse- oder Kunstfreiheit kollidieren. Daher bedarf es hier „in besonderem Maße einer Güterabwägung" (so schon BGHZ 13, 334 [338]; vgl. *Medicus/Petersen* BürgerlR Rn. 615). Derartige Konflikte gibt es auch beim sog. **postmortalen Persönlichkeitsrecht,** vor allem im Hinblick auf den „digitalen Nachlass" in einem sozialen Netzwerk. Denn auch diese Rechtsposition geht nach § 1922 auf den oder die Erben über (BGHZ 219, 243).

3. Das Vermögen

9 Kein „sonstiges Recht" iSv § 823 I ist unzweifelhaft das Vermögen als Ganzes. Vielmehr wird dieses nur durch andere Normen (vor allem durch § 826 und im Rahmen von Sonderverbindungen durch die §§ 280, 311 II, III, 311a II) geschützt. Bloß um Vermögensverletzungen handelt es sich insbesondere auch, wenn etwa jemand infolge einer Täuschung sein Eigentum an Sachen weggibt: Eine solche von einem (wenngleich anfechtbaren) Willen getragene Schädigung stellt keine Eigentumsverletzung dar (häufiger Fehler).

Zu achten ist auch hier wieder auf den **Doppelsinn des Wortes „Vermögensschaden":** Damit kann einmal der Gegensatz zu dem nach § 253 nur ausnahmsweise ersatzfähigen Nichtvermögensschaden gemeint sein. Zum anderen wird das Wort aber auch für diejenigen Vermögensverletzungen verwendet, die nicht unter § 823 I fallen (→ § 11 Rn. 23).

III. Die Produkthaftung

1. ProdHaftG und allgemeines Deliktsrecht

10 Das ProdHaftG begründet eine Gefährdungshaftung. Allerdings hatte der BGH die **Verschuldenshaftung** des Produzenten schon vorher erheblich verschärft. Diese auf § 823 I gestützte Verschuldenshaftung ist auch jetzt noch neben der Haftung aus dem ProdHaftG unentbehrlich. Denn § 823 I reicht vor allem in den folgenden drei Punkten über das ProdHaftG hinaus:

(1) bei Sachschäden muss nicht erst ein **Mindestbetrag überschritten** sein (sog. Selbstbeteiligung), der nach § 11 ProdHaftG immerhin 500 EUR beträgt;

(2) § 823 I umfasst im Gegensatz zu § 1 I 2 ProdHaftG auch bestimmte **weiterfressende Schäden** an dem fehlerhaften Produkt selbst (→ § 25 Rn. 12) sowie Sachschäden eines **gewerblichen Verwenders;**

(3) die Haftung nach § 823 I ist nicht durch **Höchstbeträge** beschränkt (wie nach § 10 ProdHaftG).

2. Die Entwicklung der deliktischen Produzentenhaftung

11 Die eben erwähnte Haftung aus § 823 I trifft nur den Hersteller und nicht auch – wie in bestimmten Fällen nach § 4 III ProdHaftG – den Importeur. Daher ist sie eher eine Produzenten- als eine Produkthaftung. Sie hat sich in folgenden Stufen entwickelt (vgl. *Medicus/Petersen* BürgerlR Rn. 650ff.):

a) Zunächst hatte BGHZ 51, 91 bei einem fehlerhaften Impfstoff gegen **Hühnerpest** für den Ersatzanspruch des geschädigten Hühnerhalters die **Beweislast umgekehrt:** Der Hersteller solle beweisen müssen, dass ihn hinsichtlich des Fehlers kein Verschulden treffe. Zuvor habe zwar der Geschädigte nachzuweisen, dass der Schaden „durch einen objektiven Mangel oder Zustand der Verkehrswidrigkeit im Organisations- und Gefahrenbereich des Herstellers" ausgelöst worden sei. Danach aber sei (hinsichtlich des Verschuldens) „der Produzent näher daran, den Sachverhalt aufzuklären und die Folgen der Beweislosigkeit zu tragen". Diese grundlegende Entscheidung sollte jeder Jurastudent sorgfältig lesen!

b) Einen wichtigen Schritt bedeutet BGHZ 67, 359: In einer Maschine hatte ein geringwertiger, fehlerhafter **Schwimmerschalter** die Stromzufuhr nicht rechtzeitig unterbrochen; der folgende Brand hatte unter anderem die ganze übrige, viel wertvollere Maschine zerstört. Der BGH gewährt Ersatz nach Deliktsrecht für solche über den fehlerhaften Teil hinaus innerhalb des Produkts **„weiterfressende" Schäden.** BGHZ 117, 183 erstreckt das auf Schäden, die erst beim Ausbau der fehlerhaften Teile (dort: **Kondensatoren**) entstehen. 12

c) In den beiden Entscheidungen BGHZ 80, 186 und 199 ging es um ein Spritzmittel gegen **Apfelschorf,** das durch Resistenzbildung wirkungslos geworden war. Der BGH bejaht hier eine **Produktbeobachtungs- und Warnpflicht** des Herstellers: Dieser hätte, sobald der Wirkungsverlust erkennbar wurde, die Verwender des Spritzmittels warnen müssen. In BGHZ 99, 167 sind solche Pflichten sogar hinsichtlich einer Lenkradverkleidung angenommen worden, die nicht von dem verklagten Motorradhersteller **Honda** stammte. Und BGHZ 116, 60 betont, eine Warnung des Herstellers (dort vor der Kariesgefahr durch das Nuckeln eines **Milupa-Kindertees**) müsse deutlich sein. Umstritten ist, ob den Hersteller darüber hinaus die Pflicht trifft, das gefährliche Produkt zurückzurufen und auf eigene Kosten reparieren zu lassen. BGH NJW 2009, 1080 verneint das für den (nicht auch als Verkäufer aufgetretenen) Hersteller von Pflegebetten, die infolge eines Konstruktionsfehlers Brand- und Verletzungsgefahr bargen. Zwar müsse der Hersteller dafür sorgen, dass die gefährlichen Güter aus dem Verkehr gezogen werden. Da er aber dem Äquivalenzinteresse des Erwerbes nicht verpflichtet sei, brauche der Produzent die Ware weder zurückzunehmen noch zu reparieren. 13

d) In BGHZ 104, 323 war eine **Mehrweg-Limonadenflasche** geborsten und hatte ein Kind verletzt. Hier sollte der verklagte Abfüller unter Umständen verpflichtet gewesen sein, den **Befund** einer Prüfung der gefüllten Flaschen **zu sichern.** Doch beruht diese Entscheidung wohl eher auf Mitleid als auf einer dogmatisch überzeugenden Begründung. 14

e) BGHZ 116, 104 erörtert Schäden aus einem durch Salmonellen verseuchten **Hochzeitsessen.** Dabei wird klargestellt, die Sonderregeln über die deliktische Produzentenhaftung sollten auch für **Kleinbetriebe** und verhältnismäßig einfache Herstellungsverfahren gelten: Auch hier fehle dem Geschädigten das für einen Verschuldensnachweis nötige Wissen. 15

Im Ganzen ist die geschilderte Entwicklung ein gutes Beispiel für die **Bildung von Richterrecht:** Dieses kann sogar erheblich bedeutsamer sein als ein lange und international überlegtes Spezialgesetz (hier: ProdHaftG).

IV. Mehrheit von Schädigern

Nicht selten sind an einer schädigenden Handlung mehrere Personen beteiligt: etwa mehrere Mieter, die eine Wohnung beschädigen, oder der Geschäftsherr und sein Verrichtungsgehilfe (§ 831), oder der Halter (§ 7 StVG) und der Fahrer (§ 18 StVG) des Unfallwagens. Dann ergeben sich für den Geschädigten zwei Fragen: 16

(1) Haftet jeder der Beteiligten dem Grunde nach?
(2) In welcher Höhe besteht die Haftung?

Für das Innenverhältnis zwischen den haftenden Schädigern tritt dann noch eine weitere Frage hinzu:

(3) Wie ist der Schaden unter ihnen zu verteilen?

1. Die Haftung dem Grunde nach

17 a) Zunächst ist für jeden der mehreren Beteiligten zu prüfen, ob er **alle Voraussetzungen** einer zum Schadensersatz verpflichtenden Norm **erfüllt.** Das bedeutet etwa in Sonderverbindungen: Der *Schuldner* haftet dem Gläubiger für eine Pflichtverletzung, wenn ihm über § 278 ein Verschulden seines Erfüllungsgehilfen zugerechnet wird (→ § 11 Rn. 12). Dagegen haftet dieser *Erfüllungsgehilfe* selbst dem Gläubiger nicht ohne Weiteres nach § 280, weil er nicht Schuldner der verletzten Verbindlichkeit ist. Für ihn kommt aber eine Haftung aus den §§ 823 ff. in Betracht, wenn er zugleich ein Delikt begangen hat (vgl. den angestellten Taxifahrer von → § 23 Rn. 9).

18 b) Bei einer Mehrheit von Deliktsbeteiligten gehört zum haftungsbegründenden Tatbestand regelmäßig auch die haftungsbegründende **Kausalität** (→ § 24 Rn. 7). Es müsste also festgestellt werden, dass der Tatbeitrag jedes Beteiligten nicht hinweggedacht werden kann, ohne dass auch die Verletzung und der Schaden entfielen. Eine solche Feststellung wird oft schwierig sein. So ist etwa nach einer Schlägerei mit mehreren Beteiligten leicht die Behauptung denkbar, die Verletzung des Klägers wäre auch ohne die Mitwirkung gerade des Beklagten eingetreten. Ähnlich sind bei Verkehrsunfällen Kausalitätszweifel häufig: So kann etwa ein gestürzter Motorradfahrer von mehreren Kraftwagen angefahren werden, ohne dass sich hernach ermitteln lässt, wer welche Verletzung verursacht hat.

In solchen Fällen kommt eine Hilfe für den Geschädigten durch **§ 830** in Betracht. Diese Vorschrift bildet eine eigenständige Anspruchsgrundlage und hat zwei Teile (*Medicus/Petersen* BürgerlR Rn. 785 ff.):

Abs. 1 S. 1 spricht von einer „gemeinschaftlich begangenen unerlaubten Handlung" und meint damit die Mittäterschaft. Diese ist ebenso zu verstehen wie im Strafrecht. Gleiches gilt für die in **Abs. 2** verwendeten Begriffe „Anstifter" und „Gehilfe" (= Beihilfe). Hier überall braucht der Geschädigte nur eine solche strafrechtliche Beteiligung des Beklagten an der unerlaubten Handlung nachzuweisen. Daraus folgt dann die Verantwortlichkeit für den aus dem Delikt entstandenen Schaden, ohne dass die individuelle Ursächlichkeit des Beklagten nachgewiesen werden müsste. Zurechnungsgrund ist hier letztlich der strafrechtliche Vorsatz, mit dem der Beklagte an dem Delikt teilgenommen hat.

Neben diesem „strafrechtlichen" Teil hat § 830 noch einen zivilrechtlichen: Nach **Abs. 1 S. 2** soll die Verantwortlichkeit jedes Beteiligten auch dann gelten, „wenn sich nicht ermitteln lässt, wer von mehreren Beteiligten den Schaden durch seine Handlung verursacht hat". Hier bedarf es also keines strafrechtlichen Mitwirkungsvorsatzes. Vielmehr genügen Zweifel an der individuellen Urheberschaft überhaupt wie auch an der von einem Beteiligten verursachten Schadensquote. Stets nötig bleibt dagegen der Nachweis, gerade der Beklagte sei an der schadensstiftenden unerlaubten Handlung beteiligt gewesen und habe also – abgesehen von der Verursachung – den vollen Tatbestand der Haftungsnorm erfüllt. Die hM lässt freilich einen nur möglichen Verursacher nicht haften, soweit die Verursachung durch einen anderen Beteiligten feststeht (und daher dieser haftet). Im Einzelnen gibt es hier viel Streit (vgl. *Medicus/Petersen* BürgerlR Rn. 789 ff.).

2. Der Umfang der Haftung

Dass mehrere Beteiligte dem Grunde nach haften, lässt noch die weitere Frage offen: 19
Haftet jeder auf den ganzen Schaden oder nur auf einen Bruchteil? Für die zweite Lösung spricht auf den ersten Blick: Ein Schadensersatzanspruch ist regelmäßig auf Geld gerichtet. Dieses bildet eine teilbare Leistung, sodass man nach § 420 Teilschuld annehmen könnte. Demgegenüber entscheidet sich § 840 I für eine **Gesamtschuld** (*Medicus/Petersen* BürgerlR Rn. 916 ff.). Folglich hat jeder, der überhaupt haftet, für den vollen Schaden aufzukommen, doch kann der Gläubiger die Leistung insgesamt nur einmal fordern, §§ 421, 422. Dies ist die für den Geschädigten günstigste Lösung: Er wird voll befriedigt, soweit auch nur einer der Gesamtschuldner leistungsfähig ist. Zusätzlich wird § 840 I noch über das Deliktsrecht hinaus erweitert: Er gilt insbesondere auch, wenn ein Beteiligter nur aus Vertrag und ein anderer aus Delikt haftet (zB der Schuldner aus §§ 280, 278, der Erfüllungsgehilfe aus § 823 I).

3. Die Schadensverteilung im Innenverhältnis

Mit der Leistung eines Gesamtschuldners an den Gläubiger ist zwar dessen Schadens- 20
ersatzanspruch im Außenverhältnis erfüllt. Doch bleibt noch die Frage nach der endgültigen Schadensverteilung im Innenverhältnis unter den mehreren Gesamtschuldnern. Der technische Ablauf dieser Verteilung richtet sich nach den beiden Absätzen des § 426 (nach Abs. 1 eigener Ausgleichsanspruch, nach Abs. 2 Legalzession). Dort wird in Abs. 1 überdies ein Verteilungsschlüssel bestimmt: Jeder Gesamtschuldner soll einen **gleichen Anteil** tragen. Doch gilt das nur, „soweit nicht ein anderes bestimmt ist".

Solche abweichenden Vorschriften finden sich in den §§ 840 II, III, 841. Danach soll ein bestimmter Gesamtschuldner im Innenverhältnis den Schaden **allein tragen.** Freilich ist das für § 840 II weithin durch die im **Arbeitsrecht** entwickelte Belastung des Arbeitgebers mit dem betrieblichen Haftungsrisiko überholt: Der nicht mit schwerer Schuld handelnde Arbeitnehmer kann vom Arbeitgeber ganz oder teilweise Freistellung von der Ersatzforderung des geschädigten Dritten verlangen, statt nach § 840 II den Schaden allein tragen zu müssen.

Aber auch außerhalb der §§ 840 II, III, 841 gilt für die Verteilung des Schadens zwischen mehreren Schädigern eine zwar nicht gesetzlich bestimmte, jedoch allgemein anerkannte Sonderregelung: **Analog § 254** sollen über diese Verteilung die Mitwirkungs- und Verschuldensanteile der mehreren Schädiger entscheiden. Wenn Mitwirkung oder Schuld eines Mitschädigers weniger schwer als die eines anderen wiegen, so mindert sich also der von ihm im Innenverhältnis zu tragende Schadensteil. Bei krassen Unterschieden kann ein Mitschädiger von den übrigen sogar völlig freizustellen sein.

5. Abschnitt. Ansprüche aus ungerechtfertigter Bereicherung

In den letzten Jahrzehnten ist das Bereicherungsrecht zu einem **didaktischen Sorgenkind** geworden: In der Wissenschaft besteht heftiger Streit über bestimmte Fallkonstellationen, der aber häufiger die Lösungsansätze und nicht auch die Ergebnisse betrifft. Der BGH hat wenigstens über lange Zeit nach Möglichkeit Festlegungen vermieden: Bei den besonders umstrittenen Fällen, an denen mehr als zwei Personen beteiligt sind, sollte sich „jede schematische Lösung verbieten" (so etwa BGHZ 105, 365 [369], anders richtig BGHZ 158, 1 [5f.]). Die Studierenden endlich wissen nicht, was sie lernen sollen, und nehmen die Problematik eher zu ernst. Insbesondere versuchen sie, die für Mehrpersonenverhältnisse gelernten komplizierten Probleme auch in einfachen Fällen wiederzufinden, wo diese Probleme nicht vorkommen. So gelingt gerade die Lösung solcher einfacher Fälle entweder überhaupt nicht oder bloß mit unverhältnismäßigem Aufwand (ausführlicher schon *Medicus/Petersen* BürgerlR Rn. 665). 1

Die folgende Darstellung will dem keine weiteren Komplikationen hinzufügen. Sie bemüht sich daher vor allem um die einfachen Grundlagen des Bereicherungsrechts, mit denen sich die weitaus meisten Fälle lösen lassen. Für den ernsthaft streitigen Bereich beschränkt sie sich auf einige Hinweise. Wenn im Folgenden von **„kondizieren"** gesprochen wird, so bedeutet dies: **nach Bereicherungsrecht zurückverlangen** (im Unterschied zu **„vindizieren"**, das heißt aus **§ 985** verlangen).

§ 26 Inhalt und Gründe von Bereicherungsansprüchen

I. Der Inhalt von Bereicherungsansprüchen

1. Der Wegfall der Bereicherung

a) Von der hauptsächlichsten Eigenart der Bereicherungsansprüche (§§ 812ff.) war schon beim Rücktritt im Zusammenhang mit den §§ 346ff. die Rede (→ § 12 Rn. 8f.). Das gilt insbesondere auch bei den Rechtsfolgeverweisungen in das Bereicherungsrecht etwa in den §§ 527 I, 528 I 2, 684 S. 1, 993 I. Hier überall haftet der redliche (also der unverklagte und seine Herausgabepflicht nicht positiv kennende) Empfänger nach § 818 III nicht, soweit er nicht mehr bereichert ist. Der Schuldner haftet folglich milder als nach den allgemeinen Regeln, die ihn meist schon wegen jeder Fahrlässigkeit ersatzpflichtig machen (→ § 26 Rn. 5). Er soll nämlich nicht (wie bei einem Schadensersatzanspruch) leisten müssen, was dem Gläubiger fehlt. Vielmehr soll er nur herauszugeben haben, was er noch zuviel hat **(„Abschöpfungsanspruch")**. 2

Ein Wegfall der Bereicherung ist in vielfacher Weise denkbar (→ § 12 Rn. 8). So kann der erlangte Gegenstand ersatzlos wegfallen: Etwa das nicht versicherte Gemälde verbrennt; der grundlos erlangte Wein wird ausgetrunken, ohne dass andere Aufwendungen erspart werden; das grundlos erlangte Geld wird für eine Erhöhung des Lebensstandards verwendet, die sonst unterblieben wäre. Eine Entreicherung liegt aber auch in Ausgaben für den grundlos erlangten Gegenstand, der selbst erhalten bleibt: Frachtkosten, Zölle, Steuern, Reparaturkosten. In solchen Fällen braucht der Empfänger das Erlangte nur herauszugeben, wenn ihm der entreichernde Aufwand ersetzt wird. Im Einzelnen ist hier freilich vieles str.: Die abzugsfähige Entreicherung dürfte enger zu begrenzen sein, weil der Empfänger das Risiko der von ihm gewählten Verwendung selbst tragen muss. Eine griffige, allgemein anerkannte und hinreichend genaue Formulierung hierfür fehlt jedoch einstweilen.

3 b) Bei **gegenseitigen Verträgen** kann § 818 III nur eingeschränkt angewendet werden (→ § 12 Rn. 8). Denn hier vertraut der Empfänger einer Leistung ja nicht darauf, diese völlig ohne eigenes Opfer behalten zu dürfen. Vielmehr weiß er, dass er bei Wirksamkeit des Vertrags die Gegenleistung erbringen muss. Daher ist sein Schutzbedürfnis gemindert. Dem hat die **Saldotheorie** Rechnung tragen wollen, die überwiegend akzeptiert war: Der Wert der wegen § 818 III nicht mehr rückforderbaren Leistung sollte von der zu kondizierenden Gegenleistung abgezogen werden. So sollte sich der Käufer den Wert der zerstörten Kaufsache von seinem Anspruch auf Rückzahlung des Kaufpreises abziehen lassen müssen (vgl. dazu *Medicus/Petersen* BürgerlR Rn. 224ff.).

Inzwischen hat sich aber gezeigt, dass dies **zu weit geht.** Denn berücksichtigt werden müssen auch der Grund für den Wegfall der Bereicherung und der Schutzzweck der Nichtigkeitsnorm, derentwegen die Rückabwicklung nach Bereicherungsrecht überhaupt erst nötig ist. Daher muss der Abzug ausscheiden, wenn der Empfänger die Entreicherung zu vertreten hat oder der Schutzzweck der Nichtigkeitsnorm dem Abzug entgegensteht (zB der Minderjährige hat die unwirksam gekaufte Schokolade aufgegessen: Deren Wert kann die Kaufpreisrückforderung nicht mindern). **Andererseits** muss ein eigener Bereicherungsanspruch des anderen Teils auch dann in Betracht kommen, wenn dieser vorgeleistet hat, sodass ihm ein bloßer Abzug nichts nützt (vgl. dazu *Medicus/Petersen* BürgerlR Rn. 230).

4 c) Ein Wegfall der Bereicherung kann insbesondere darin liegen, dass der Empfänger **das Erhaltene verschenkt** und auch keine anderen Aufwendungen erspart. Dann gewährt § 822 ausnahmsweise einen eigenen Bereicherungsanspruch gegen den beschenkten Dritten: Dessen Erwerb erscheint deshalb als weniger schutzwürdig, weil er unentgeltlich – also ohne eigene Vermögensopfer – erzielt worden ist (→ § 27 Rn. 14).

5 d) Die **Begünstigung des Empfängers entfällt oder endet,** wenn dieser den Mangel seines Erwerbsgrundes kennt (§ 819 I) oder auf Herausgabe verklagt wird (§ 818 IV). Dem stehen einige weitere Fälle gleich, in denen eine Schutzwürdigkeit aus anderen Gründen fehlt (§§ 819 II, 820). Dann „haftet der Empfänger nach den allgemeinen Vorschriften" (§ 818 IV → § 12 Rn. 9). Dies sind jedenfalls die §§ 291, 292. Von ihnen führt § 292 zu den §§ 987ff., also ins Eigentümer-Besitzer-Verhältnis. Insbesondere haftet der Empfänger dann nach § 989 für einen verschuldeten Verlust oder eine verschuldete Verschlechterung des Empfangenen (ohne Verschulden kommt eine Haftung nur nach den §§ 990 II, 287 S. 2 in Betracht); nach § 987 II muss der Empfänger für schuldhaft nicht gezogene Früchte Ersatz leisten; nach den §§ 994ff. erhält er Verwendungen nur gem. § 994 II ersetzt. Ob darüber hinaus für rechtsgrundlos erlangtes Geld die gewöhnliche strenge Garantiehaftung (→ § 11 Rn. 17) gilt, ist zweifelhaft (vgl. BGHZ 83, 293).

2. Die geschuldeten Leistungen

Soweit nach dem eben Gesagten eine Herausgabepflicht besteht, richtet sie sich in erster Linie auf **das ursprünglich Erlangte,** § 812 I 1. Dazu kommen nach § 818 I die wirklich gezogenen Nutzungen. Ist das Erlangte nicht mehr vorhanden, so wird nach dem Fortgang von § 818 I das dem Empfänger zugeflossene Surrogat geschuldet. Dazu gehören das durch den Einzug einer Forderung Erlangte, Schadensersatz oder Versicherungsleistungen für eine Sache. Dagegen rechnet die hM hierhin nicht den bei einer Veräußerung erlangten Kaufpreis. Vielmehr wird bei Veräußerung und in denjenigen Fällen, in denen das ursprünglich Erlangte nach seiner Natur nicht herausgegeben werden kann (zB Dienste), nach § 818 II **Wertersatz** geschuldet. Hat der Bereicherungsschuldner jedoch nur den Besitz erlangt und ist ihm die Herausgabe unmöglich, so beschränkt sich die Kondiktion auf die vorhandenen Nutzungen (§ 818 I). Dagegen ist der Sachwert nicht nach § 818 II zu ersetzen, weil dieser allein das Eigentum verkörpert, während dem Besitz kein eigenständiger Wert zukommt (BGH NJW 2014, 1095 Rn. 14). Soweit eine Forderung ohne Rechtsgrund entstanden ist, kann sich der grundlos zum Schuldner Gewordene auch mit der (nicht verjährenden) **Einrede** aus § 821 wehren. 6

II. Gründe von Bereicherungsansprüchen

Schon § 812 I 1 legt nahe, dass es zwei verschiedene Bereicherungstatbestände gibt. Denn dort ist die Rede vom Erlangen „durch Leistung“ und „in sonstiger Weise“. Auch in den §§ 813, 814, 815 und 817 erscheint die „Leistung“. Dementsprechend unterscheidet die hM zwischen einer Leistungskondiktion und den Nichtleistungskondiktionen. 7

1. Die Leistungskondiktion

a) Als **Leistung** versteht man üblicherweise eine „bewusste und zweckgerichtete Mehrung fremden Vermögens“. Das ist ein wenig ungenau, weil als Gegenstand der Bereicherung (das „etwas“ in § 812 I 1) auch Dinge ohne Vermögenswert in Betracht kommen (zB Tiere, die ein Tierheim unentgeltlich abgibt, oder Liebesbriefe). Näher *Medicus/Petersen* BürgerlR Rn. 666ff. 8

b) Der von dem Leistenden verfolgte **Zweck** besteht meist in der Tilgung einer – sei es auch nur angenommenen – Verbindlichkeit (Leistung *solvendi causa*). Diese Tilgung bringt dem Leistenden einen Ausgleich für das in der Leistung liegende Opfer: Wer zB auf eine Geldschuld zahlt, verliert zwar das Geld, erlangt aber in gleicher Höhe Befreiung. Ein solcher Ausgleich rechtfertigt den rechtlichen Bestand der Leistung: Diese ist „kondiktionsfest“. Wird dagegen der Zweck nicht erreicht, etwa weil die zu tilgende Schuld nicht bestanden hat, so muss das in der Leistung liegende Opfer korrigiert werden. 9

Die Leistungskondiktion dient also allgemein (Ausnahmen → § 27 Rn. 2) der Rückholung von **Leistungen, die ihren Zweck nicht erreicht haben.** In ihrer Zielsetzung ähnelt sie dem Rücktritt (→ § 12 Rn. 1).

2. Die Nichtleistungskondiktionen

10 Im Gegensatz zu dem Erlangen „durch Leistung“ wird das Erlangen „in sonstiger Weise“ nur negativ umschrieben, nämlich „anders als durch Leistung“. Dem entspricht der farblose Name „Nichtleistungskondiktion“. Konkrete Aussagen über diese sind aber nur möglich, wenn man mehrere Fallgruppen unterscheidet. Daher redet man üblicherweise im Plural von „Nichtleistungskondiktionen“.

a) Die wichtigste von ihnen erfasst das **Erlangen durch Eingriff:** Der Empfänger erhält etwas nicht durch den zweckgerichteten Willen eines anderen, sondern er nimmt es sich selbst. Beispiele bilden die nicht berechtigte, aber (etwa nach §§ 932ff.) wirksame Veräußerung (hierfür Spezialregelung in § 816 I) oder der Verbrauch fremder Sachen. Der Abschöpfung des auf solche Weise rechtsgrundlos Erlangten dient die **Eingriffskondiktion** (→ § 28 Rn. 1ff.).

11 b) Weitaus seltener ist die sog. **Rückgriffskondiktion:** Durch eine Leistung von A an B wird C begünstigt; A will von C kondizieren. Solche Drittbegünstigungen kommen zwar an sich nicht selten vor: Man denke etwa an die Gesamtschuld (zB mehrerer Deliktstäter aus § 840 I), bei der die Leistung eines Gesamtschuldners nach § 422 auch die übrigen Schuldner gegenüber dem Gläubiger befreit. Doch braucht man hier das Bereicherungsrecht nicht, weil der Rückgriff des Leistenden gegen die nach § 422 mitbefreiten Gesamtschuldner schon in § 426 speziell geregelt ist. Ähnlich wirkt bei der Leistung eines ablösungsberechtigten Dritten § 268 III 1: Der Anspruch des befriedigten Gläubigers gegen den Schuldner geht auf den leistenden Dritten über. Es gibt viele weitere Fälle einer solchen dem Rückgriff dienenden Legalzession (→ § 14 Rn. 11).

Danach bleibt für eine Rückgriffskondiktion **nur wenig Raum.** Einen (in den Einzelheiten zweifelhaften, vgl. *Medicus/Petersen* BürgerlR Rn. 684f.) Anwendungsfall bildet die nicht nach § 268 privilegierte **Drittleistung nach § 267.** Hierzu ist aber nötig, dass der leistende Dritte nicht eine vermeintlich eigene Schuld tilgen wollte: Dann wird nämlich der wirkliche Schuldner nicht befreit, und der Zahlende hat eine Leistungskondiktion gegen den Empfänger.

Beispiel: V glaubt, sein Sohn S habe eine Fensterscheibe bei E eingeworfen, und ersetzt diesem den Schaden (vgl. § 832 I); in Wahrheit war jedoch ein Dritter D der Täter. Dann bleibt die Forderung E–D unberührt, weil V ersichtlich nicht für D zahlen wollte; V kann von E kondizieren. Str. ist aber, ob V seine Leistung nachträglich gleichsam auf die Forderung E–D „umlenken“ und dann bei dem jetzt befreiten D kondizieren darf (etwa wenn D zahlungskräftiger ist als E). Vgl. dazu *Medicus/Petersen* BürgerlR Rn. 951.

12 c) Eine dritte Fallgruppe bilden die Aufwendungen in fremdem Interesse, insbesondere die Verwendungen auf fremde Sachen. Hier kommt ein Ausgleich zwischen dem Aufwendenden und dem Begünstigten durch eine **Aufwendungs(Verwendungs)kondiktion** in Betracht. Auch derartige Fälle sind an sich nicht selten. Doch wird eine solche Kondiktion wieder überwiegend durch Sonderregeln verdrängt. Insbesondere können Aufwendungen durch eine vertragliche Vergütung abgegolten sein (zB beim Werkvertrag); zudem erscheinen sie dort häufig schon als Leistung (zB des Handwerkers an den Bauherrn). Einen speziellen Aufwendungsersatz gewähren insbesondere die §§ 670, 683, 684 S. 2. So bleibt für eine Aufwendungs(Verwendungs)kondiktion nur wenig Raum. Auch ist der (im Einzelnen umstrittene) Vorrang der §§ 994ff. zu bedenken (vgl. *Medicus/Petersen* BürgerlR Rn. 892f.; 895f.).

d) Die eben geschilderten Fallgruppen erfassen nicht alle Fälle einer Nichtleistungskondiktion. Insbesondere gibt es etwa die (in §§ 816 I 2, 822 geregelte) Kondiktion gegen den **unentgeltlichen Empfänger.** Der danach noch **verbleibende Rest** ist so gering, dass sich für ihn eigene Kondiktionsbezeichnungen bisher nicht durchgesetzt haben. Beispiele solcher „unbenannter" Nichtleistungskondiktionen finden sich etwa unten → § 27 Rn. 17. 13

§ 27 Die Leistungskondiktion

I. Übersicht

Für die Begründung von Leistungskondiktionen lassen sich vier Problemkreise unterscheiden: 1

(1) Wer ist Gläubiger?
(2) Wer ist Schuldner?
(3) Worin besteht der Zweck, dessen Erreichung oder Verfehlung über die Kondizierbarkeit der Leistung entscheidet?
(4) Gibt es Gründe für einen Ausschluss der Leistungskondiktion?

Dabei bereiten die Fragen (1) und (2) die größten Schwierigkeiten. Diese beiden Fragen entstehen aber nur, wenn an der Vermögensverschiebung mehr als zwei Personen beteiligt waren, also insbesondere bei den sog. **Dreipersonenverhältnissen.** Diese werden erst unten ab → § 27 Rn. 13 behandelt. Dagegen beschränkt sich die vorliegende Darstellung zunächst auf die **Zweipersonenverhältnisse,** deren Problematik nur die Fragen (3) und (4) betrifft.

II. Der maßgebliche „rechtliche Grund"

1. Die Zweckverfehlung als regelmäßiger Kondiktionsgrund

Oben (→ § 26 Rn. 9) war die Nichterreichung des mit der Leistung verfolgten Zwecks als Kondiktionsgrund dargestellt worden: Die Leistungskondiktion soll gewissermaßen die Enttäuschung ausgleichen, die der Leistende durch die Erfolglosigkeit seines Opfers erlitten hat. Die dafür maßgeblichen Leistungszwecke werden im Folgenden ab → § 27 Rn. 3 zu erörtern sein. 2

Zuvor ist jedoch auf eine (selten vorkommende) **Ausnahme** hinzuweisen, nämlich auf § 817 S. 1: In den dort geregelten Fällen mag der Leistungszweck zwar erreicht worden sein. Dieser war jedoch derart, „dass der Empfänger durch die Annahme (der Leistung) gegen ein gesetzliches Verbot oder gegen die guten Sitten verstoßen hat". Ein solcher Empfang soll nicht rechtsbeständig sein. Daher wird hier dem Leistenden eine **Kondiktion trotz Zweckerreichung** gewährt. Es sind zB an einen Erpresser Schutzgelder gezahlt worden: Diese können unabhängig davon zurückverlangt werden, ob das angedrohte Übel vermieden worden ist oder nicht.

In den meisten Fällen der Rechts- oder Sittenwidrigkeit trifft der Vorwurf jedoch nicht – wie in § 817 S. 1 vorausgesetzt – allein den Empfänger. Vielmehr richtet sich der Vorwurf nur gegen den Leistenden (zB beim Wucher) oder gegen beide Beteiligte (zB bei Schwarzarbeit, verbotenen Geschäften über Waffen oder Rauschgift). Dann greift der schwierige § 817 S. 2 ein (→ § 27 Rn. 10ff.).

2. Leistungen zur Schuldtilgung

3 **a)** Die meisten Leistungen sollen eine Schuld tilgen; sie geschehen also *solvendi causa.* So will der Käufer seine Kaufpreisschuld bezahlen und umgekehrt der Verkäufer seine Pflicht zur Übereignung der Kaufsache erfüllen. Dann ist für die Leistungskondiktion nach § 812 I 1 Alt. 1 **allein dieser Tilgungszweck** maßgeblich; alle etwa sonst noch verfolgten Zwecke bleiben außer Betracht. Insbesondere spielt keine Rolle, ob zB der Käufer die Kaufsache in geplanter Weise verwenden kann: Wenn diese frei von Mängeln (§§ 434f.) ist, lässt sich gegen den Kauf regelmäßig nichts unternehmen. Wer zB einen Kraftwagen kauft, trägt das Risiko, dass ihm bald darauf die Fahrerlaubnis entzogen wird. Denn die Leistungskondiktion soll keinesfalls die vom Vertragsrecht festgelegte Risikoverteilung durchbrechen.

Gleiches gilt beim gegenseitigen Vertrag auch, wenn die **Gegenleistung ausbleibt:** Dann kann nicht etwa der Gläubiger die von ihm bereits erbrachte Leistung kondizieren. Vielmehr muss er, um diese Leistung zurückfordern zu können, über die §§ 323ff. vorgehen; er gelangt also regelmäßig zum Rücktrittsrecht. Auch ein **Willensmangel** berechtigt nicht ohne Weiteres zur Kondiktion: Wenn dieser nicht zur Nichtigkeit geführt hat, muss die fehlerhafte Erklärung zunächst nach den §§ 119ff. angefochten werden.

4 **b)** Dass wegen des Misslingens der beabsichtigten Tilgung eine Leistungskondiktion nötig ist, hängt auch mit dem **Abstraktionsprinzip** zusammen: Dieses lässt ja eine Verfügung unabhängig davon wirksam sein, ob eine wirksame Verpflichtung zu ihrer Vornahme besteht (→ § 3 Rn. 15). Wegen der Wirksamkeit der Verfügung scheidet also die Vindikation aus; daher kommt nur eine Kondiktion auf Rückübereignung in Betracht.

In vielen anderen Fällen bedarf man einer Kondiktion aber auch **unabhängig vom Abstraktionsprinzip.** Das gilt etwa für nicht gegenständliche (und daher nicht vindizierbare) Leistungen wie Arbeitsleistungen oder Zahlungen mit Buchgeld (zB durch Banküberweisung). Aber auch bei Zahlungen mit Bargeld geht das Eigentum oft sogar dann verloren, wenn die rechtsgeschäftliche Übereignung unwirksam ist, nämlich nach den §§ 948, 947 II (→ § 18 Rn. 30): Auch hier bleibt daher zur Rückforderung nur eine Kondiktion (allerdings wegen Eingriffs → § 28 Rn. 1).

5 **c)** Erweitert wird die Leistungskondiktion wegen Misslingens der Tilgung durch § 813: Hier hat der zu erfüllende Anspruch zwar bestanden, doch war er mit einer dauernden **Einrede** behaftet. Dann hätte sich also der Leistende auch durch die Erhebung dieser Einrede schützen können; sein in der Leistung liegendes Opfer war vermeidbar. Daher soll er ebenso kondizieren können, als ob die zu tilgende Forderung überhaupt nicht bestanden hätte.

Für § 813 bedarf es freilich einer **dauernden** Einrede. Bloß vorübergehend sind etwa die Stundung und die Zurückbehaltungsrechte (§§ 273f., 320, § 1000 BGB, § 369 HGB). Dauernd sind dagegen etwa die §§ 821, 853 sowie die Beschränkungen der Erbenhaftung (§§ 1973, 1975, 1990). Dauernd ist an sich auch die Einrede der Verjährung (§ 214 I). Gerade die Leistung auf eine verjährte Schuld kann jedoch nicht zurückgefordert werden, §§ 813 I 2, 214 II: Nach Ablauf der Verjährung soll eben nicht mehr über die Verpflichtung gestritten werden, was aber durch ein Rückforderungsrecht nötig werden könnte.

d) Nach § 812 I 2 Alt. 1 steht dem ursprünglichen Fehlen des rechtlichen Grundes dessen **späterer Wegfall** gleich. Hierhin braucht man freilich nicht zu rechnen, dass der Vertrag, aus dem die zu erfüllende Forderung stammt, durch Anfechtung beseitigt wird: Diese wirkt ja nach § 142 I zurück, sodass man mit ursprünglichem Fehlen des Rechtsgrundes arbeiten kann. Nicht selten genannt wird für § 812 I 2 Alt. 1 der spätere Eintritt einer auflösenden Bedingung oder Befristung. Doch braucht man hier meist überhaupt keine Kondiktion. Denn vielfach wird man in solchen Fällen eine Rückgewährpflicht schon durch Auslegung des Grundgeschäfts gewinnen können, das die Bedingung oder Befristung enthält. 6

Das gilt etwa bei der **Sicherungsübereignung:** Wenn diese nicht bereits dinglich durch die Erfüllung der zu sichernden Forderung auflösend bedingt ist (→ § 18 Rn. 3), muss das Eigentum nach der Erfüllung zurückübertragen werden. Da die Beteiligten regelmäßig mit der Erfüllung gerechnet haben, kann man als Inhalt des Sicherungsvertrags auch eine entsprechend der Verkehrssitte (§ 157) konkludent vereinbarte Pflicht zur Rückübertragung annehmen.

Daher ist der Anwendungsbereich des § 812 I 2 Alt. 1 nur klein; er trifft zB die Rückforderung vorausgezahlter Miete nach einer Kündigung. Bisweilen wird die Vorschrift nach Auflösung einer Ehe oder sonstigen auf Dauer angelegten Lebensgemeinschaft zur Rückforderung von Leistungen angewendet, die in Erwartung der Fortdauer der Gemeinschaft gemacht worden sind. Doch ist dies zweifelhaft; eher kommt ein Wegfall der Geschäftsgrundlage in Betracht (vgl. *Medicus/Petersen* BürgerlR Rn. 690 f.).

3. Leistungen zu anderen Zwecken

Nach § 812 I 2 Alt. 2 kann schließlich noch kondiziert werden, wenn „der mit einer Leistung nach dem Inhalt des Rechtsgeschäfts bezweckte Erfolg nicht eintritt". Nach dem Zusammenhang der Vorschrift muss das ein Erfolg sein, der nicht in der Tilgung einer Verbindlichkeit besteht. Wenn ein solcher Tilgungszweck vorliegt, darf man § 812 I 2 Alt. 2 auch nicht wegen weiterer Zwecke anwenden, die der Leistende über die Tilgung hinaus verfolgt hat. Wer etwa eine Schuld zurückzahlt in der Erwartung, die Gläubigerin werde ihn heiraten, kann nicht kondizieren, wenn die Heirat scheitert. Übrig bleiben für § 812 I 2 Alt. 2 vor allem Leistungen in der Erwartung, ein Vertrag werde zustande kommen, oder ein nichtiger Vertrag werde wirksam. Ein speziell geregelter Anwendungsfall ist beim Verlöbnis die Rückforderung von Geschenken bei Ausbleiben der Eheschließung, § 1301. 7

III. Gründe für den Ausschluss der Leistungskondiktion

1. Widersprüchliches Verhalten

Mit der Leistungskondiktion darf der Leistende sich nicht in Widerspruch zu eigenem Vorverhalten setzen. Diese schon aus § 242 folgende Regel (Verbot des *venire contra factum proprium*) wird durch zwei Vorschriften noch konkretisiert: Nach § 814 Alt. 1, der auf die Nichtleistungskondiktion unanwendbar ist (BGH NJW 2018, 1079), scheitert die Rückforderung, wenn der zum Zweck der Erfüllung Leistende gewusst hat, 8 dass er zur Leistung nicht verpflichtet war; entsprechend muss bei § 813 der Leistende die dauernde Einrede gekannt haben. Und nach § 815 ist die Rückforderung aus § 812 I 2 Alt. 2 (→ § 27 Rn. 7) ausgeschlossen, wenn der Leistende gewusst hat, dass der Erfolg nicht eintreten konnte, oder wenn er diesen Eintritt wider Treu und Glauben verhindert hat. Die hM wendet dies auch bei § 1301 an: Derjenige Verlobte, der treuwidrig die Ehe verhindert hat, kann die von ihm gegebenen Geschenke nicht zurückfordern (BGHZ 45, 258).

2. Sitte und Anstand

9 Nicht geschuldete Unterhaltsleistungen unter Geschwistern (vgl. § 1601: diese sind nur in der Seitenlinie verwandt!) können schon nach § 814 Alt. 1 nicht zurückgefordert werden, wenn der Leistende das Fehlen seiner Unterhaltspflicht gekannt hat. Aber auch bei Unkenntnis kann die Rückforderung ausgeschlossen sein, nämlich wenn die Leistung „einer sittlichen Pflicht oder einer auf den Anstand zu nehmenden Rücksicht entsprach“, § 814 Alt. 2. Aus denselben Gründen könnte ja auch eine Schenkung nach § 534 nicht wegen groben Undanks widerrufen werden (zum groben Undank BGH NJW-RR 2020, 179).

3. Gesetzes- oder Sittenverstoß des Leistenden

10 Während § 817 in Satz 1 einen eigenen Bereicherungsanspruch bestimmt, findet sich in Satz 2 ein Anspruchsausschluss. Diese Vorschrift gehört zu den zweifelhaftesten im BGB überhaupt.

a) Sicher ist allerdings, dass der **Anwendungsbereich** von § 817 S. 2 in doppelter Hinsicht **erweitert** werden muss. Denn erstens schließt die Vorschrift nicht nur – wie nach der Stellung im Gesetz anzunehmen wäre – den Anspruch aus § 817 S. 1 aus. Ausgeschlossen sein soll vielmehr auch die regelmäßig konkurrierende allgemeine Leistungskondiktion, § 812 I 1 Alt. 1 (diese ergibt sich daraus, dass das Grundgeschäft meist nach den §§ 134, 138 nichtig ist). Und zweitens darf § 817 S. 2 nicht, wie es seinem Wortlaut entspräche („gleichfalls“), auf den *beiderseitigen* Gesetzes- oder Sittenverstoß beschränkt bleiben. Vielmehr muss der Rückforderungsausschluss *erst recht* gelten, wenn allein dem Leistenden (etwa dem Wucherer) ein solcher Verstoß zur Last fällt.

Überaus str. ist dagegen, ob § 817 S. 2 auch **andere als Bereicherungsansprüche** ausschließt, zB Ansprüche aus § 985. Hierfür ist Vorfrage, ob die Nichtigkeit aus den §§ 134, 138 auch die dinglichen Erfüllungsgeschäfte erfasst **(Fehleridentität):** Nur wenn man das bejaht, kann ja zB vindiziert werden. Die Rechtsprechung zur Geltung der §§ 134, 138 für Erfüllungsgeschäfte ist nicht einheitlich, verneint aber eine Erstreckung des § 817 S. 2 auf andere als Bereicherungsansprüche. Dies darf jedoch keinesfalls dazu führen, dass gerade besonders anstößige Leistungen mit § 985 zurückgefordert werden können, weil man bei ihnen auch das Erfüllungsgeschäft für nichtig hält (vgl. *Medicus/Petersen* BürgerlR Rn. 697).

11 b) Große Schwierigkeiten bereitet die **Ermittlung des Normzwecks** von § 817 S. 2. Auf den ersten Blick kann man an eine **Bestrafung** denken: Während bei gesetzes- oder sittenwidrigem Empfang nach § 817 S. 1 der Empfänger das Geleistete nicht behalten darf, soll bei gesetzes- oder sittenwidriger Leistung nach § 817 S. 2 der Leistende

Rückforderungsansprüche verlieren. Dem steht aber entgegen: Gerade in dem vom Wortlaut des § 817 S. 2 ausdrücklich genannten Fall des *beiderseitigen* Verstoßes ist es sinnlos, den Leistenden zum Vorteil des gleichfalls makelhaften Empfängers zu bestrafen.

Eher einzuleuchten vermag daher die Annahme, § 817 S. 2 enthalte eine **Rechtsschutzversagung.** Insbesondere solle es nicht zulässig sein, dass der Leistende sich zur Begründung seines Rückgabeanspruchs auf seinen eigenen Gesetzes- oder Sittenverstoß beruft. Ohne Rechtsschutz bleibt das Geschäft dann in dem Zustand stecken, in den die Parteien es freiwillig gebracht haben. Ein daraus etwa folgendes unbilliges Ergebnis haben die Parteien sich selbst zuzuschreiben: So geht es Leuten, die sich außerhalb der Rechts- oder Sittenordnung stellen. Das passt etwa für „Schwarzarbeit" (vgl. BGHZ 201, 1) oder die zivilrechtliche Seite von Rauschgift- oder verbotenen Waffengeschäften (strafrechtlich kommt die Einziehung der verbotenen Geschäftsgegenstände hinzu).

c) Ein weiterer Normzweck kommt beim **Wucher** in Betracht, der zugleich den häufigsten Anwendungsfall von § 817 S. 2 bildet. Beim wucherischen oder wucherähnlichen Darlehen ist ja das Geschäft nach § 138 nichtig (→ § 7 Rn. 21). Damit fallen Vertragsansprüche auf Rückzahlung oder Zinsen aus. Dagegen gewährt die zutreffende hM dem Wucherer einen Bereicherungsanspruch auf Rückgewähr der Darlehenssumme nach Ablauf der für die Überlassung vereinbarten Zeit: „Leistung" sei beim Darlehen nur die Überlassung des Kapitals *auf Zeit.* Dass die Rückforderung dieser Leistung ausgeschlossen sei, bedeute also nur den Ausschluss auf Zeit; nach deren Ablauf sei die Rückforderung wieder möglich (vgl. *Medicus/Petersen* BürgerlR Rn. 699). Hier sorgt § 817 S. 2 also dafür, dass sich § 138 nicht insofern gegen den Bewucherten wendet, als diesem die benötigten Mittel sofort wieder entzogen werden könnten. Vielmehr soll der Darlehensgeber die von ihm versprochene Kapitalüberlassung trotz der Unwirksamkeit seines Versprechens durchhalten müssen. 12

Damit ist freilich nicht zwingend entschieden, dass der Bewucherte die Nutzung **völlig ohne Entgelt** erhalten soll. Die Rechtsprechung bejaht das zwar unter Hinweis auf den dem Zivilrecht ansonsten eher fremden Strafgedanken (→ § 27 Rn. 11). Demgegenüber sprechen wohl die besseren Gründe für die Annahme einer Wertersatzpflicht aus § 818 II (vgl. *Medicus/Petersen* BürgerlR Rn. 700).

IV. Mehrpersonenverhältnisse

Nach dem oben (→ § 27 Rn. 1) Gesagten tauchten bei den bisher behandelten Zweipersonenverhältnissen zwei Fragen nicht auf: Wer ist Gläubiger, und wer ist Schuldner der Leistungskondiktion? Beides wird aber fraglich bei der Beteiligung von mehr als zwei Personen. Dabei kann man grob unterscheiden die Leistungskette, die Anweisung (sog. Dreiecksverhältnisse) und andere Drittbeteiligungen. 13

1. Leistungskette

Eine Leistungskette liegt vor, wenn eine Leistung von dem ersten Empfänger weitergereicht wird: etwa vom Großhändler G, der eine Ware vom Fabrikanten F erhalten hat, an den Kleinhändler K. Es handelt sich hier also um eine Mehrheit von hintereinandergeschalteten Zweipersonenverhältnissen F → G → K.

a) Hier ist gewiss: Kondiziert werden muss immer **in dem gestörten Zweipersonenverhältnis.** Wenn also etwa der Kauf zwischen F und G unwirksam ist, muss F bei G kondizieren. Hat dieser die Ware schon an K weitergegeben, so schuldet er nach § 818 II den Wert. Ein „Durchgriff" auf K ist für F nach jetzt ganz hM nicht einmal dann möglich, wenn auch der Kauf G–K nichtig ist (Fall des **Doppelmangels**). Allerdings soll F von G dann nach hM nur den Bereicherungsanspruch kondizieren können, den G wegen der Ware gegen K hat (sog. Kondiktion der Kondiktion). Doch gibt es gute Gründe dafür, dass F von G auch in solchen Fällen den Wert der Ware ersetzt verlangen kann (vgl. *Medicus/Petersen* BürgerlR Rn. 673).

14 b) Eine Ausnahme bildet nur der schon oben (→ § 26 Rn. 4) erwähnte **Fall von § 822:** Hier kann der Leistende, dessen Anspruch gegen den Leistungsempfänger an § 818 III scheitert, auf den von dem Empfänger beschenkten Dritten „durchgreifen" Der beschenkte Dritte ist hier wegen der Unentgeltlichkeit seines Erwerbs weniger schutzwürdig.

2. Anweisungsfälle

15 a) Bei den Anweisungsfällen (Anweisung ist hier nicht in dem engen Sinn von § 783 gemeint) sind **mehrere Zweipersonenverhältnisse miteinander verbunden.** So liegt es etwa, wenn in dem oben bei → § 27 Rn. 13 genannten Fall G mit F vereinbart, dieser solle direkt an K liefern. Dann ergänzen sich die Zweipersonenverhältnisse

(1) F verkauft an G;
(2) G verkauft an K;
(3) F liefert an K

zu einer Dreiecksbeziehung

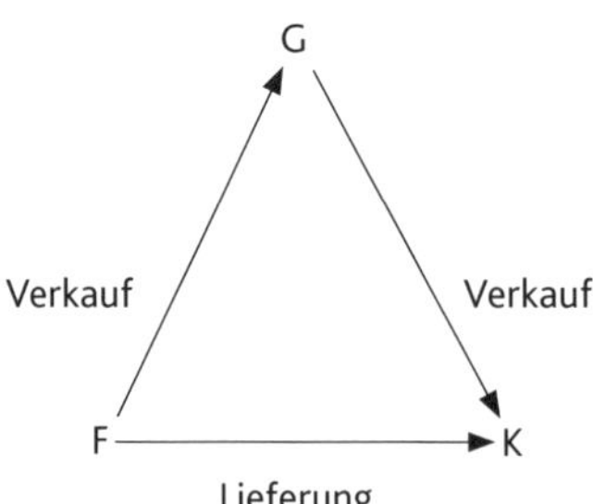

16 b) Solche Fälle werden, obwohl hier neben den beiden Zweipersonenverhältnissen F–G und G–K auch eine direkte Lieferbeziehung F–K besteht, **ebenso behandelt wie die Leistungsketten** von → § 27 Rn. 13: Kondiziert wird jeweils in den isoliert zu betrachtenden Kausal- oder Leistungsverhältnissen. Folglich muss F von G kondizieren, wenn der Kauf zwischen ihnen nicht wirksam ist; entsprechendes gilt für das Verhältnis G–K. Selbst wenn beide Käufe unwirksam sind, gibt es keinen Durchgriff F–K. Fraglich ist dann nur ebenso wie bei → § 27 Rn. 13, ob F von G den Wert der Ware verlangen kann oder nur die Abtretung der Kondiktion G–K.

Diese Kondiktion in den Kausalverhältnissen stimmt mit dem sachenrechtlichen **Schicksal des Eigentums** an der Ware überein, wenn man mit dem doppelten Geheißerwerb von → § 18 Rn. 12 arbeitet: Dann ist ja mit der Lieferung von F an K das Eigentum von F an G und von diesem an K übergegangen. Aber auch wenn man das nicht tut (bei Grundstücken versagt diese Konstruktion ohnehin, da G ohne Eintragung kein Eigentum erwerben kann): Das Ergebnis passt auch zu dem oben (→ § 26 Rn. 8) beschriebenen Leistungsbegriff. Denn wenn F an K liefert, verfolgt er *diesem gegenüber* keinen Zweck: Er weiß ja nicht einmal, in welchem Verhältnis G zu K steht, und insbesondere nicht, ob G an K (sofort) übereignen will. Vielmehr will F mit dieser Lieferung nur seine eigene kaufvertragliche Pflicht *gegenüber G* erfüllen und leistet daher nur an diesen. Entsprechend bezweckt G mit seiner Anweisung an F nur die Erfüllung seiner Verpflichtung aus dem Kaufvertrag mit K. Trotz der direkten Lieferung F–K handelt es sich also um zwei Leistungen F–G und G–K. Das muss kondiktionsrechtlich berücksichtigt werden, indem nur zwischen diesen Personen eine Leistungskondiktion stattfindet.

Eine ähnliche Konstellation ergibt sich bei **Banküberweisungen,** bei denen Übereignungen überhaupt nicht vorkommen (bewegt wird ja nur „Buchgeld"): S möge seine Bank B anweisen, zulasten seines Girokontos eine Gutschrift auf dem Konto des G bei dessen Bank C zu veranlassen. Dann leistet S an G; kondizieren kann er also nur von diesem und nur dann, wenn in seinem Verhältnis zu G der Rechtsgrund fehlt. Dagegen wollen die Banken B und C nur die Giroverträge (§ 675f II, konkretisiert durch den Überweisungsauftrag, § 675f III 2) mit ihren Kunden S und G erfüllen; sie leisten also allein an ihre Kunden. Ansprüche der Banken oder gegen sie kommen also nur in Betracht, wenn die Giroverträge nicht intakt sind oder ein wirksamer Überweisungsauftrag fehlt (hierzu → § 27 Rn. 17 am Ende).

c) Ein Durchgriff (in dem Lieferbeispiel von F auf K, in dem Bankbeispiel etwa von B auf G) ist nur außerhalb der Leistungskondiktion möglich. Das ist der Fall der **unwirksamen Anweisung:** In dem Lieferbeispiel möge G etwa bei Erteilung der Anweisung geisteskrank gewesen oder bloß unwirksam vertreten worden sein. Dann war F zur Lieferung an K nicht ermächtigt; er wurde also durch diese Lieferung dem G gegenüber nicht frei. In dieser Lieferung liegt aber auch keine Leistung des G an K: Die in der Anweisung enthaltene Zweckbestimmung des G war ja unwirksam. Mangels einer Leistung kommt hier also keine Leistungskondiktion in Betracht. Aber auch eine Eingriffskondiktion liegt nicht vor, weil K sich nichts genommen hat. Vielmehr bleibt nur eine (unbenannte → § 26 Rn. 13) **andere Nichtleistungskondiktion** des F gegen K: Dieser hat ja auf Kosten des F etwas in sonstiger Weise erlangt (BGH NJW 2011, 66 Rn. 31 ff.; *Medicus/Petersen* BürgerlR Rn. 677). 17

In dem **Überweisungsfall** gilt jetzt (stark vereinfacht): Die angewiesene Bank B darf das Konto ihres Kunden regelmäßig nur belasten, wenn dieser den Zahlungsvorgang autorisiert hatte (§ 675u), zudem noch in einigen weiteren Fällen (§§ 675v, x). Andernfalls muss B das Gezahlte von dem Empfänger G zurückholen (wohl mit einer Nichtleistungskondiktion). Folglich kann auch die Forderung des G gegen seinen Schuldner S nicht erloschen sein (zum Ganzen *Medicus/Petersen* BürgerlR Rn. 677).

3. Andere Konstellationen

Einige besondere Konstellationen lassen sich weder auf das Schema der Leistungskette noch auf dasjenige der Anweisung zurückführen. Insbesondere kann man dann zweifeln, wem gegenüber ein Leistungszweck verfolgt wird, weil die Kausalverhältnisse hierüber keine klare Auskunft geben. Dann müssen die Parteien einer Leistungskondiktion mit diffizileren Erwägungen bestimmt werden. Diese sind hier nicht auszubreiten (→ vor § 26 Rn. 1); zu nennen aber wenigstens zwei Beispiele: 18

a) Beim **echten Vertrag zugunsten Dritter** (§ 328 → § 14 Rn. 2) hat der Versprechende regelmäßig zwei Gläubiger, nämlich den Versprechensempfänger (vgl. § 335) und den Dritten. Dann will er mit seiner Leistung an den Dritten beide Verbindlichkeiten tilgen; Kondiktionsschuldner kann also der Versprechensempfänger oder der Dritte sein (vgl. *Medicus/Petersen* BürgerlR Rn. 680ff.).

b) Nach einer **Zession** (§ 398 → § 14 Rn. 8) hat der Schuldner zwar nur einen Gläubiger, nämlich den Zessionar (Neugläubiger). Aber seine Verpflichtung stammt aus dem Schuldverhältnis zum Altgläubiger. Daher bezieht die hM die an den Neugläubiger erbrachte Leistung auf das Schuldverhältnis zum Altgläubiger und lässt von diesem kondizieren (vgl. BGHZ 105, 365; 122, 46 und krit. *Medicus/Petersen* BürgerlR Rn. 685 a).

§ 28 Die Eingriffskondiktion

I. Anwendungsbereich

1 Bei der Eingriffskondiktion stammt das Erlangte nicht aus einer Leistung, also aus dem zweckgerichteten Geben eines anderen, sondern aus einem „Nehmen". Solche Eingriffe in einen fremden Rechtsbereich können zugleich ein Delikt darstellen, etwa eine schuldhafte Eigentumsverletzung nach § 823 I. Aber notwendig ist das nicht: Wer eine fremde Sache veräußert oder verbraucht, kann sich ja ohne jede Fahrlässigkeit für den Eigentümer gehalten haben. In solchen Fällen steht allein die Eingriffskondiktion zur Verfügung. Entsprechend liegt es, wenn der Eingreifende zwar fahrlässig war, aber als redlicher und unverklagter nichtdeliktischer Besitzer (§§ 990 I, 992) durch § 993 I am Ende gegen Schadensersatzansprüche geschützt ist (→ § 25 Rn. 1). Hier verschafft die Eingriffskondiktion dem Verletzten zwar keinen Schadensersatz, aber doch die Herausgabe der dem Eingreifer entstandenen Bereicherung. In anderen Fällen können Deliktsansprüche mit der Eingriffskondiktion konkurrieren.

Eingriffe liegen vor allem in Verbrauch, Veräußerung und Belastung durch einen Nichtberechtigten. Dagegen kommen Zerstörung und Beschädigung kaum in Betracht, da sie zwar zu einem Schaden führen, aber nur ganz selten zu einer Bereicherung des Täters. Die bloße Nutzung wird bei Sachen regelmäßig nur einem Besitzer möglich sein, und für diesen gehen oft die Vorschriften der §§ 987, 988, 991, 993 I vor: Wenn er redlich und unverklagt ist sowie entgeltlich besitzt, haftet er also nur wegen derjenigen Früchte, „die nach den Regeln einer ordnungsmäßigen Wirtschaft nicht als Ertrag der Sache anzusehen sind", § 993 I. Das sind die sog. **Übermaßfrüchte** wie zB der Kahlschlag eines Waldgrundstücks; dabei geht es letztlich schon um den Verbrauch von Sachsubstanz.

Von diesen denkbaren Eingriffen sind Verfügung und Leistungsannahme in § 816 besonders geregelt (→ § 28 Rn. 2ff.). Alle übrigen Eingriffe fallen unter § 812 I 1 Alt. 2 (→ § 28 Rn. 7ff.).

II. Die Sonderregelung in § 816

1. Die entgeltliche Verfügung eines Nichtberechtigten, § 816 I 1

a) § 816 I regelt Verfügungen eines Nichtberechtigten, die dem Berechtigten gegenüber wirksam sind. Den häufigsten Fall bildet die Wirksamkeit kraft **redlichen Erwerbs** vom Nichtberechtigten, also vor allem nach den §§ 932ff., 892 (→ § 18 Rn. 16ff.; § 19 Rn. 8f.). Hier verliert der Berechtigte sein Recht dadurch, dass der Redliche dieses erwirbt. Der Schutz des Redlichen durch die §§ 932ff., 892 würde offensichtlich entwertet, wenn dieser das Erworbene an den „enteigneten" Alteigentümer wegen ungerechtfertigter Bereicherung zurückübertragen müsste. Daher richtet sich der Anspruch aus § 816 I 1 nicht gegen den Erwerber, sondern **gegen den Veräußerer:** Dieser hat ja bei Entgeltlichkeit aus der Veräußerung einen Vorteil gehabt (nämlich nach hM den Erwerb der Forderung auf das Entgelt oder dieses selbst), der ihm als Nichtberechtigtem nicht gebührt. 2

b) Überdies wird aber noch eine (nicht zwingend gebotene) Erweiterung des § 816 I 1 angenommen: Die Vorschrift soll auch für Verfügungen gelten, die nicht schon kraft Gesetzes gegen den Altberechtigten wirken, sondern von diesem erst durch eine **Genehmigung** nach § 185 II 1 wirksam gemacht worden sind. 3

Beispiel: D stiehlt bei E Schmuck und veräußert diesen an K. Dann konnte K, selbst wenn er gutgläubig war, nach § 935 I kein Eigentum erwerben. E ist also Eigentümer geblieben und kann folglich von K nach § 985 Herausgabe fordern. Doch mag das dem E als weniger vorteilhaft erscheinen: Vielleicht kennt er den Aufenthalt (oder sogar die Person) des K nicht; vielleicht ist der Schmuck auch inzwischen beschädigt worden. Dann darf E die Veräußerung D–K genehmigen und, nachdem diese so wirksam geworden ist, gegen D vorgehen. Die hM lässt es sogar genügen, wenn die Genehmigung nur Zug um Zug gegen die Herausgabe erteilt wird. Und bei einer Veräußerungskette soll E sich aussuchen dürfen, welche Veräußerung er genehmigen will (regelmäßig diejenige, bei welcher der höchste Erlös erzielt worden und der Veräußerer zahlungsfähig ist).

c) Für den **Inhalt des Anspruchs** aus § 816 I 1 gibt es einen praktisch wenig bedeutsamen Streit: Die hM und insbesondere die Rechtsprechung lassen den Anspruch auf das **Entgelt** gehen, das der Veräußerer aus dem zugrunde liegenden Kausalgeschäft erhält (also regelmäßig auf den Kaufpreis). Die Gegenansicht bestimmt als Inhalt des Anspruchs den **Wert des Gegenstandes,** über den verfügt worden ist (vgl. dazu *Medicus/Petersen* BürgerlR Rn. 721ff.). Dafür spricht, dass auch die allgemeine Eingriffskondiktion auf den Wert des Erlangten geht (→ § 28 Rn. 9). 4

Dagegen besteht über einen anderen, wesentlicheren Punkt weithin Einigkeit: Der Verfügende darf von dem nach § 816 I 1 Geschuldeten nicht abziehen, was er selbst an seinen nichtberechtigten Vormann für den Erwerb gezahlt hat (vgl. *Medicus/Petersen* BürgerlR Rn. 725). Vielmehr ist er diesem Vormann gegenüber auf seine Ansprüche aus Rechtsmängelhaftung (also regelmäßig aus den §§ 433 I 2, 435, 437, 440, 280, 281, 323, 326 V, 346) angewiesen.

2. Die unentgeltliche Verfügung eines Nichtberechtigten, § 816 I 2

Nach § 816 I 2 richtet sich bei einer unentgeltlichen Verfügung der Anspruch des (ehemals) Berechtigten gegen denjenigen, der „aufgrund der Verfügung unmittelbar einen 5 rechtlichen Vorteil erlangt". Hierunter versteht man regelmäßig den Beschenkten: Dessen ohne eigenes Opfer erworbenes Recht muss also ebenso wie bei § 822 dem Rechtsverlierer weichen.

Dabei unterscheiden sich **§ 816 I 2 und § 822** wie folgt: Bei § 816 I 2 verfügt ein Nichtberechtigter; der gegen diesen gerichtete Anspruch des Berechtigten braucht kein Bereicherungsanspruch gewesen zu sein, sondern es wird sich häufig um eine Vindikation gehandelt haben. Demgegenüber verfügt bei § 822 der Berechtigte, der lediglich einem Bereicherungsanspruch ausgesetzt war; erst das Erlöschen dieses Anspruchs nach § 818 III begründet den Anspruch aus § 822.

3. Die befreiende Leistung an einen Nichtberechtigten, § 816 II

6 Ob die Leistungsannahme eine Verfügung über die zu erfüllende Forderung darstellt, kann zweifelhaft sein. Jedenfalls aber behandelt § 816 II diese Annahme wie eine Verfügung: Der nicht berechtigte Empfänger soll das an ihn Gelangte demjenigen herausgeben müssen, der seinen Anspruch verloren hat.

Einen wichtigen Anwendungsfall des § 816 II bildet die **stille** (also dem Schuldner nicht mitgeteilte) **Zession:** Hier wird der Schuldner nach § 407 I frei, wenn er noch an den (schon nicht mehr berechtigten) Altgläubiger zahlt. Dann kann der Neugläubiger vom Altgläubiger die Herausgabe des Empfangenen fordern.

Ein anderer Anwendungsfall ist komplizierter: Zur Kreditsicherung lassen sich Banken häufig die Außenstände ihrer Kunden durch **Globalzession** abtreten; diese Zession soll auch künftig entstehende Forderungen umfassen. Bezieht der Kreditnehmer jetzt von einem Lieferanten Ware unter **verlängertem Eigentumsvorbehalt,** so kollidiert die in diesem enthaltene Abtretung an den Lieferanten (→ § 18 Rn. 6) mit der Globalzession an die Bank. Der BGH lässt zwar im Prinzip die frühere Globalzession vorgehen, hält diese aber weithin für sittenwidrig (§ 138 I), weil die nötige Rücksicht auf die Vorbehaltslieferanten fehle (zweifelhaft, vgl. *Medicus/Petersen* BürgerlR Rn. 525ff.). Danach ist Gläubiger nicht die Bank, sondern der spätere Lieferant kraft seines verlängerten Eigentumsvorbehalts. Ist dem Schuldner der Forderung die Abtretung an die Bank mitgeteilt worden und zahlt er an diese, so wird er nach § 409 I frei. Doch muss die Bank nach § 816 II das Erlangte an den Vorbehaltslieferanten herauszahlen.

III. Die allgemeine Eingriffskondiktion

7 Bei der allgemeinen Eingriffskondiktion aus § 812 I 1 Alt. 2 geht es nicht um die von § 816 geregelte Verfügung oder Leistungsannahme. Vielmehr werden hier **alle anderen Eingriffe** erfasst, insbesondere durch Verbrauch (→ § 28 Rn. 1). Schuldner ist der Eingreifende, Gläubiger der Inhaber des Eingriffsobjekts. Denn „auf dessen Kosten" wird der Erwerb erzielt. Für den Bereicherungsanspruch spielt es keine Rolle, ob der Berechtigte den Erwerb auch selbst gemacht hätte, also ob ihm ein Schaden entstanden ist.

1. Das Eingriffsobjekt

Taugliches Eingriffsobjekt sind unzweifelhaft alle Rechte. Eingegriffen worden sein muss aber gerade in ihren **Zuweisungsgehalt;** das bloße Verbotensein des Eingriffs (zB durch § 858) genügt nicht: Der Eingreifende muss sich etwas genommen haben, was dem Rechtsinhaber zusteht. Dabei hat das unbelastete Eigentum einen umfassenden Zuweisungsgehalt (§ 903 S. 1); die beschränkten dinglichen Rechte sowie Aneignungs- (§ 958 II) und Erwerbsrechte (§§ 954ff.) dagegen sind in ihrem Zuweisungsgehalt beschränkt.

Daneben gibt es Rechtspositionen, deren Zuweisungsfunktion überhaupt oder wenigstens dem Umfang nach **zweifelhaft** ist. Das gilt etwa für den Besitz (ein Zuweisungsgehalt ist hier ohne ein Recht zum Besitz wohl ganz zu verneinen), das allgemeine Persönlichkeitsrecht und das Recht am eingerichteten und ausgeübten Gewerbebetrieb (→ § 25 Rn. 7f.). Zweifelhaft kann auch der Zuweisungsgehalt von Positionen sein, die nur durch ein Schutzgesetz iSv § 823 II gesichert werden (vgl. dazu *Medicus/Petersen* BürgerlR Rn. 710).

2. Die Rechtsgrundlosigkeit

Auch die Eingriffskondiktion setzt das Fehlen eines rechtlichen Grundes voraus. Doch wird eine vertragliche Gestattung von Eingriffen regelmäßig schon eine Leistung darstellen (etwa eine Aneignungsgestattung nach § 956). Dann kommt regelmäßig bloß eine Leistungskondiktion des Gestattenden in Betracht, nötigenfalls nach Anfechtung des der Gestattung zugrunde liegenden Vertrags. 8

3. Der Anspruchsinhalt

Die allgemeine Eingriffskondiktion richtet sich, da der Eingriffserwerb regelmäßig nicht in Natur herausgegeben werden kann, auf dessen Wert (§ 818 II, vgl. *Medicus/Petersen* BürgerlR Rn. 719). Hier kann also der Eingreifende einen den Wert übersteigenden Erlös, den er durch Glück oder besonderes Geschick erzielt hat, behalten (anders die hM zu § 816 I 1 → § 28 Rn. 4). 9

IV. Eingriff und Leistungsverhältnisse

1. Die Problematik

a) Ein viel umstrittenes Problem der Eingriffskondiktion bildet ihr Verhältnis zu Leistungen. Allerdings ist **zwischen denselben Personen** klar: Was jemand durch Leistung des anderen erhalten hat, kann er sich von diesem nicht genommen – also durch Eingriff erworben – haben. Wenn etwa ein Bauunternehmer B *ihm selbst gehörendes* Material zur Erfüllung eines Bauvertrags in das Grundstück des E einbaut (§§ 946, 93, 94), dann erwirbt E durch Leistung: Bei Fehlerhaftigkeit des Vertrags gibt es nur eine Leistungskondiktion des B. 10

Das kann zwar nach dem Wortlaut des § 951 I 1 als zweifelhaft erscheinen: Wenn dieser eine **Rechtsfolgeverweisung** (auf die §§ 818ff.) darstellte, wären seine Voraussetzungen durch Verlust des B und Erwerb des E ohne Weiteres erfüllt. Aber § 951 I 1 wird zutreffend als **Rechtsgrundverweisung** verstanden: Diese umfasst also auch die

§§ 812ff., die den Grund des Anspruchs bestimmen. Daraus folgt: Bei Vorliegen eines rechtlichen Grundes (also hier eines wirksamen Bauvertrags) gibt es keine Leistungskondiktion. Und eine Nichtleistungskondiktion scheidet schon deshalb aus, weil der Erwerb auf einer Leistung beruht.

Hat dagegen der Grundstückseigentümer E selbst *Material des B* ohne dessen Erlaubnis eingebaut, so hat dieser die Eingriffskondiktion, wenn nicht E den Einbau von B vertraglich fordern konnte. Dann liegt nämlich keine Leistung vor, sodass die Verweisung in § 951 I 1 durch § 812 I 1 Alt. 2 ausgefüllt wird.

11 b) Schwierigkeiten entstehen jedoch, wenn **ein Dritter ins Spiel kommt:** Es baut etwa B zur Erfüllung eines Bauvertrags in das Grundstück des E Material ein, das dem Dritten D gehört (der dieses vielleicht unter Eigentumsvorbehalt an B geliefert hat). Hier liegt zwar zwischen B und E eine Leistung vor. Aber wirkt das auch für den an dem Bauvertrag und dem Einbau unbeteiligten D? Im Verhältnis zu ihm scheinen ja die Voraussetzungen der §§ 951 I 1, 812 I 1 Alt. 2 erfüllt zu sein: Durch den Einbau hat D einen Rechtsverlust erlitten, und die Rechtsänderung ist zugunsten des E eingetreten. Zwischen beiden fehlt auch ein Rechtsgrund (der Bauvertrag wirkt ja nur relativ zwischen B und E). Muss also E dem D den Wert des eingebauten Materials ersetzen, obwohl er für dieses vielleicht schon an B gezahlt hat?

2. Subsidiarität der Eingriffskondiktion?

12 Für solche Fälle wird die zwischen zwei Personen selbstverständliche (→ § 28 Rn. 10) Subsidiarität von Nichtleistungskondiktionen und insbesondere der Eingriffskondiktion vielfach auch **auf Dritte übertragen.** Begründet wird das mit der Parallele zu § 816 I: Nach S. 1 dieser Vorschrift braucht ja der Erwerber den Verfügungsgegenstand, den er durch Leistung des Nichtberechtigten erworben hat, nicht an den dritten Rechtsverlierer herauszugeben. Aber dieses Argument verliert an Wert, wenn man den Anspruch des Rechtsverlierers gegen den Verfügenden mit der hM auf den Verfügungserlös gehen lässt, also regelmäßig auf den Kaufpreis (→ § 28 Rn. 4): Diesen hat der Verfügende ja durch eine Leistung (des Erwerbers) erhalten, und zwar aufgrund eines wirksamen Kaufvertrags; trotzdem soll er den Kaufpreis herausgeben müssen. Der Satz von der Subsidiarität der Eingriffskondiktion passt also nicht ohne Weiteres für Dritte, die an dem Leistungsverhältnis nicht beteiligt sind.

Daher wählt eine inzwischen gut vertretene und wohl zutreffende Ansicht einen **anderen Lösungsansatz:** In § 816 I 1 soll dadurch, dass sich der Anspruch nur gegen den Verfügenden und nicht gegen den Erwerber richtet, der redliche Erwerber geschützt werden; er soll nicht nach Bereicherungsrecht herausgeben müssen, was er nach Sachenrecht redlich erworben hat. Entsprechend läge es in den Einbaufällen, wenn das Baumaterial vor dem Einbau an den Grundstückseigentümer übereignet worden wäre: Dann hätte dieser nach den §§ 932ff. Eigentum erworben, wenn er gutgläubig und das Material nicht abhandengekommen gewesen wäre. Folglich läge kein Anwendungsfall der §§ 946, 951 I 1, 812 I 1 Alt. 2 vor: Das eingebaute Material gehörte dem E ja bereits. Vielmehr wäre § 816 I anwendbar. Danach wäre E, weil er entgeltlich erworben hätte, keiner Eingriffskondiktion ausgesetzt; diese würde sich allein gegen den Bauunternehmer richten, der das Material geliefert hat. Diese Überlegung wird auf die allgemeine Eingriffskondiktion aus den §§ 951 I 1, 812 I 1 Alt. 2 übertragen: E erwirbt auch bei Einbau „kondiktionsfest", wenn er gutgläubig und das Material nicht abhandengekommen war.

Im Ergebnis gilt also nicht einfach eine Subsidiarität der Eingriffskondiktion. Vielmehr wird den Wertungen Rechnung getragen, die sich in den §§ 932ff., 892, 816 I ausdrücken: Sofern die Voraussetzungen des gutgläubigen Erwerbs erfüllt sind, soll der entgeltliche Erwerber auch dann geschützt werden, wenn er ohne vorausgehende Übereignung erst durch den Einbau erworben hat. Allerdings kommt das einer Subsidiarität der Eingriffskondiktion ziemlich nahe; man kann die Annahme von Subsidiarität daher als **„Faustregel"** verstehen (vgl. *Medicus/Petersen* BürgerlR Rn. 727ff., insbesondere Rn. 730).

Dazu passt auch die nicht selten missverstandene **„Jungbullenentscheidung"** von BGHZ 55, 176: Wer gestohlenes Vieh gutgläubig erwirbt und dieses dann zu Wurst verarbeitet, ist wegen § 935 I erst durch Verarbeitung (§ 950) Eigentümer geworden. Dieses Eigentum war also nicht Gegenstand der Leistung des Veräußerers; dieser hatte nur den Besitz übertragen können. Daher muss der Verarbeiter dem bestohlenen Alteigentümer nach §§ 950, 951 I 1, 812 I 1 Alt. 2, 818 II Wertersatz leisten: Auch hier wirkt sich aus, dass § 935 I das Interesse des Bestohlenen höher bewertet als das der – selbst gutgläubigen – Nachfolger in den Besitz.

Paragraphenregister

(Die Angaben verweisen auf die Randnummern. Die Hauptfundstellen sind durch **Fettdruck** gekennzeichnet.)

Sachregister

(Die Angaben verweisen auf die Randnummern. Die Hauptfundstellen sind durch **Fettdruck** gekennzeichnet.)